改訂新版

戊辰戦争全史

上

菊地　明・伊東成郎 編

戎光祥出版

改訂新版の刊行にあたって

今年、平成三十年（二〇一八）は明治維新の年から百五十年目にあたる。五十年前の「明治百年」には、日本武道館で政府主催の式典が挙行されるなど、さまざまな行事が開催され、全国的な盛り上がりがあったそうだが、残念ながら、ほとんど記憶にない。

しかし、その前後数年間には、明治維新を含む幕末期の多くの史資料が刊行、復刊されており、ありがたいことに、現在でもその恩恵に与っている。今年は五十年前ほどの動きはなさそうだが、少数でも新たな史資料の公表を待ち望まれる。

ただし、当時の視点は「勝ち組」に向けられていた。つまり、「官軍」視点なのである。

本書の執筆者たちは、引用文を除いては「官軍」という言葉を使っていない。用いているのは「新政府軍」「西軍」あるいは「総督府軍」だ。「官軍」の対義語は「賊軍」であり、立場は明らかに「正義」と「不正義」と映る。しかし、「官軍」に抵抗した彼らは「賊軍」だったのか、彼らは「不正義」の徒だったのか。

そうではあるまい。みずからの「正義」を信じて、命を擲ち、血を流したのだ。決して「賊軍」などではなかったはずだ。

本書で諸藩や諸隊については藩名や隊名を用いているが、大局的には彼らを「新政府軍」に対する

「旧幕軍」、「西軍」に対する「東軍」と表記しているは、その認識を示すものである。

なお、本書は二十年前に新人物往来社より刊行された『戊辰戦争全史』に、一部に編集の手を加えて復刊したものである。本文中、誤記・誤植の訂正はもちろんだが、限られた範囲ではあるものの、新事実が加筆されていることをお断りしておきたい。

最後に、「明治百五十年」という節目の年に、このような機会を与えてくださったことを感謝するとともに、本書を手に取ってくださった皆様に御礼を申し上げる次第である。

「戊辰百五十年」の一月に

伊東成郎
菊地　明

はしがき（旧版）

一般に戊辰戦争は三期に分類され、慶応四年一月の鳥羽・伏見の戦いから江戸開城までを第一期、江戸開城から九月の会津落城までを第二期、そして第三期として翌年五月の箱館戦争終結までがあてられている。

この分類によれば、旧幕府の総大将というべき徳川慶喜が謹慎恭順した第一期で、戊辰戦争は終結したといっていい。旧幕軍が温存され、親徳川諸藩軍がひかえていようと、その指揮にあたるべき慶喜が不戦を表明したとなれば、勝敗は別としても立ち上がるべき大義が失われてしまっている。

それでも戦いは奥羽、北越に繰り広げられ、蝦夷地にまで波及した。

旧幕軍の幹部で新選組を率いていた土方歳三は、会津戦争に敗れて仙台に向かった。そこで江戸からやってきた旧知の旧幕府典医・松本良順と出会い、心情を述べている。

「幕府、一蹴倒れんとするにあたり、一人のこれを腕力に訴え、死する者なきを恥ずればなり。とうてい勝算の必ず期すべきにあらず――」

幕府が倒れようとするときに、勝敗を度外視して、命を賭けて戦おうとする武士がいないことが恥ずかしいのだ、と語ったのである。

土方の出自は武士ではない。武州日野の農家に生まれ、近藤勇とともに新選組を結成し、慶応三年に幕臣に取り立てられたにすぎない。代々の恩顧を受けている幕臣とは、まったく立場が違う。さらに土方は、こうも語っている。

「我儕《わなみ》（自分）のごとき無能者は快戦、国家に殉ぜんのみ」

〝意地〟なのだ。勝敗などではなく、理不尽なままに旧幕府を踏みつぶそうとしている明治新政府への、意地なのだ。

慶喜が恭順している以上、奥羽や北越の戦いに援軍がくるはずはない。また、蝦夷地へ渡っても未来があるわけでもない。それでも戦ったのは、理非を訴える以前に、武士としての意地がそうさせたに違いない。

蝦夷地に渡った榎本武揚が箱館府知事の清水谷公考に宛てた嘆願書は、徳川旧臣による蝦夷地開拓警衛等を求めることに主眼があったが、そこには許可が得られなければ「やむをえず官軍へ抗敵つかまつるべく――」との一節がある。

戦ったらどうなるか、その結果を榎本が考えていなかったはずはない。時期は別としても、敗北あるのみだ。それでもこの一節を書き添えさせたのは、勝算の期すべきにあらず、という榎本の意地だったのだろう。

また、遊撃隊の伊庭八郎は慶応四年五月の箱根の戦いで左腕を失った。それでも榎本の旧幕艦隊で北をめざすが、乗艦が難破して横浜に潜伏したのち、ついに箱館に渡航して戦没する。こうまでして彼を戦場に駆り立てたのも、やはり意地以外の何ものでもなかった。

本書では、そうした男たちの戦いに主眼をおき、各地で展開された戦いの様相を追究している。もちろん、多くの記録を有する新政府軍側の情報に負うところも少なくないが、旧幕軍側の記録を最大限に用いたことで、これまでにない戊辰戦争の実相が描かれたことと思う。

明治二年五月十八日、箱館戦争の終結にともない、新政府は自軍の死傷者を記録することを出軍各藩に命じた。

埋葬さえ許されなかった旧幕軍側には、そのような公式記録はない。死者の記録さえないのだ。誰がどこで戦死したのかは、わずかに個人的に編まれた記録が伝えるにすぎない。

しかし、生き残った者の記録はある。

明治二年六月、箱館戦争の降伏人たち八百名余は、一部責任者と入院加療中の者を除き、弘前藩と秋田藩に預けられた。その名簿が遊撃隊の玉置五郎こと弥五左衛門によって伝えられ、これによって戦死者や不明者を探ることもできる。箱館戦争にかぎってのことではあるが、これを巻末に付して、彼らの〝墓碑銘〟としたい。

最後に、遅々とした歩みを見守ってくださった新人物往来社の大出俊幸氏に深謝する次第である。

戊辰戦争から百三十年目を迎えて

菊地　明

改訂新版 戊辰戦争全史（上）■目次

第三章　南関東の戦い……山村竜也・伊東成郎

第四章　北関東の戦い…………伊東成郎

第五章　日光口の戦い…………伊東成郎・山村竜也

第八章　東北の戦い……石山順子・郡　義武

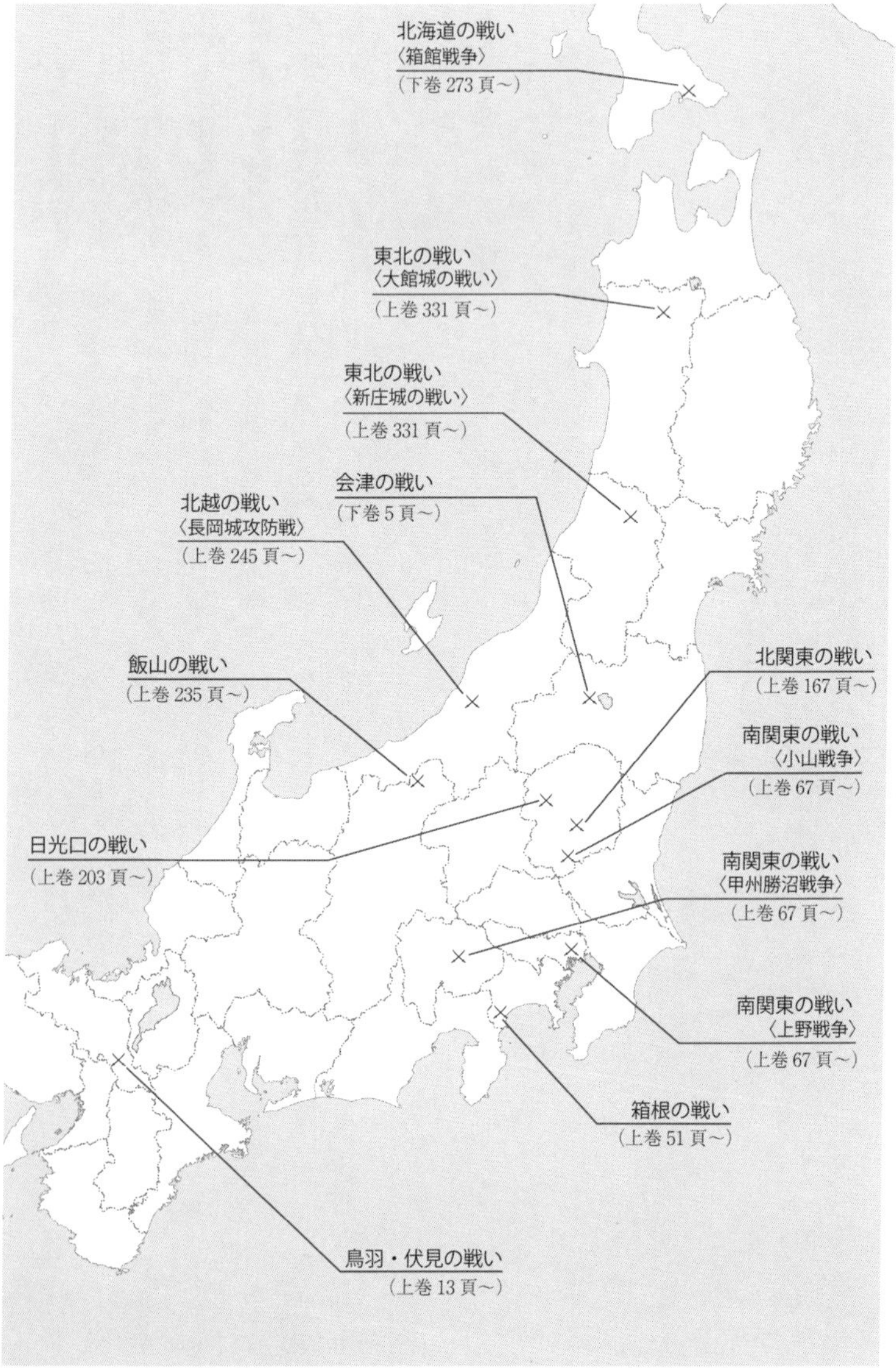

戊辰戦争の主な戦闘地域分布図

第一章　鳥羽・伏見の戦い

『大功記大山崎之図』　鳥羽・伏見の戦いを描いたもの　山口県立山口博物館蔵

王政復古の詔勅が下される

慶応三年（一八六七）十二月九日、西郷隆盛《さいごうたかもり》・大久保利通《おおくぼとしみち》・岩倉具視《いわくらともみ》の主導による、宮中クーデターが実行に移された。王政復古《おうせいふっこ》である。その前夜、岩倉具視は自邸に薩摩・土佐・芸州・尾張・越前の藩重臣を招き、翌九日正午に各藩大名の参内と、御所警衛の兵員の出動を求めた。

一方、八日正午から開かれていた朝廷会議は翌朝午前八時ごろに終了し、朝敵とされていた長州藩の復権、藩主父子の官位復旧と上京の許可、また処分中の公卿らの全面復権などが認められている。この席に、大政奉還《たいせいほうかん》をした前将軍の徳川慶喜《とくがわよしのぶ》と老中、会津藩主の松平容保《まつだいらかたもり》、桑名藩主の松平定敬《さだあき》は病気を理由に欠席していた。ともに二条城《にじょうじょう》にあって、会議の推移をうかがっていたのである。また、薩摩藩主の島津忠義《しまづただよし》も欠席し、藩兵と相国寺《しょうこくじ》にとどまっていた。

午前十時前後、御所蛤門《はまぐりもん》を警衛する会津藩と、公家門を守る桑名藩に代わって土佐藩と薩摩藩が出動し、これに芸州・尾張・越前の藩兵も加わり、それぞれ予定されていた所定の位置についた。正午すぎから命を受けた廷臣と大名が参内し、小御所において王政復古の宣言があった。

徳川内府、従前ご委任の大政返上と将軍職辞退の両条は今般、断然と聞こしめされ候。そもそも癸丑以来、未曾有の国難にて、先帝も頻年宸襟を悩ませられ候ご次第は、衆庶の知るところに候。これにより叡慮を決せられ、王政復古、国威挽回の御基を立たせられ候間、自今、摂関、幕府等廃せられ、総裁、議定、参与の三職を置かれ、万機を行わせられ、諸事、神武創業の始めにもとづき、縉紳、武弁、堂上、地下の別これなきの至当の公議を尽くし、天下と休戚を同じく遊ばさるべき叡慮に候条、各々勉励し、旧来の驕惰の汚習を洗い、尽忠報国の至誠をもって奉公致すべく候事。

これによって、摂政と関白ならびに幕府の廃止と、総裁《そうさい》・議定《ぎじょう》・参与《さんよ》の三職の設置が決定された。

ここにおいて徳川幕府は、完全に「旧幕府」と呼ばれる存在になったのである。そして、朝廷内の諸職と所司代、守護職も廃絶され、三職が次のように任命される。

総裁　有栖川宮熾仁《ありすがわのみやたるひと》親王

議定　仁和寺宮入道純仁親王　山階宮晃《やましなのみやあきら》親王　中山忠能《なかやまただやす》　正親町三条実愛《おおぎまちさんじょうさねなる》　中御門経之《なかのみかどつねゆき》

徳川慶勝《よしかつ》　松平慶永《よしなが》　浅野長勲《あさのながこと》　山内豊信《やまうちとよしげ》　島津忠義

参与　大原重徳《おおはらしげとみ》　万里小路博房《までのこうじひろふさ》　長谷信篤《ながたにのぶあつ》　岩倉具視　橋本実梁《はしもとさねやな》　尾張藩三人　越前藩三人

芸州藩三人　土佐藩三人　薩摩藩三人

その夜、小御所において天皇を前にした初の三職会議が開かれた。

土佐藩による大政奉還の建白《けんぱく》の裏で、武力討幕のための「討幕の密勅」を降下させていた薩摩藩は、徳川慶喜の決断による大政奉還の実現にその名目を失っていた。しかし、この席で慶喜の官位を剥奪する辞官と、徳川家の領地を朝廷に返上する納地を命ずることによって、武力討幕を実行しようとしていた。辞官はまだしも、慶喜以下の幕臣全員が禄を失うことになる納地などできるはずはなかった。

徳川慶喜　国立国会図書館「近代日本の肖像」より

それを承知で命令し、反発する徳川家を朝敵の立場に追い込もうとしたのだった。

これは、土佐藩以下の反対にあって実現に至らなかったが、尾張と越前両藩が慶喜に自発的判断をおこなうよう、周旋にあたることとなった。『徳川慶喜公伝』で、慶喜は「昨夜来、辞官・納地の命そとに漏れ、衆心ますます激昂し、余に迫りて兵を挙げしめんとす。（中略）よりてしばらくこの地を避けて下坂せんと思うなり」と述べている。

そして、十一日になって全面復権した長州藩が兵を率いて上京するにおよび、幕臣や会津と桑名の藩士たちの怒りは頂点に達した。十二日、事態を憂慮した徳川慶勝と松平春嶽《しゅんがく》が謁見して大坂への退去を進言すると、慶喜はすぐさま実行に移した。松平容保と松平定敬も藩士を率いてともに下坂し、京都の危機はとりあえず回避されたのだった。

伏見駐屯の新選組、都城兵に発砲する

徳川慶喜の下坂にともない、新選組も十四日には京都を去り、大坂の天満宮に宿陣する。しかし、

十六日には再び京都へ向かい、前月に廃止されたばかりの伏見奉行所を本陣とした。伏見の薩摩藩邸には同藩の藩兵が駐屯しており、まさに最前線への転進だった。これによって、薩長を中心とする新政府軍は伏見の警衛をより厳重にし、京都市中と伏見方面の巡邏を担当していた薩摩藩都城《みやこのじょう》隊に、あらたに鳥羽街道と宇治方面の警戒も申し渡している。

その二日後の十八日、京都へ向かった局長の近藤勇《こんどういさみ》が、その帰途で元新選組隊士の阿部十郎らに待ち伏せを受け、右肩を銃撃された。これにより近藤は病床にあった沖田総司《おきたそうじ》と大坂へ下り、新選組は副長の土方歳三《ひじかたとしぞう》が指揮をとることになる。そして二十一日夜、伏見を偵察中の都城隊六名が新選組に発砲されるという事件が起こった。

伏見奉行所跡　京都市伏見区

彼らは堺町の藩邸を午後八時に出発し、風呂屋町から奉行所にほど近い御香宮《ごこうのみや》神社に抜けると、敵の武装兵十数名が境内にいるのを発見する。これが新選組だった。六名は報告のため引き返そうとしたところ、やってきた隊士たちと遭遇する。互いに黙視してすれ違ったが、その直後に発砲があった。武装していない彼らは藩邸に逃げ帰り、事件は東寺《とうじ》の本営に報告された。すぐさま薩摩藩兵三小隊と大砲隊が伏見に派遣されたが、すでに新選組の姿はなかった。

この事件に該当すると思われる新選組の記録がある。

一、同（金）十一両也　十一人賊相手、下され候事。

（『金銀出入帳』）

薩摩兵は奉行所へ押しかけ、翌朝まで門を挟んでの睨み合いとなったが、尾張藩の仲介によって兵を引き、事なきを得ている。二十五日には尾張藩が新選組の伏見退去を申し入れるが、新選組はもちろん聞き入れることはなかった。逃げ帰った都城の六名は軍律に照らして罪を問われ、二十七日未明、全員が切腹する。

その二日後、土方歳三は隊士の小幡三郎と荒木信三郎を薩摩藩邸に潜入させた。すでに双方にとって、伏見は一駐屯地などではなく、まぎれもない戦場となっていたのだった。

庄内藩兵ら、江戸薩摩藩邸を焼き討ちする

「討幕の密勅」が、大政奉還によって失効してしまったことにより、武力討幕を推進する薩摩藩は江戸での幕府攪乱を画策していた。

無頼の徒、浪人の名を藉りて到るところ財を掠め、人を殺し、血肉狼藉して人心恟々たり。この暴行、十月下旬に起こり、十二月に至りて最も甚だし。

（『徳川慶喜公伝』）

西郷隆盛の命によって江戸に向かった薩摩藩士の益満休之助と伊牟田尚平は、のちに相楽総三を称する小島四郎らの協力を得て浪士を集め、江戸市中を中心に相模、下野方面でも攪乱工作をおこなっ

ている。彼らは三田の薩摩藩邸を拠点とし、その数は五百名にものぼったという。彼ら浪士の内規には「私欲をもって人民の財貨を強奪するを許さず」（『薩邸事件略記』）とされていたが、実効のほどは疑わしい。

十二月二十三日未明、江戸城二の丸に火災が起こった。浪士のひとりだった落合直亮は、『史談会速記録』で、「いずれ伊牟田、益満の両人の内から手が廻ったものであるということを聞いております」と、火災の原因が彼らによる放火であったことを認めている。さらにその夜、市中取り締まりの任にあった庄内藩の屯所に、浪士が発砲するという事件も起きた。

二十四日夜、これが引き金となって江戸残留の大目付は、ついに庄内・上山《かみのやま》・鯖江・岩槻の四藩に薩摩藩邸屯集浪士の討伐を命じたのだった。翌早朝、武装した四藩の兵士数百名が藩邸に出動し、型通り浪士の引き渡しを申し入れ、これが拒否されると攻撃を開始した。大砲が発射され、小銃が連射された。浪士も反撃を試みたが、戦いになるはずもない。戦闘は午前七時に始まり、十時に終わった。

この戦いに上山藩で七名の戦死者があり、庄内藩ではひとりが大砲の事故により死亡した。浪士側の死者は四十一名、捕縛者百六十二名との記録がある。なお、この砲撃指揮書は、のちに旧幕軍に投じて箱館戦争を戦う、フランス軍事顧問団のブリュネが作成したものであった。

戊辰海戦、兵庫沖で勃発する

焼き討ちされた薩摩藩邸から脱出した浪士は、百名を超えていた。彼らは三田通りを逃走し、品川宿に放火しながら鮫洲《さめず》港に出ると、そこで三隻の漁船に分乗して、沖合いに停泊中の薩摩の軍艦翔鳳丸に向かった。

旧幕海軍では、薩摩藩邸襲撃とともに品川沖に停泊中の薩摩艦船の攻撃を計画しており、上陸中の乗員に非常呼集をかけている。回天艦長の柴誠一らが築地の海軍所からボートで品川沖に出発したのは午前十時、ちょうど藩邸焼き討ちが終わろうとしたころだった。

このとき、旧幕府の艦隊は大坂方面に出動しており、江戸湾には回天と咸臨丸の二艦があった。しかし、咸臨丸は機関修理中で航行不能の状態で品川台場沖にあり、回天はさらにその沖合いにあった。柴らが回天への乗船をあきらめて咸臨丸に乗り移ったとき、すでに抜錨して大森沖へ進む翔鳳丸に向けて咸臨丸が砲撃した。回天も追撃を始め、翔鳳丸に砲撃する。そのため翔風丸は浪士を乗せた漁船のうち、先着していた一隻だけを収容するにとどまった。乗艦できたのは相楽総三こと小島四郎ら三十名ほどで、残る二隻は乗船を断念して羽田に上陸することになる。

翔鳳丸も反撃に転じ、四発を応撃して、うち二発が回天に命中したという。しかし、旧幕側には被弾の記録はなく、事実であっても損害は軽微なものと思われる。回天は二十数発を発射し、翔鳳丸に相当の損害を与えていた。

柴らは再びボートで回天を追うが、午後五時ごろには横須賀沖で両艦の姿を見失い、追尾を断念して帰港した回天に乗り、翔鳳の船影を求めて伊豆下田まで翌未明にかけて捜索している。このとき、翔鳳丸は下田から十数キロの子浦に入港し、応急修理をしてすでに伊豆をあとにしていた。その後、暴風雨にみまわれた翔鳳丸が兵庫沖に到着したのは、年が明けた一月二日午後四時ごろのことだった。

その前々日の十二月二十九日午後三時、兵庫港には加太方面からやってきた薩摩の軍艦春日と、輸送船の平運丸が入港していた。このとき、兵庫港には旧幕艦隊の開陽丸・蟠龍丸・翔鶴丸・順動丸・富士山丸が停泊中で、陸上には京都から大坂に下った陸兵もいる。すでに江戸の薩摩藩邸焼き討ちの報が届いており、海陸とも薩摩藩船に敵愾心を燃やして、乗っ取りや撃沈を強く主張していた。

しかし、軍艦奉行並の榎本武揚は、港内での砲撃は港内に停泊中の外国船や、陸上にも危害をおよぼす危険があるため、これを避けて二艦の出港を待った。夜が明けた一月一日、午後四時ごろ平運丸が港外に出た。開陽と蟠龍が和田岬付近まで追尾して、停船命令である空砲を放ったが、平運丸は無視して航行を続ける。蟠龍が今度は、実弾を発射した。これが命中して、平運丸は兵庫港に引き返している。翔鳳丸が兵庫に到着したのは、このときのことだった。

翌朝、春日より船長の赤塚源六が白旗を掲げて蟠龍に向かった。これを見て、開陽からは榎本の指示で沢太郎左衛門が蟠龍に急行して、同艦で談判がおこなわれている。赤塚が発砲のわけを問うと、沢は停船命令を無視したためだと答えた。すると赤塚は、戦時ならばともかく現在は平時であるとして、さらに朝廷付属の薩摩艦船を攻撃するとはもってのほかであり、「当今、足下等は戦時に心得、我等の軍船を敵と見なさるるや」と詰問する。これに対して、沢は榎本と面談することを勧め、赤塚とともにボートで開陽に向かった。

榎本は赤塚に、江戸薩摩藩邸の焼き討ちから翔鳳丸と海戦になった事実を取り上げ、「尊藩はもはや弊藩の敵と存じ候」(『二ツの宝船』)との認識を表明した。さらに、以後、薩摩の船は一艘も出港させないつもりなので、僚艦にその旨を伝えるようにと申し渡した。完全な宣戦布告である。

一月三日未明、相楽総三らの浪士を下船させて西宮へ退避させると、春日、平運丸、翔鳳丸の三艦は兵庫港を脱出した。そして、平運丸は瀬戸内海を西行し、春日は翔鳳丸を曳航して紀伊水道を南下し、追尾の艦隊を分散させる。開陽は春日を追い、紀伊水道の伊島付近で停船命令の空砲を発してから、右舷の十三門による実弾攻撃を開始した。距離は二千八百メートルという。双方が応撃し、その距離が千二百メートルにまで接近したとき、春日の砲撃が開陽のマストを傷つけ、また、開陽の砲弾が春日の外輪の上部を砕いた。開陽は二十五発、春日は十八発を放ったという。そして、開陽が左舷の大砲使用のために旋回を始めると、速力に優る春日は全速力で逃走し、そのまま逃げ切っている。

瀬戸内海に走った平運丸も、追尾を振り切って鹿児島に帰港したが、春日に曳航されていた翔鳳丸は曳き綱が切れたため、土佐由岐浦で自焼した。開陽は翔鳳丸のゆくえを追い、自焼した船体を発見すると、燃え残りの木材を戦勝記念として兵庫に持ち帰っている。

旧幕府軍、討薩表を掲げて出陣する

慶応四年（一八六八）一月二日、旧幕兵と親幕派諸藩は徳川慶喜の上京と参内を求めて、大坂を出陣する。彼らは淀を本営として、翌三日を入京と定めていた。慶喜の奏聞書には、次のようにある。

臣慶喜　謹みて去月九日以来のご事体を恐察奉り候えば、一々朝廷のご真意にこれなく、まったく松平修理大夫奸臣共（の）陰謀より出で候は天下の共に知るところ、ことに江戸、長崎、野州、相州、処々の乱妨および劫盗も、同家家来の唱導により東西響応し、皇国を乱し候所業、別紙の通りにて、天人共に憎むところに御座候間、前文の奸臣共お引き渡し御座候ようご沙汰下されたく、万一ご採用あいなられず候わば、やむをえず誅戮を加え申すべく候。この段、謹みて奏聞奉り候。

薩摩藩を諸悪の根源であるとし、軍事対決もいとわないという姿勢を表明していた。これがいわゆる「討薩表」で、文中の別紙は以下のとおりである。

薩藩奸党の者罪状の事

一、大事件（に）衆議尽くすと仰せ出され候ところ、去月九日、突然、非常ご改革を口実とし、幼帝侮り奉り、諸般ご所置、私論を主張し候事。

一、主上ご幼冲のおりがら、先帝ご依托あられ候摂政殿下を廃し、参内止め候事。

一、私意をもって、宮、堂上を黜陟《ちゅうちょく》せしむる事。
一、九門そのほかご警衛と唱え、他藩の者を煽動し、兵仗をもって宮闕に迫り候条、朝廷はばからず大不敬の事。
一、家来共浮浪の徒を語り合い屋敷へ屯集、江戸市中押し込み強盗致し、酒井左衛門尉人数屯所へ発砲乱妨、その他野州、相州処々焼き討ち劫盗に及び候は、証跡分明にこれあり候事。
慶喜はこれに次の檄文を添えて、在坂諸藩に軍列参加を命じた。末尾にある土地の割与については、薩長両藩の領地が対象とされていることはいうまでもない。

予、宇内の形勢を熟考し、政権を朝廷に帰し奉り、王政一途に出で、万国に並び立たん事を欲す。あにはからんや薩藩奸賊、幼帝を要（擁）し奉り、公議を尽くさず、叡慮を矯め、偽勅を下し、ほしいままに公卿を黜陟し、天下の乱階を醸し候件々、枚挙に暇あらず。これにより別紙両通の奏聞を遂げ、大義によりて君側の悪を誅戮《ちゅうりく》し、自然本国を征討におよび候に付き、国々の諸大名、速やかに馳せ登り、軍列にあい加わるべきものなり。もっとも軍賞の義は平定後、鋒先の勲労に応じ土地を割与すべき候事。

そして、慶喜の入京にあたっては、以下の「軍配書」によって兵力配置が予定されていた。
一、奈良街道小堀口　　牧野駿河守
一、御城近傍一円市中巡邏《じゅんら》　　撤兵組

一、福王駿河守、荘勘兵衛附属一大隊
　右は大津より三条大橋まで繰り込み候事
一、松平讃岐守人数　　黒谷同断
一、稲垣平右衛門人数　　大仏兵糧護衛
一、松平伊予守　　天保山
一、御城廻り巡邏　　会藩板倉伊賀守人数
一、松平刑部大輔　　御門々勤番
　但し、戸田采女正へ交代
一、紀伊殿人数
　天王寺、真田山、ならびに市中巡邏
一、御城廻り開門十四ケ所　　小林端一歩兵一大隊
　ほかに外国人旅宿廻り巡邏の事
一、大坂御城御警衛
　戸田肥後守、大久保能登守奥詰銃隊八小隊　杉浦八郎五郎、三浦新十郎銃隊四小隊　撤兵四小隊　但し、御城御門々勤番二小隊にて相心得候事　天野釣之丞守城砲
一、大坂蔵屋敷

天野加賀守、塙健次郎撤兵九小隊　吉田直次郎砲兵二門　会藩四百人
一、兵庫　　須田敬一撤兵半大隊　大砲二門
一、西の宮
　酒井雅楽頭人数、松平阿波守人数半大隊　撤兵一中隊　頭取一人
一、橋本関門　　酒井若狭守、松平下総守人数
一、淀本営　　騎兵三騎　別手組十人
　松平豊前守出張差図次第、京郡へ繰り込み候事　松平豊前守一小隊四十人　室賀甲斐守二
　小隊　戸田釆女正人数五百人
一、鳥羽街道
　竹中丹後守
　秋山下総守歩兵一大隊　小笠原石見守歩兵一大隊　谷土佐守砲兵二門　桑名四中隊　砲
　兵六門　騎兵三騎　築造兵四十人　松平右近将監家来三十人
　右、攻撃当朝、鳥羽に出張、東寺へ向け候事
一、伏見
　城和泉守
　窪田備前守歩兵一大隊　大沢顕一郎歩兵一大隊　間宮鉠太郎砲兵六門　新撰組百五十人

騎兵三騎　簗造兵四十人

右、攻撃前日、出張の事

一、二条御城

大久保主膳正

徳山出羽守歩兵二大隊　砲兵四門　騎兵三騎　佐々木只三郎見廻組四百人　本国寺二百人　簗造兵四十人　騎兵四騎

右、攻撃前々日、出張繰り入り候事

一、大仏

高力主計頭

横田伊豆守歩兵二大隊　砲兵二門　騎兵三騎　簗造兵四十人　会藩四百人　砲兵一座

右、攻撃前日、大仏へ出張の事

一、黒谷

佐久間近江守

河野佐渡守歩兵二大隊　騎兵三騎　安藤□太郎砲兵四門　簗造兵四十人　会藩四百人

砲一座

右、攻撃前日、黒谷へ出張の事

以上の人員を合計するとほぼ一万五千名となるが、主力となるのは「淀本営」以降に記された兵員であり、約七千から八千名と推定される。

なお、軍配書作成の時点で、慶喜以下の旧幕府首脳は、慶喜の入京が阻止されるとは考えていなかったらしく、二条城を部署とされた大久保主膳正に「攻撃前々日、出張繰り入り候事」とし、大仏や黒谷の部署に対して、攻撃前日に布陣するように指示している。どうやら、一大名の陣所として二条城以下への駐留は、過去の諸大名がそうであったように、当然のことと受け止めていたのだろう。

二日中に淀城下へ到着した旧幕軍主力は、翌三日に鳥羽街道を北進し、そのような認識が通用しないことを思い知らされるのである。

鳥羽・伏見の戦い、ついに勃発する

旧幕軍北上の報に、薩長を中心とする新政府軍は鳥羽・伏見周辺の警備を固め、彦根藩兵百余名、西大路藩兵若干名が守備する上鳥羽南方の四塚に、相良治部を長官として、薩摩藩小銃五番隊・同六番隊・外城一番隊・同二番隊・同三番隊・私領二番隊を投入して、千余名からなる守備陣を築いた。

また、伏見には島津式部を長官として、薩摩の小銃一・二・三・四番隊、外城四番隊、一番砲隊半隊、臼砲隊、それに長州藩兵二中隊、土佐藩兵四小隊の計千数百名が配備される。

午前九時すぎ、旧幕府大目付の滝川播磨守具挙は見廻組の護衛で淀を出発し、先鋒が下鳥羽から小枝橋を渡って上鳥羽まで進んだところ、薩摩藩監軍の椎原小弥太と山口仲吾が進軍の停止を求めた。見廻組肝煎の藤沼幸之丞と所谷健三郎が使者に立って改めて進軍を要求したが、朝廷に裁可を仰ぐので待機されたいとの申し出に、藤沼と所谷は引き下がった。しかし、すでに朝廷より通行不許可の命が下されており、時間稼ぎの名目にすぎない。このとき、見廻組百名が同行していたとの記録もあるが、いずれにせよ彼らは朝廷の裁可次第との言葉を信じて、小枝橋を渡って滝川具挙の待つ赤池まで引き返した。

城南宮　京都市伏見区

この間に薩摩藩兵は部隊を繰り出し、道の中央に大砲を据えつけると、小枝橋を越えて、近くの民家を陣屋とした。さらに東方の城南宮に陣を固め、砲を配備する。先頭に立つ見廻組は、甲冑に陣羽織という装束で銃の装備はなく、進軍中のため軍事的防御の拠点もない旧幕軍に対し、薩摩兵は完全に有利な態勢を整えたのだった。

旧幕軍の後続部隊は続々と淀を進発しており、軍配書では鳥羽に進出する予定の竹中重固は、会津藩兵を先鋒として、遊撃隊のほか、浜田・高松・鳥羽の藩兵を率いて伏見に向かっている。一行はすでに進駐していた新選組や、奉行所に西隣する東本願寺別院を陣とする会津藩兵と合流し、奉行所で昼食をとった。その前後に、竹中重固は伏見を守る薩長両軍に手紙を送り、通行を宣言している。

　手紙をもって啓上致し候。しからば今般、徳川内府上京致され候に付きては、先供の人数ならびに会津、桑名共通行致し候間、お心得のためこの段申し進め候。以上。

返事は当然「お差し控え下されたく」というもので、朝裁を待たされている。

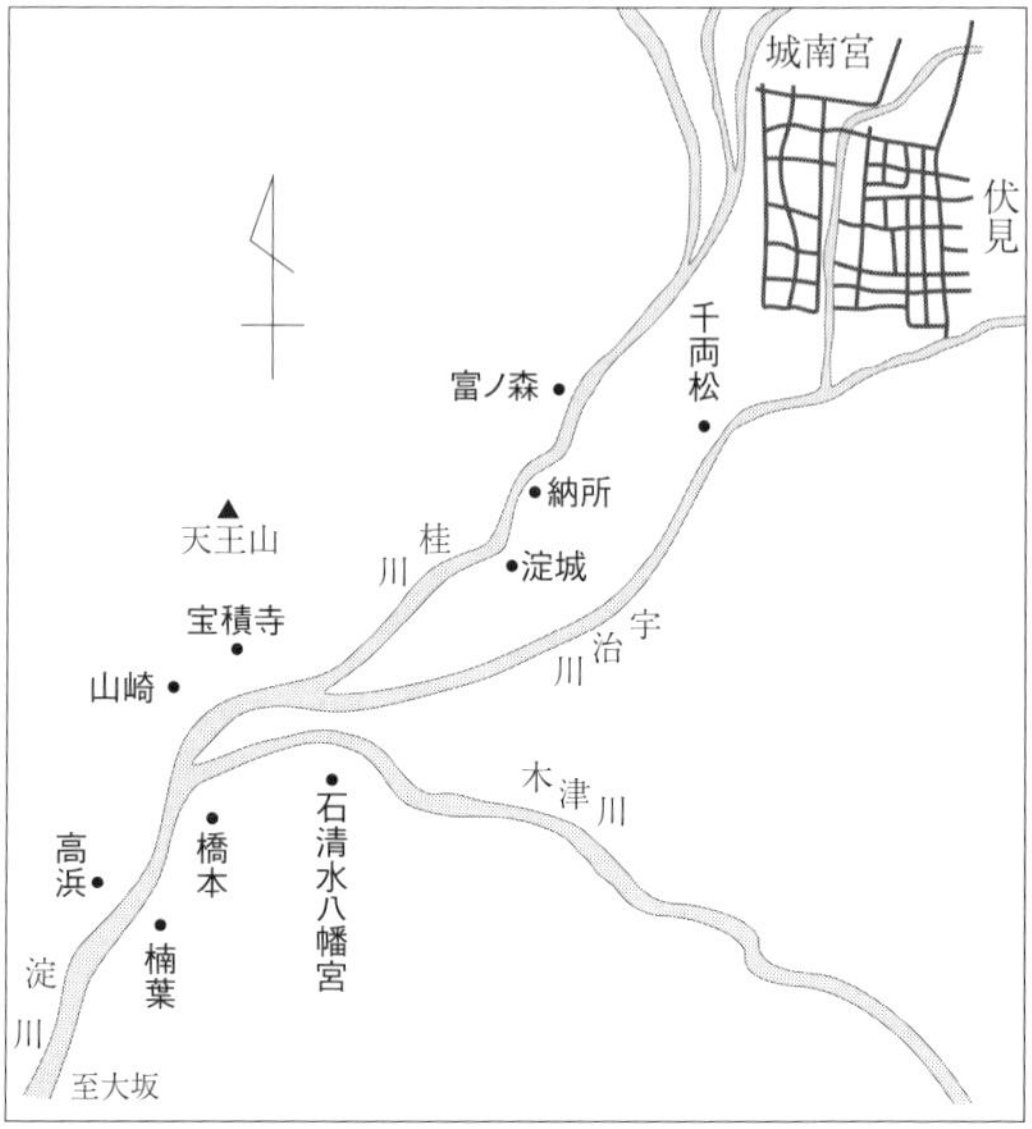

図１　鳥羽・伏見の戦い関係略図

図２　伏見市街略図

時刻は夕刻となり、日没が近づいていた。滝川具挙は次々と使者を放った。まず、ふたりが飛脚と称して通行しようとしたところを斥候に制止され、その最中に騎馬兵三名が加わった。さらにふたりがやってきて、監軍の椎原小弥太と山口仲吾に面会し、「時刻早移りいたり、いかにも押し通り入京せんと申す」と最後通告をおこなっている。

椎原、山口答えけるは、かくまで申し諭すを聞き入れもなくお通りあらば、今は詮方なし、我々共は朝命を奉じこの地を固め候えば、臨機の応対致すべしと申しけるに、必ず通るべしと言い捨て、両人終に立ち去りぬ。

魚三楼の格子に残る鳥羽・伏見の戦い時の弾痕　京都市伏見区

もはや武力衝突以外にない。『輦下日載』は続けて、「椎原、山口は我が陣へ立ち帰り、ラッパの相（合）図を示し合わせ、両所の大砲を続け打ち、左右の銃隊をもって攻め立てたり」と、開戦に踏み切ったことを記している。時刻は午後五時ごろ、場所は赤池と小枝橋の中間にある「おせき茶屋」の付近だったという。突然の砲声に、滝川具挙の乗馬は味方の陣中を淀方面に走り出し、後続していた撤兵隊の指揮官も驚いてあとを追った。後方にあって様子のわからない部隊は、この混乱を敗戦によるものと思い、敗走を始める部隊もあったという。

旧幕軍は先陣の見廻組が刀槍部隊であり、続く歩兵は銃に弾込めをしておらず、すでに陣形を整えていた薩摩藩兵の前に敗れ去った。後続する桑名藩の砲隊と銃隊が踏みとどまって応戦したが、これもわずかに友軍の敗走の時間を稼いだにすぎなかった。敗走する旧幕兵は、築造兵が下鳥羽にある公卿の菊亭家の米蔵から米俵を運び出して設けた、臨時の胸壁まで後退して迎撃態勢を整える。これを知った薩摩兵は夜戦を避けて赤池以北に布陣した。旧幕軍は午後八時ごろに城南宮へ夜襲をかけ、また、赤池付近の番兵に発砲するなどしたが、いずれも効果はなかった。この戦いでの薩摩藩兵の戦死者は三名、負傷者は十名とされ、旧幕軍の戦死者は、伏見の御香宮神社所蔵の『戊辰東軍戦死者霊名簿』によると十二名であったという。

伏見の旧幕軍、下鳥羽へ敗走する

薩長両藩兵は、伏見奉行所の北にある至近の御香宮神社を本陣とし、奉行所の東辺を薩摩藩兵が豊後橋まで、北辺は新町に長州藩兵、その西に土佐藩兵、奉行所の西側の京町と両替町には薩摩藩兵が布陣し、奉行所の南方以外を取り囲んでいた。

土佐藩はこの段階では武力討幕を認めておらず、彼らは独断で参戦し、山内容堂はこれに発砲することを禁じていた。そのため、京橋から薩摩藩邸へ攻撃に向かう会津藩兵と出会うと、「願わくば、路を他に取るべし」(『結草録』)などと、戦時とは思えない対応をしている。また、長州の林友幸は

『維新戦役実歴談』で、「アノ方（土佐藩）は敵のおらぬ方へばかり往くから、（中略）一体、戦争というものは敵がおらぬ所で出来るものではない、（中略）敵のおる方へ出してくれ、ということだった」と語っている。

彼らが出会ったのは、会津藩大砲隊の白井五郎太夫率いる百三十余名で、白井隊は京橋から北上していた。ちょうど、土佐藩兵の西端部と接触したものと思われる。無用の摩擦を避けた白井隊が迂回すると、薩摩藩邸があった。彼らはここに火を放ち、竹田街道を京に向かう。このとき、薩摩藩邸に潜入していた新選組の小幡三郎が合流を求め、行動をともにしている。

そのまま直進していれば、白井隊は京都市中に到達することができたろう。竹田街道は真空地帯のように、無防備となっていたのだった。しかし、後続する部隊がなく、あるいは退去の命令によったともされるが、白井隊は伏見方面に戻り、途中で斥候兵と遭遇して互いに死者を出したが、その後、西行して下鳥羽の会津藩兵と合流している。

伏見では午後五時ごろ、鳥羽での砲声が届いて、たちまち戦闘が開始された。新選組の永倉新八《ながくらしんぱち》は、『新撰組顚末記』で次のように述べている。

伏見市中のめだつ建物はつづいて標的となってうちくだかれる。奉行所へも十発ばかりの砲弾が飛んできて、集会所の屋根へ焼弾や破裂弾がこもごもみもうて危険となった。副長の土方歳三はもはやこれまでと、隊士を広庭へ集めて応戦の令をくだす。まず奉行所へ備えつけてあった一門の大砲を御香宮へむけてうちはなすと、薩兵はますます猛烈に砲弾をあびせる。約半時ばかりも砲戦をつづけてから、永倉新八のひきいる二番組が決死隊として敵陣におどりこむこととなった。ちょうど、これに対応する薩摩藩側の記録がある。

七ツ半過ぎ、鳥羽の砲声烈しく相聞こえ候ところ、賊にわかに奉行所の柵門を押し開き、進み来たる。薩兵は御香宮前より激しく戦い、砲銃連放し焔烟地を覆うて咫尺も弁ぜず。烟の紛れに相覗き候ところ、賊徒は柵門涯一町余引き取り、柵門へ畳数十帖並べ楯に取り、互いに砲戦寸隙もなく、少しにても相弛み候節は会(津)兵、新撰組と相見え、槍、長刀相携え、間合い三、四十間のところまで懸け寄り候儀もたびたびこれあり候えども、隊中一同粉骨を竭《つく》して相働き、打ち退け候。

(『慶応出軍戦状』)

高台の御香宮神社から発射される砲弾に対して、会津大砲奉行の林権助率いる大砲隊は応撃したが、勝敗を決したのは銃撃戦だった。林友幸も前書で「長州は南の方へ向かって撃つ。薩摩は横の方から西に向かって砲撃してくれということにして、南の方は長州が引き受ける。薩州は西に向かってやるというので、ちょうど十文字に撃ったからピチリピチリいったものだ」と語り、正面と側面からの攻撃が功を奏したとする。しかも、薩長両軍は無人となった家屋から畳を集め、数枚を重ねて胸壁とし、それを道の左右に互い違いに十メートルほどの間隔で前後に並べていた。

新選組・遊撃隊・会津の別撰組などが決死隊を募って敵陣に斬り込みをかけたが、その刀槍は役に立つことはなく、ほとんどが物陰からの銃撃で阻まれてしまった。やがて戦火による火勢が強まり、自陣の周囲は火におおわれて敵に姿をさらし、敵の姿は闇に包まれるという最悪の条件下での戦いとなって、旧幕軍は全軍の指揮者もないまま、中書島から淀方面に退却を始めた。時刻は記録によって午後十時、あるいは翌日の午前一時とするものもある。

京都で戦況を見守っていた薩摩の西郷隆盛は、零時すぎに伏見へやってきている。この日の大久保利通の日記に「官軍勝利、賊退散の注進これあり候事」とあり、西郷は自らその確認におもむいたのだった。この戦闘で薩摩兵の死者は六名、負傷者は二十五名、長州兵は同じく四名、二十一名と記録され、旧幕軍の討死者は『戊辰東軍戦死者霊名簿』からは四十九名を数えることができる。

西郷隆盛画像　個人蔵

旧幕軍、鳥羽と伏見の奪還戦に敗北する

一月三日夜、徳川慶喜は老中に命じて大坂在留の各国公使に薩摩藩と交戦状態にあることを告げ、条約の順守と徳川方以外への軍艦や武器の提供を禁じている。武力衝突の第一報が大坂に届いての処置であり、公式な宣戦布告ともいえる。その深夜、大坂土佐堀の薩摩藩蔵屋敷を会津兵が焼き討ちに向かったが、すでに薩摩藩士は蔵

屋敷に火を放って逃走したあとだった。さらに旧幕兵と立売堀《いたちぼり》の藩邸へ急行したが、ここも無人となっていた。そのころ、入京を求めた旧幕軍が鳥羽と伏見での戦いに敗走していたことを、彼らはまだ知らない。

一月四日午前五時、朝霧のなかを下鳥羽に退いていた旧幕軍は淀からの援兵を得て、攻勢に転じた。薩摩藩の記録によれば、薩摩藩兵は本道に大砲四門を備え、その左右に小銃隊を配し、さらに堤両側の畑に散兵して迎撃したため「賊さんざんに敗北」(『京畿討幕録』)したというが、緒戦は旧幕軍が優勢だった。桑名藩士の中村武雄による『戊辰桑名戦記』には次のようにある。

幕兵(敵陣に)近づくやいなや、たちまち左右に散り分かれ大砲小銃いといなく、いとも烈しく打ち掛けたり。げにも数聯隊の熟兵、込め替え込め替え打つ事なれば、(中略)京方もこの勢いに当たり難きや、次第次第に引き退く。幕兵は田間に臥しては籠め、起きては打ち、いよいよ進んで攻め近づく。京方、今はこらえかね、胸壁三重までも奪れたり。この時、味方ますます継ぎ進まば、東方すでに総崩れにも及ぶべきを、後陣の人数応援せず。

敵陣を突破したものの、後続する部隊がなかったのだという。一方、伏見の薩摩軍はすぐさま増援部隊を繰り出し、横撃する旨を守備兵に伝えて戦意を高めた。そして、午前八時ごろには大砲隊をはじめ、四小隊が攻撃に加わっている。旧幕軍は菊亭家の米俵で構築した前日よりの胸壁を拠点として応戦し、激戦となった。しかし、正午をすぎて薩摩軍には次々と援兵が投入され、やがて砲撃で胸壁は破壊された。そして、馬上で指揮をとっていた歩兵頭の窪田備前守鎮章が、二時ごろに被弾して討ち死にすると旧幕軍の戦意は萎え、ついに富ノ森の陣へと退却を始める。

一方、伏見での戦いは午前七時ごろより始まったが、前夜の撤退が組織的なものではなかったため、とどまる兵だけが濠川西岸から中書島付近に布陣するという状態だった。規模不詳ながら、歩兵隊、遊撃隊、伏見奉行所兵のほか、会津、浜田、高松の藩兵が残存していたものと思われる。遊撃隊の堤兵二郎による『徒然叢書』によると、「稽古衣の上に『クサリカタビラ』を着し、その上に袷の割羽織、単袴という出で立ちなれば中々さむく、よって中島（中書島）附近の人民空き家に入り、正月の飾り餅を探し出し、数多の炭を起こしその中に投じ、これを食いてようやく暖を取り、饑を凌ぎ――」という有様だった。

戦いは、長州藩兵が中書島の民家から発砲する兵にあたり、濠川西岸には薩摩、土佐の兵が向かった。中書島には高松藩兵も布陣していたが、彼らにはまったく戦意がなく、小銃の一発も撃つことなく逃走している。残された部隊は応戦したが、薩摩の一小隊が加わって砲撃を浴びせたために淀方面に撤退した。また、濠川西岸では激戦となったが、ここも正午ごろには敗走して、伏見から旧幕軍の姿は消えた。

それでも伏見における戦死者は、長州四名、薩摩一名が記録され、土佐は一名が負傷後に死亡した。旧幕軍では歩兵隊に二名、奉行所兵に一名、浜田藩に一名、会津藩は不詳ながら、六名の討ち死にがあったことを『戊辰東軍戦死者霊名簿』は伝えている。

下鳥羽から富ノ森に後退した旧幕軍は南方の納所にも陣を設け、午後二時ごろより付近で攻防戦がおこなわれた。富ノ森付近は西に桂川、東に横大路沼という地形で、その沼の茂みに伏兵を配して戦った。この日の滝川具挙の戦況報告にある「会（津）藩大奮発にて一手打ち出し、必死の大苦戦。終《つい》に手詰めに相成り候ところ、土手下処々に兵を配置、場合を見計らい、槍を入れ大いに闘い、突き立て突き伏せ、暫時間（に）三十人打ち取り、首引き下げ突っ立ち、大声に鬨を揚げ追討、大勝利に相成り候」という戦いはこのときのものだった。これが四時ごろのことと思われ、『慶明雑録』には「七ツ時分より苦戦相成り候えども、何分賊は畳等をもって台場を築き候ところへ、味方畑に散会の事ゆえ、味方のみ手負い死人多く、日入り時分引き揚げ相成り候」との記事が見える。

この日、鳥羽方面での旧幕軍の戦死者は三十一名ともされ、緒戦で奮戦した桑名藩士からは十一名の討死者があったという。一方、薩摩藩には九名の戦死者が記録され、薩長両軍で四十一名の負傷者があった。

錦旗、戦場に立つ

一月三日夜、伏見に向かった西郷隆盛は戦況を一覧して、大久保利通に一書を送った。

追討将軍の儀、いかがにて御座候や。明日は錦旗を押し立て、東寺に本陣をお据え下され候えば、一倍官軍の勢いを増し候事に御座候。

錦旗の要請である。これを受けた大久保は岩倉具視などに働きかけ、四日午前には軍事総裁の仁和寺宮嘉彰親王が征討将軍となり、錦旗は戦場に掲げられることになる。

八景の間において征討将軍の宣旨を賜り、御休所において錦旗をご頂戴、御学問所において節刀を賜る。

（『東伏見宮家記』）

前年の十月六日、大久保利通と長州藩士の品川弥二郎が岩倉具視のもとに招かれ、玉松操の考案による錦旗の図を授けられるとともに、その製作を命じられた。『岩倉公実記』には次のようにある。

錦旗の図を一蔵（大久保）、弥二郎に示し、これを製作せんことを託す。一蔵、その寓に帰るにおよんで大和錦ならびに紅白緞子、若干巻を購買す。弥二郎すなわちこれを携帯して長門に還り、諸隊会議所において日月章の錦旗、各二旒、菊花章の紅白旗各十旒を製作す。

錦の御旗（錦旗）　承久の乱以降、朝敵討伐の標として用いられた。戊辰戦争では、錦旗を翻す新政府軍を前に、旧幕軍は意気消沈し、各地で敗退したという　東京都千代田区・靖國神社遊就館蔵

大久保は愛人のお勇に、西陣から帯地の紅白緞子《どんす》と大和錦を買わせ、品川はそれを持って帰国した。製作にあたったのは萩の有職家である岡吉春で、大江匡房の『皇旗考』を参考に一カ月ほどで完成させると、半数を長州に残し、半数を京都の薩摩藩邸に密蔵して、王政復古の十二月九日に岩倉を通じて朝廷に納められたという。

四日正午、仁和寺宮は薩摩兵一小隊と芸州兵三小隊を従えて、錦旗とともに本営の東寺に入った。三日の戦いでは出兵を辞退していた芸州藩が従っているように、錦旗の威力は絶大だった。同様に、藩としては戦いを静観していた土佐藩も、錦旗の出現に戦闘参加を決意する。そして、その他の態度を決しかねていた在京諸藩も、参戦に踏み切ることになる。さらに錦旗の効力は、その後も続く戦いに発揮されるのだった。

旧幕軍、淀藩に入城を拒絶され橋本方面に敗走する

一月二日の進軍以来、淀城下は旧幕軍の本営とされていたが、淀藩は松平豊前守らの陣所として藩校の明新館を貸与したものの、彼らの入城は認めていなかった。また、旧幕軍も求めてはいない。

しかし四日夕刻、旧幕軍は入城を求めた。これまでの劣勢を挽回するためには、淀城を拠点として抗戦し、大坂からの援軍を待つ以外に手段はなくなっていたのだ。このとき淀藩主の稲葉正邦は老中として江戸で幕政に参画し、しかも稲葉氏は、徳川家とは春日局からの深いつながりがある譜代大名

であり、要請は受け入れられるかと思われたが、城内の家臣はこれを拒絶した。

何よりも、藩主の留守中に城が戦いに巻き込まれることを恐れたのであり、しかも旧幕軍に敗色が濃いことはわかりきっていた。さらに、拒絶したところで旧幕軍に城を攻略するだけの余力はない。恭順、という姿勢がもっとも得策だった。旧幕軍は入城を断念して、翌五日の戦いを迎えなければならなかった。

五日の戦いは、富ノ森と千両松で開始された。午前八時前、薩摩藩の三番隊・五番隊・一番大砲隊と、長州第三中隊が南下し、畳と土砂を詰めた桶で胸壁を築いた富ノ森の陣を攻撃した。互いに堤左右の畑地に散開して銃撃戦が展開され、会津藩の槍隊が突撃をおこなうが銃撃の前に効果はなく、逆に標的とされて撃ち倒されてしまう。「賊兵刀槍を携え、十人くらい切り声にて突き出し候えども、味方烈しく打ち掛け候ところ、ついに右台場のよう築き立て候場所乗っ取り候」（『慶応出軍戦状』）と富ノ森の陣は奪われ、旧幕軍は敗走した。途中、淀小橋を越えて民家を楯に反撃したが、これも挟撃されて敗退する。

戦いは正午すぎまで続き、会津藩大砲隊は隊長の白井五郎太夫をはじめ死傷者が相次ぎ、『結草録』によると、「残兵ようやく二十名」という有様だった。また、薩摩藩兵は戦死者十名、負傷者二十五名を数えている。この戦いの最中、午前八時に本営の東寺を出陣した征討将軍の仁和寺宮は、富ノ森の自陣手前二百メートルばかりの地点まで進み、馬前に砲弾が飛来するなかで戦況をうかがった。これによって「苦戦の官軍、淀河塘上にある大将軍ならびに錦旗を拝し、踊躍喜悦の声、天に響き地に轟き、官軍勝利未曾聞のところなり」（『東伏見宮家記』）と、力を得たという。

一方、千両松には長州第五中隊と薩摩藩十二番隊、それに鳥取藩の兵と大砲隊が向かった。会津藩と桑名藩の砲撃によって戦いが始まったのは午前十時ごろとされ、「大小砲烈しく打ち立て進撃候ところ、右堤藪中より賊三十人くらい不意に起き立ち、鎗刀打ち振り突き出し、わずか三十間ばかり隔て候ところを小銃連発、ことごとく射斃し候。間もなく、川向蘆藪の中より賊烈しく横撃致し候に付き、にわかに人数分隊、正面と左脇に敵を請け接戦、長藩手負い死人多く、いったん人数引き揚げ候――」（『慶応出軍戦状』）と、旧幕軍が有利に戦いを進めた。

また、ことごとく倒されたという槍隊は会津藩士であり、『輦下日録』には「この槍隊は会津第一の強兵にて五十人これあり。鳥羽と両口に別れ出で俟て、賊の頼み切なる兵のよし」と記し、『修訂防長回天史』は「敵の槍隊二十余人、伏して葦中にあり、不意に起きて来たり襲う。我が司令石川厚狭介、一槍手のために刺さる。屈せず槍を握りてその刺す者を斬りしも、ついに他の槍手のために斃さる」との戦功を掲げている。

しかし、いったん引き揚げた薩長の兵は、長州第一中隊と薩摩三番遊撃隊、一番隊、私領五番隊、六番隊の援兵を得て攻勢に転じると、「川向こう蘆原より打ち掛け候砲声やや相止み――」と旧幕兵は陣を捨てて退却した。午後二時ごろのこととされる。

戦いは短時間ではあったが激戦で、薩摩に戦死者八名、負傷者十七名、長州に戦死者七名、負傷者四十名があった。また、布陣していた新選組にも幹部隊士の井上源三郎ら数名の戦死者があり、井上と思われる人物の最期が目撃されている。

新選組の兵三名、堤上に大砲をすえ巨砲を発して敵をうてり。敵弾あまりに激しければ堤下に避けるに、たちまち流丸来たてその一名の腹部を貫き、どっと倒しければ種々介抱するも蘇生せず、よりてすなわちその首を斬り、傍らに穴を掘りこれに収め、死骸は川中に水葬とし終わんぬ。

（『徒然叢書』）

旧幕軍は八幡や橋本へと敗走した。戦いが終わった午後三時、薩摩藩の増光甚太郎は淀城を訪れて恭順を確認し、夜になって翌日の渡河用の船を調達するよう申し入れている。

旧幕軍、藤堂家の寝返りに総崩れとなる

淀城への入城を拒絶された旧幕軍は木津川を渡り、淀南方の橋本方面に下った。橋本は淀川東岸に位置し、その南の楠葉と、対岸の高浜には、安政年間に幕府によって建造された砲台があった。これは外国船が大坂の天保山《てんぽうざん》から、小型船で淀川を遡航して京都に入り込むことを警戒して築造されたものので、砲が常備されていた。

この楠葉砲台と、その付近の守備についていたのが小浜藩兵四百五十名と宮津藩兵百五十名で、そ

の前面の橋本付近に旧幕諸隊と会津藩兵が胸壁を築いて布陣し、桑名藩兵は八幡を中心に陣を布いた。もっとも、敗走してきた全軍が守備についたわけではなく、戦意を失い、とどまることなく枚方《ひらかた》まで引き揚げた兵士も多かった。

六日午前六時、淀藩の用意した船で宇治川から木津川を渡った薩長軍との戦闘が開始された。長州第一中隊が、八幡の陣を側面攻撃するため木津川上流に迂回し、本隊は正面から渡河した。

旧幕軍は田の畦に積まれた藁束に身を潜めて白兵戦を挑もうとしたが、その藁束に銃撃を加えられて敗走を余儀なくされたという。また小浜藩では、その司令官が開戦を知ると「顔色土のごとく変じ、狼狽して甲冑を背負い逃げ去りし――」（『徒然叢書』）という有様で、連日の敗勢に戦意も欠乏していた。

やがて砲撃戦となり、旧幕軍は次第に後退を始めて前線を失った。このとき、見廻組の佐々木只三郎は兵を督して応戦させていたが、腰部に流弾を受けて重傷を負い、敗走先の紀州由良で寄港した江戸帰還船の富士山丸で治療を受けたものの、死亡して水葬に伏されることとなる。この戦いの最中に、会津藩士の外島機兵衛は淀川対岸に白旗を掲げ、小鼓を鳴らして進む新政府軍部隊を目撃しているが、その後まもなくして対岸よりの砲撃が始められたという。

対岸の高浜砲台には、伊勢津藩の藤堂家が布陣している。藤堂家は慶応元年（一八六五）より付近の山崎関門の警備を幕府に命じられており、このときは高浜砲台とともに、その裏手の神内砲台にも藩兵七百余名が散開していた。藤堂家は外様大名ながらも、藩祖の藤堂高虎《たかとら》が徳川家康より伊勢・伊賀三十二万三千九百石の大名に取り立てられたことから、古くから幕府とは親密な関係にあり、天《てん》誅組《ちゅうぐみ》の乱・禁門の変・長州征伐・長州再征にも出兵している。しかしその後、勤王論の台頭によって長州藩との正面対立が避けられ、幕府との距離が保たれるようになっていた。「幕府は兄、朝廷は父」とする、藤堂家の変形勤王論だった。そのため、藩主の藤堂高猷《たかゆき》は幕府の上京要請に応じず、家老の藤堂帰雲が京都の藩邸にあって状況に対処するという状態だった。

このように、藤堂家の旗幟《きし》が不鮮明だったため、鳥羽・伏見の戦いが勃発すると、旧幕軍と新政府軍の双方による同家の取り込み工作がおこなわれた。旧幕側からは滝川具挙や塚原昌義が協力を要請していたが、兵を率いる伊賀上野城代家老の藤堂采女は明言を避けている。一方、山崎関門に近い円明寺の長州藩よりの働きかけもあったが、態度を明らかにしていなかった。

しかし五日夜、四条隆平《しじょうたかとし》が藤堂家の陣所におもむいたことによって、藤堂采女は藩の態度を決する。朝廷はすでに三日、藤堂家に対して「よろしく王事に勉励すべし」という沙汰書を下しているにもかかわらず、同家が事態を傍観していることから、五日朝、公卿一人を山崎関門に派遣することを朝議で決定した。そして勅使に任命されたのが、錦旗奉行の四条隆平だった。この点について、彼は「この使いにはすでに両三名に内命がありました。けれどもお請けを致さないから、（中略）君が行ってどうか尽力してくれぬかということでありました。私はそういうこととなれば微力ながら尽力致そうと御受けを致した」（『史談会速記録』）と語っている。

四条隆平は橋本実梁《さねやな》の手による諭告書を持ち、午後十一時すぎに天王山麓の宝積寺に到着し、藤堂采女と面談する。席上、隆平の詰問に采女が「もとより私は朝命を奉ずる覚悟である」と答えると、隆平は「しからば速やかに戦端を開かれよ。それまでは拙者は寸歩も動かぬ」と迫り、陣中の巡回を求めた。

この四日、征討将軍の仁和寺宮は錦旗を押し立てて東寺に進駐し、五日には前線まで出向き、すでに「官軍」と「賊軍」の立場を明確にしている。「朝廷は父」とする藤堂家にとって、勅命はそれまで以上に重いものとなっていた。

六日未明、采女は決断し、対岸橋本の旧幕軍陣営に書面を送った。文面は、徳川の恩顧は忘れるものではないが、勅使より旧幕軍への攻撃を命じられ、藩主の指揮を仰ぐこともできず、涙ながらに勅命に従う以外にない、というもので、文末には、速やかに兵隊を引き揚げてほしい、とある。無人となった橋本を攻撃することによって勅使との約束を履行し、一方で旧幕軍に対しては、攻撃は藩主の命に従ったものではないとして、采女は責任を一身に負って藤堂家の保全を図ったのだった。また、藩主の世子の弟で伊予松山藩主の久松定昭も使いをよこして旧幕軍への協力を求めたが、采女は「心は幕府にあれども表面は勅命に従わざるを得ず」と応えている。

しかし、この藤堂家の動きが橋本の旧幕軍にどのように伝えられたのか、現実に伝えられていたのか、判然としていない。兵士たちが藤堂家の叛服を知っていたならば、戦いの様相はまた違ったものとなったはずだが、彼らは対岸からの砲撃をまったく考慮に入れずに戦っていたのだった。

高浜砲台からの砲撃が開始された時刻は、四条隆平の談話によると六日午前零時ということだが、これは六日正午の記憶違いと思われる。事実、『四条隆平手記』には「五日夜第十二時、勅を奉じて山崎により――」とあり、さらに「天王山に登りて戦状を観れば、賊兵ついに大いに敗走す」と記され、天王山より観戦していたことが明らかにされている。突然の砲撃に旧幕軍は総崩れとなり、午後五時ごろには陣を捨てて守口、枚方へと退却した。

この日の戦いによる戦死者は薩摩藩に六名、負傷者は薩摩に二十六名、長州に十四名と記録され、津藩では戦死者一名、負傷者九名とされる。津藩の死傷者は楠葉砲台からの砲撃によるもので、旧幕軍の反撃があったためと思われる。しかしまた、長州藩兵が藤堂家の態度に腹を立てて楠葉砲台乗っ取り後に砲撃したのだ、という話も真偽不詳ながら残されている。

一月三日から六日におよんだ戦いは終わった。旧幕軍の戦死者についての正確な記録はないが、『戊辰東軍戦死者霊名簿』には受傷後の死者もふくめて二百七十九名の名前が伝えられている。

徳川慶喜、大坂城を捨てて江戸に帰還する

一月六日、徳川慶喜は旧幕軍の敗報によって江戸帰還、恭順謹慎を決意した。しかし、大坂城の将兵にはそのことを告げていない。逆に、決戦の決意を表明していた。

復元された現在の大坂城　大阪市中央区

諸有司、隊長等を大広間に召し集めて「この上はいかにすべきか」と尋ね給えるに、いずれも血気にはやりて再挙を熱望する輩のみなれば、異口同音に「一刻も早くご出馬遊ばさるべし、しからば士気にわかに振るい、薩長を討ちたいらげんこと何事か候べし」と申して、ひたすらに公の出馬を迫りければ、「よし、これよりただちに出馬せん、皆々用意せよ」と宣うにぞ、衆大いに喜び、勇みに勇みて持ち場持ち場に退きたり。

（『徳川慶喜公伝』）

そして、彼らが出軍準備に取り掛かっている間に、慶喜は会津藩主の松平容保、桑名藩主の松平定敬、老中の酒井忠惇、板倉勝静、大目付の戸川忠愛、外国総奉行の山口直毅、目付の榎本対馬らを従えて、大坂城の後門より脱出したのだった。門衛にとがめられると、小姓の交替であると偽っている。午後十時のことという。

八軒屋の船着き場から小船に乗り天保山に出ると、沖合いには海軍の開陽・富士山・蟠龍・翔鶴・順動が停泊しており、開陽に乗船するはずだったが、どれがどの船かの識別ができない。そこで、間近にあったアメリカの軍艦に乗船し、翌日になって開陽に移乗している。艦長の榎本武揚が上陸中で不在のため、副長の沢太郎左衛門に命じて開陽を出港させたのは、八日夜のことだった。十一日に開陽が品川沖に到着すると、慶喜は翌未明に下船して、午前十一時ごろに江戸城西の丸に入った。

慶喜が松平容保と松平定敬を同行させたのは、会津藩と桑名藩の暴発を抑えるためだったと思われる。藩兵が抗戦を唱えても、藩主がいなければ身動きが取れない。容保と定敬、あるいはどちらかでも大坂に残しておいては、藩命として再戦に打って出る可能性がある。それに旧幕諸隊が一部でも同調すれば、慶喜の恭順は有名無実のものとなってしまうのだ。

しかし、大坂へ残された将兵は慶喜の江戸帰還を知って呆然とした。『会津戊辰戦史』は慶喜の態度について、「後年に至り、戊辰戦乱の責任を会（津）桑（名）に転嫁せんがために繰り言にあらざるか」とし、『戊辰桑名戦記』は「天魔のなせるところともいうべきか」と記している。

大坂城を去るにあたって、慶喜は城を尾張と越前の両藩に託し、老中格の松平豊前守こと大河内正質、若年寄並の竹中重固、塚原昌義の三名を城に残して敗残処理をおこなうように命じていた。これに若年寄の永井尚志も加わり、旧幕諸隊と諸藩兵の国元への帰還が実施される。彼らは基本的に陸路を徒歩で帰郷するのだが、一部の旧幕諸隊と会津藩の負傷者、それに新選組全隊士は海軍の艦隊に分乗が許されていた。

新選組は富士山丸と順動丸に分乗し、順動丸に乗船した旧幕軍の兵糧方坂本柳佐は、「その舟の中には会津の手負いと新撰組の手負いなどがおりました。それと舟中で死にました者も大分ございまして、まさか水葬も出来ませんところから、その臭気で堪えられんという事を覚えております」（『史談会速記録』）との目撃談を残している。ただし、新選組の負傷者は富士山丸に収容されており、ここでいう手負いの隊士というのは軽傷者だったと思われる。なお、新選組の隊士は鳥羽・伏見の戦いで百五十名から四十四名にまで激減したとされるが、元隊士の横倉甚五郎の記録などから、百五十名のうち百十数名が江戸に帰還したことが判明している。

また、榎本武揚は大坂を出港するにあたって大坂城の金蔵から十八万両を運び出し、富士山丸に積み込んでいる。うち三万両は欧州留学生の学費と旅費にあてられたが、残る十五万両は榎本が江戸を脱走するさいに持ち去り、箱館戦争の戦費として使用されることになる。

新政府軍の先遣部隊として、徳山藩と岩国藩が大坂城に入城したのは一月九日のことだった。翌日には征討将軍の仁和寺宮も入城し、城内に錦旗がひるがえる。その日、西郷隆盛は国元の家老桂久武にあてて、戦勝とその後の情勢を報告する手紙を記した。その追伸部に次の一節がある。

江戸お屋敷を焼き崩され、大坂のお屋敷焼失、この両件、実に残念の仕合。これだけが負けに相成り候事に御座候。

ふたつの屋敷と引き換えに、国を手に入れたのである。王政復古からわずかに一カ月のことだった。その後、新政府は西国諸藩を恭順させ、兵を東進させる。そして翌年五月まで、約一年半におよぶ戊辰戦争の幕が切って落とされることになる。

第二章　箱根の戦い

箱根関所（復元）　旧幕府軍はこの関門を守備し、新政府軍と戦った　神奈川県足柄下郡箱根町

伊庭八郎と人見勝太郎、遊撃隊を脱走する

鳥羽・伏見の戦いに敗れ、江戸に帰還した旧幕府軍諸隊のなかに、遊撃隊があった。遊撃隊の前身は、十四代将軍徳川家茂《いえもち》の親衛隊である「奥詰」で、講武所から選ばれた剣槍の達人によって組織されていた。それが、慶応二年（一八六六）十月の軍制改革によって遊撃隊へと改編され、総勢六百名ほどの集団になっていた。

慶応四年一月に勃発した鳥羽・伏見の戦いでは、遊撃隊頭今堀《いまほり》越前守に率いられた百三十名ほどの一隊が伏見に布陣し、新政府軍と一戦をまじえるが、敗れて江戸へ退却する。江戸到着後の遊撃隊は、上野寛永寺で謹慎する前将軍徳川慶喜の警護の任務につき、やがて慶喜が水戸で蟄居することになると、それに同行して水戸におもむいた。

しかし、隊のなかには、新政府軍に屈服することに不満を抱き、さらなる抗戦を叫ぶ者たちもあった。その中心となっていたのが、伊庭八郎と人見勝太郎の二人だった。伊庭八郎は、江戸下谷御徒町に心形刀流剣術の道場を開く幕臣伊庭軍兵衛秀業の長男で、父譲りの才能を謳われる剣士として知られていた。父秀業の死後、門人の垪和《はが》惣太郎が軍兵衛秀俊と改名して伊庭家を継承し、八郎は、この秀俊とともに奥詰、遊撃隊の一員となって活躍する。

慶応三年十月、予想される新政府軍との一戦に備えて遊撃隊は上洛するが、現地でも幕臣の子弟のなかから隊士を新規に募集した。これに応じて遊撃隊に加盟したのが、人見勝太郎だった。人見は京

都在住の幕臣人見勝之丞の長男で、剣術は西岡是心流を学んではいたが、どちらかといえば学問のほうに才能を発揮した。江戸っ子で剣豪の伊庭とは、一見、共通点がないように思えるが、徳川家の勢力を回復しようとする忠誠心と、血気盛んな性格はよく似ていた。年齢も伊庭が二十五歳、人見が二十六歳と同年配であり、二人は、このあとも盟友として戦い続けることになる。

江戸到着後の三月某日、彼らは、やはり新政府軍に対して抵抗の姿勢を見せている旧幕府海軍副総裁の榎本武揚の屋敷を訪れ、軍艦乗り込みを約束する。遊撃隊のなかからこれに同調したのは、岡田斧吉らの、総勢三十六名。彼らは江戸開城の四月十一日、水戸に隠退する徳川慶喜を千住大橋まで見送ったあと、隊を脱走してしまう。この三十六名の脱走者が以後、本隊になりかわって遊撃隊を名乗り、旧幕府軍における一勢力をつくり上げていく。

当時、事実上の旧幕府海軍の責任者であった榎本武揚のもとには、開陽・回天・蟠龍・千代田形・富士山・朝陽・観光・翔鶴の八隻の軍艦が保有されており、その戦力は、新政府軍側の大きな脅威となっていた。十一日、伊庭・人見らの遊撃隊士を収容した艦隊は品川沖を抜錨し、安房館山に移動する。しかし、江戸無血開城にあたって結ばれた約定では、旧幕府の保有する軍艦は、すべて新政府に引き渡されることとなっていた。十六日になって、旧幕府軍事取扱の勝海舟《かつかいしゅう》が艦隊を訪れ、軍艦引き渡しと、江戸脱走を思いとどまることの説得にあたっている。この日は雨天だったらしく、人見勝太郎が維新後に著した『人見寧履歴書』によれば、「榎本釜さんはいるか」と言ってやってきた海舟

榎本武揚　国立国会図書館「近代日本の肖像」より

のいでたちは、船来のこうもり傘をさして、赤い毛布を被った珍妙なものであったという。

開陽の船長室でおこなわれた一時間ほどの会談の結果、榎本は、ひとまず暴発を思いとどまることを決心する。理由は、新政府による徳川家の処置が、まだ決定していなかったためだった。徳川家の後継者および禄高と領地が決まり、その行く末を見届けるまでは、新政府を刺激する行為は避けなくてはならないということだ。軍艦引き渡しについても、榎本は海舟の提案を受け入れ、八隻のうち、富士山・朝陽・観光・翔鶴の四隻を手放すことを決心した。

この榎本の弱腰に、伊庭・人見らの遊撃隊は猛反対する。しかし、榎本の決心は変わらず、ついに遊撃隊は榎本艦隊と袂を分かち、別行動をとることになる。榎本はこれを残念がり、「いったん同盟をなし、意見合わざるため、誠忠勇壮の諸君と今日別れるにいたる、実に遺憾千万なり」（『人見寧履歴書』）と言って、みずから小船に乗り、遊撃隊士を房州木更津まで送り届けている。

請西藩主林忠崇、遊撃隊と同盟して脱藩する

伊庭八郎と人見勝太郎に率いられた遊撃隊が、房州木更津に上陸した目的は、請西藩《じょうざい》（一万石）の藩主、林昌之助忠崇に協力を依頼するためだった。林忠崇は、このとき二十歳。慶応三年（一八六七）八月に家督を継いだばかりの若者だ。この林が、明治新政府からの上洛要請に容易に応じようとしない気概を見せていたことは、よく知られていたらしい。すでに四月十三日、旧幕府撤兵隊三千名を率いる福田八郎右衛門が請西藩を訪れ、林に協力を呼びかけていた。

しかし、撤兵隊の兵士たちは素行に問題があり、請西の民家に押し入って金や食料を強奪するなどの行為が目立った。それに対して、同月二十八日に上陸した遊撃隊は、隊長の伊庭と人見の人物も、規律の行き届いた隊士たちも、林を十分に満足させるものだった。『林昌之助戊辰出陣記』には、「今、遊撃隊の両士を見るに、剛柔あい兼ね、威徳並行の人物なり。ことに隊下の兵士よくその令を用い、いずれも真の忠義に志すの由聞こえければ、ここにいたりて固く約して同心す」と記されている。

また、林が晩年に語った談話では、「伊庭は義勇の人、人見は智勇の人。二人とも立派な人物だと思ったから、これにおっかぶさったのだ」（『江戸』所収「林遊撃隊長縦横談」）とある。こうして、林は遊撃隊との同盟を即決し、みずから脱藩して、ともに新政府に抗戦することを誓う。藩主自身が脱藩するなどとは前代未聞の行為だが、「脱藩しないと、慶喜公と申し合せてやったようになる。脱藩すれば、浮浪人だから、誰に命令されようもない」（同書）と語っているように、徳川家に累がおよぶことを避けようとしたのだろう。

閏四月三日、請西藩の真武根《まふね》陣屋から出陣したのは、遊撃隊三十六名、請西藩兵約七十名で構成された、総勢百余名の連合軍だった。このうち、遊撃隊の半数を人見が率いて第一軍とし、残りの半数が伊庭の第二軍、林を隊長とする請西藩兵を第三軍とした。

一行は、同日、前橋藩（十七万石）の守備する富津《ふっつ》陣屋を訪れ、二十名の兵と五百両の軍資金、武器、食料を調達する。翌四日には飯野藩（二万石）の陣屋におもむき、やはり二十名ほどの兵を徴発している。さらに八日、勝山藩（一万二千石）から三十名ほどの兵を加え、同日、館山藩（一万石）の陣屋に至った。この館山藩は、以前、遊撃隊が榎本艦隊の軍艦に乗って寄港したとき、燃料や水の補給の依頼を拒否していた。そこで、今回も交渉の難航することを危惧した伊庭と人見は、たまたま付近を航行中だった榎本艦隊の軍艦大江に協力を依頼する。艦載の大砲が撃ち放たれ、海陸両方からの攻撃という圧力をかけられた館山藩は、やむなく恭順し、十四名の兵を差し出している。

総勢二百名ほどの集団となった遊撃隊・請西藩連合軍は軍議を開き、当初の予定どおり、館山港から海路、相模・伊豆へ渡ることを決する。相模小田原藩や伊豆韮山代官の江川太郎左衛門に協力を要請し、その兵威をもって東海道の諸藩を糾合して、徳川家の回復をはかろうというのだ。閏四月十日、二艘の小船に分乗した一行は、軍艦大江に曳航されて館山港を出航した。翌日、大江と別れ、十二日に一行は相模真鶴《まなづる》に無事到着する。

小田原藩（十一万三千石）は譜代の名家であったが、新政府の東海道先鋒総督府軍が通過したとき、すでに恭順してしまっていた。これを説得するため、林忠崇が直々に小田原城内におもむいたが、重臣らは、藩主大久保忠礼を林と会わせようとはせず、説得は失敗に終わる。やむなく十四日、林らは小田原を退去せざるをえなかった。

翌十五日には、もう一つの目的地である伊豆韮山の江川太郎左衛門のもとに至る。周辺の諸国に十万石余の支配地をもち、農兵を組織している韮山代官の江川家の兵力に期待をかけていたのだ。しかし、有名な太郎左衛門英龍や、その子の英敏はすでに亡く、一行を応対した代官所手代の柏木総蔵は、「農兵、銃器等、先代太郎左衛門没後、多くの星霜を経たる今日、ほとんどその跡形もなし」といい、協力を断っている。「はなはだ失望したり」（『人見寧履歴書』）と人見が書いているように、落胆の色を隠せない請西藩・遊撃隊連合軍だった。

請西藩・遊撃隊連合軍、勢力を拡大する

閏四月十六日、請西藩・遊撃隊連合軍は、甲府城を手に入れるべく御殿場《ごてんば》に転陣するが、十八日、彼らのもとを田安慶頼の使者として旧幕臣山岡鉄太郎が訪れる。山岡は、連合軍を率いる伊庭八郎・人見勝太郎・林忠崇に対して、兵を収めるよう説得するが、簡単に承服する彼らではない。

ただし、自分たちには、ほかの脱走兵とは違う大義名分があるとして、紀伊・尾張・彦根の三藩を糾弾する上書を山岡に預けている。「臣、君を弑し、子、父を弑す。大逆無道、天地容れざる所なり。

山岡鉄太郎（鉄舟）　国立国会図書館「近代日本の肖像」より

紀、尾、彦の徳川氏に於ける臣子なり。故に今、同志の徒とその罪を攻めんとす。これ、臣等が微衷なり」（『林昌之助戊辰出陣記』）といった内容のものだった。これを、山岡を通じて新政府軍の東海道先鋒総督府に提出し、回答を待とうというのだ。

回答期限は十日間ということに決し、それまでのあいだ、連合軍は甲斐黒駒で休陣することになる。このあたりの彼らの行動は、やや理解しにくい。新政府軍に敵対はしないが、徳川を裏切った三藩は討つ。このような論理が成り立つものなのだろうか。少なくとも、彼らはそう信じていたらしい。十九日に御殿場を出発し、二十日に甲州黒駒に入った彼らは、以後の十日間、律義に総督府からの返答を待ち続けている。

この黒駒滞陣中、連合軍には同盟を願い出る兵が相次いだ。駿府勤番をつとめていた蔭山頼母《かげやまたのも》らの幕臣三十余名や、岡崎藩士の和多田貢ら十余名などだ。これらの兵を加えて勢力を増した連合軍は、十日間の期限切れを待って、五月一日、甲府城を接収するために動き出す。しかし、山岡と同様に田安慶頼の命を受けた水沢文助と石坂周蔵がやってきて、懸命に説得にあたり、さらに十日間、沼津で総督府からの回答を待つことと決した。

五月五日、連合軍は沼津に到着し、香貫《かぬき》村の霊山《れいざん》寺に入る。翌六日、先に加盟していた和多田貢の勧誘により、さらに小柳津要人《おやいづかなめ》、玉置弥五左衛門ら十余名の岡崎脱藩士が合流した。これで総勢は二百七十五名。沼津滞陣中に軍の再編成がなされ、その陣容は次のようであった。

第一軍　隊長　人見勝太郎（遊撃隊士）十五名
　一番隊　隊長　福井小左衛門（勝山藩士）三十一名
　二番隊　隊長　滝沢研三（前橋藩士）二十三名
第二軍　隊長　伊庭八郎（遊撃隊士）十三名
　一番隊　隊長　前田条三郎（遊撃隊士）十六名
　二番隊　隊長　蔭山頼母（駿府勤番士）三十七名
第三軍　隊長　和多田貢（岡崎藩士）二十三名
第四軍　隊長　林忠崇（請西藩主）六十一名
第五軍　隊長　山高瑛三郎（館山藩士）
　一番隊　隊長　山田市郎右衛門（館山藩士）十四名
　二番隊　隊長　大出銀之助（飯野藩士）十九名
参軍・軍目・輜重　二十五名

遊撃隊と請西藩隊を中心にして、諸藩の兵が加えられた連合軍である。ただし、不便なことに、この連合軍をさす固有の名称はない。これまでは、遊撃隊・請西藩連合軍という表現を使用してきたが、すでにその名は実態を表しているとはいいがたいものになっている。そこで、ここでは便宜上、連合軍全体を総称して、広義の「遊撃隊」と呼ぶことにしたい。岡崎藩士の小柳津要人は『遊撃隊戦記』、同じく玉置弥五左衛門は『遊撃隊起終録』をのちに著しており、自分たちが加盟したのは「遊撃隊」だという意識がうかがえるからだ。

沼津に滞陣中は梅雨の時期でもあったので、連日、雨が降り続いた。兵士たちは暇を持て余し、剣術や相撲の試合をおこなって、滅入りがちになる気分を発散させている。

そんな彼らのもとに五月十七日、江戸から急使が到着した。十五日の早朝、上野で彰義隊と新政府軍の戦争が始まったというのだ。知らせを聞いた人見勝太郎は、自分の配下の第一軍の兵士だけを集めて軍議を開き、彰義隊に呼応すべく江戸へ向かうことを決定する。ただし、全軍の合意を得ることは困難と思われたため、第一軍六十九名だけでの抜け駆けということになった。彼らが沼津を出発したのは、十八日夜のことだった。

遊撃隊、箱根山崎で新政府軍と激突する

五月十九日朝、人見勝太郎の出陣を知った遊撃隊の伊庭八郎・林忠崇らは、ただちに軍議を開いた。

抜け駆けは軍令違反だが、今、第一軍を失うことになれば、それは全軍の滅亡につながりかねない。やむなく、伊庭の第二軍以下全軍が、人見のあとを追って箱根へ向かった。

箱根の関所では、人見らが「我らは徳川の臣にして脱走遊撃隊の者なり。今般、江戸上野において兵乱起これりと聞く」（『人見寧履歴書』）と、通行の許可を求めたが、関所を守備する小田原藩兵は、これを認めなかった。「さらば兵力をもって通行すべし」（『林昌之助戊辰出陣記』）と人見は大声で叫び、関門に向けて発砲する。小田原藩兵もこれに応じ、関門をめぐって戦闘が開始された。

交戦の最中に、関門手前の山中村まで到着した全軍は、そこを本陣と定め、前田条三郎の第二軍一番隊と、伊能矢柄《いのうやがら》率いる請西藩兵十九名を応援として派遣する。前田らは、敵が大砲を撃つために関門を開くときを見はからって、内部に突入しようとしたが、それにはおよばなかった。午後五時過ぎになって、敵の軍使が停戦を申し入れてきたのだ。

和議の会談のため、単身で関門内に入ろうとする前田を、周囲の者は危険すぎると引きとめたが、前田自身は、「彼、もし異心あらば僕一人死するのみ。衆といえども何の益あらん。僕死せば君ら挙げて突入し、彼を鏖《みなごろ》せば僕において怨みなし」（『林昌之助戊辰出陣記』）といって、平然と関門内に踏み入った。この前田の勇気ある行動が功を奏し、両軍の和議は無事結ばれることになる。小田原藩の責任者がいうには、「これまで大総督の軍監ここにあるをもって、我輩やむをえず空砲を発せしかとも、もとより我が藩の本意にあらず。今、その軍監を放逐せり。かかる上は君らに同心し、徳川氏を恢復せん」（同書）とのことだった。

新政府軍の軍監というのは、因幡鳥取藩士中井範五郎と佐土原藩士三雲為一郎の二人だったが、放逐されたというよりは、援軍を依頼するために小田原へ向かったらしい。しかし、翌二十日朝、中井範五郎は権現坂で遊撃隊の兵士によって殺害される。これによって、箱根関門は完全に遊撃隊の手中に落ち、正午過ぎには全軍が関門に到着した。

二十三日、人見の第一軍と伊庭の第二軍は小田原に向けて出発し、和多田の第三軍は箱根関門の守備につき、林の第四軍と山高の第五軍は山中村の本陣に布陣する。しかし、二十四日に小田原城内に入った人見と伊庭が知らされたのは、小田原藩の再度の翻身だった。軍監の中井と三雲を追放して遊撃隊と同盟した小田原藩に対して、江戸の新政府軍総督府から問罪使と軍勢が送られることになった。これに驚いた小田原藩は、手のひらを返すように態度を変えてしまったのだ。伊庭は半ばあきれたように、「反覆再三、怯懦千万、堂々たる十一万石中、また一人の男児なきか」（『岡崎脱藩士戊辰戦争記略』）と嘲笑する。

同藩が差し出した武器弾薬や軍資金千五百両を受け取って城を出た第一軍と第二軍は、そのまま湯本に布陣して、敵の来襲に備えた。ただし、人見は、品川沖の榎本艦隊に応援を依頼するために、単身、小船に乗って江戸へ向かっている。江戸に着いた人見は、榎本武揚から協力の快諾を得、また、榎本の紹介で旧幕府勢力の巨魁輪王寺宮と対面するなどの成果を得るが、新政府軍の小田原到着は予想以上に早かった。人見が箱根を留守にしているあいだに、新政府軍と遊撃隊の戦闘がおこなわれてしまったのだ。

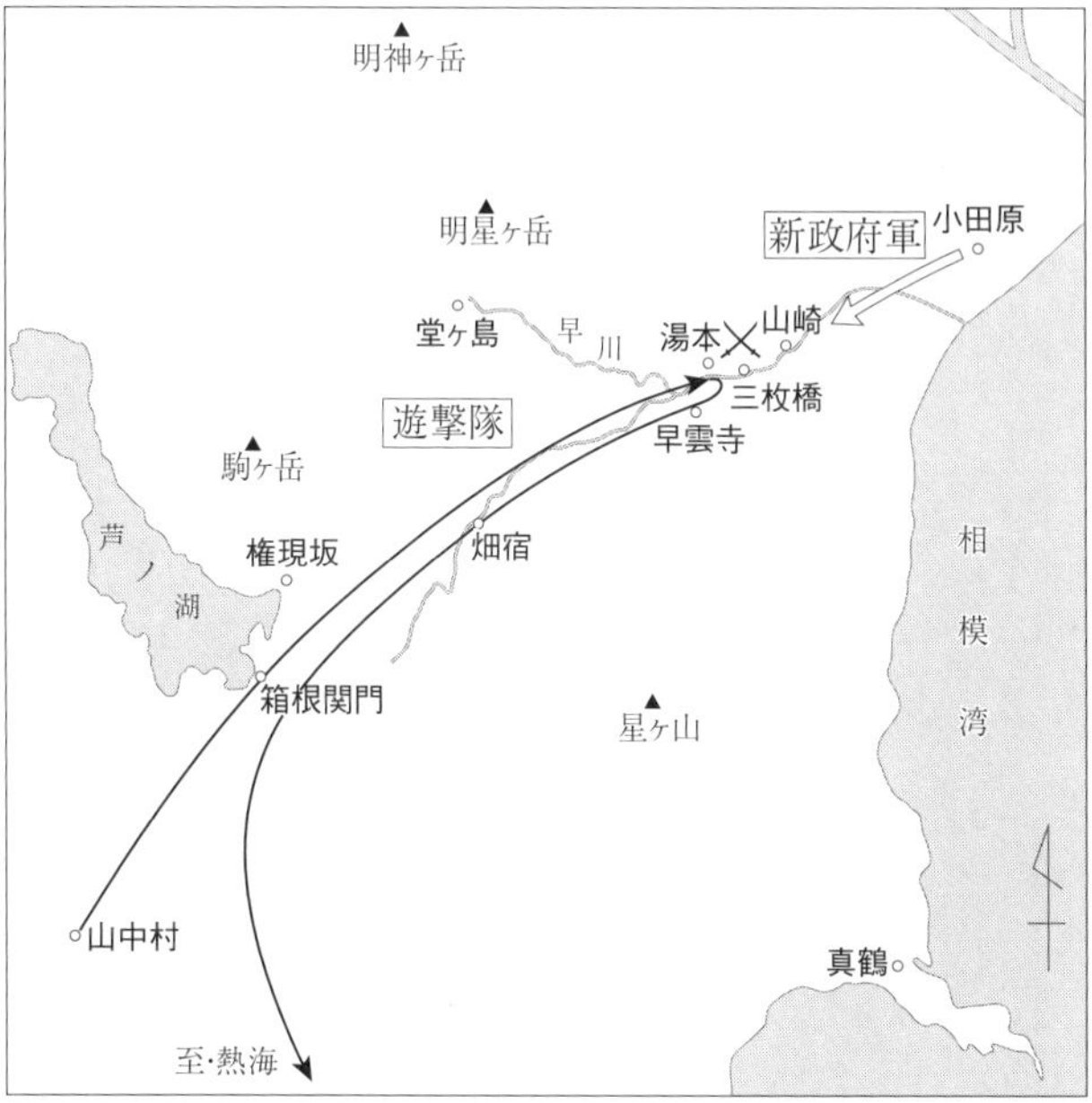

図３　箱根の戦いの図

二十六日、箱根山崎の戦いが勃発し、両軍は小田原の南西の山崎村で激突した。総督府から派遣された新政府軍は、長州・因幡鳥取・備前岡山・伊勢津の四藩で構成されていたが、その先鋒には小田原藩が任命されていた。遊撃隊をみずから討つことで、新政府に対する忠誠を証明しなければならなかったのだ。これを迎え撃つ遊撃隊は、人見の留守を預かる堀屋良輔指揮の第一軍と、伊庭の第二軍だった。ほかに小柳津要人らの第三軍が、箱根関門の守備を第四軍にまかせて出陣し、湯本南方の山上に布陣している。

午後二時ごろから始まった戦闘は、当初

は遊撃隊のほうが優勢だった。小田原藩は、どうしても戦意に乏しかったからだ。みずから手を下さずに戦況を見守っていた長州以下の四藩も、午後五時ごろになると、ついに業を煮やして進軍を開始した。

遊撃隊・伊庭八郎、三枚橋の戦いで左腕を失う

箱根山崎村の西に三枚橋という橋が架かっている。ここが、遊撃隊と新政府軍の最大の激戦地となった。新政府軍四藩の兵力は、長州と備前については不明だが、因州と津は、ともに百名ほどであった。さほどの大軍ではなかったが、迎え撃つ遊撃隊の第一軍と第二軍も、合わせて百三十名ほどにすぎなかったため、三枚橋をめぐる激戦で、ついに遊撃隊は惨敗を遂げることになる。

この戦いで、伊庭八郎は左腕切断という重傷を負った。その負傷の様子は、「隊長伊庭八郎、兵卒を指揮するところ、腰を撃ち抜かれ、そのうえ左の腕を切り落とされ――」（『遊撃隊起終録』）と記録されているが、伊庭の尋常でないところは、左腕を斬られながらも、右手の太刀でその敵を斬り倒してしまったことだ。そのことは、諸史料に、「高橋藤太郎という者が、伊庭が腰に弾丸を受けて弱ったところを、後ろからきて斬りつけ、左の手首を斬って落としたのだ。伊庭は、右手でその者を斬り殺した」（『林遊撃隊長縦横談』）とか、「一人、八郎を撃って、その左腕を断つ。八郎、屈せず、右手をふるい斬って、これを倒し、三枚橋の中央に屹立し敵を待つ。敵、恐れて散ず」（『岡崎脱藩士戊辰

戦争記略』）などと記されている。

　さらに、伊庭の実弟の伊庭想太郎は、「兄の八郎が敵に斬られながら、その敵を斬り倒しました時に、刀勢が余って岩を斬ったそうです」と、語り残している（『旧幕府』）。なんとも凄まじい戦いぶりの伊庭であった。

　伊庭を傷つけた相手は、小田原藩士の高橋藤太郎とされているが、やはり三枚橋を攻撃した因州藩の記録である『池田輝知家記』に興味深い記述がある。「縫殿助隊梶浦清蔵、賊三名と接戦、重創を被り、なお勇を奮い、一賊の肘を断ち、激闘候ところ、賊、錯愕散乱す」というものだ。これによれば、因州藩・宮脇縫殿助隊の梶浦清蔵という人物が、ある遊撃隊士と戦い、その腕を斬り落としたのだという。これは伊庭のことではないだろうか。むろん、断定はできないが、一つの可能性としては認められるだろう。

　なお、伊庭が失ったのは、正確にいえば左の手首から先であり、傷口も完全に切断されたわけではなく、皮一枚でつながっている状態だった。伊庭の従者だった荒井鎌吉の「その晩は畑の宿へゆき、林さんのお医者が先生の腕首のブラ〳〵しているのを切り落として血を止め、縛りつけなどしました」（『旧幕府』）という証言によって、そのことがうかがえる。

　一夜明けた二十七日午前十時ごろ、遊撃隊は全軍、箱根を撤退することに決定する。山崎の戦いで多数の戦死者を出し、伊庭も戦闘不能となった今、残された林らにとっては、やむをえない決断であっただろう。正午ごろから退却が開始され、午後四時までには全軍が熱海に集結した。

このとき、ようやく人見勝太郎が江戸から戻り、熱海で遊撃隊の同志たちと再会することができた。自分の留守中に戦争となり、盟友の伊庭は重傷を負っている。驚く人見に向かって、伊庭は、「君の不在中、官軍、小田原藩を先鋒として襲来、苦戦したれども甲斐なく、多くの同志を失い面目なし」(『人見寧履歴書』)と、涙を流しながら語ったという。これに対して人見は、「前途悠遠、予、後図あり。また、君を静養する方策もあり。平癒を待って共に尽力せん。君憂うるなかれ」(同書)と、伊庭を慰めるのだった。人見は、さっそく遊撃隊の兵を乗せるための船を手配して、隣村の網代《あじろ》に全軍を移動させ、全軍は午後八時ごろ、三隻の大船に分乗して網代から出航した。彼らは翌二十八日朝、出陣の港であった房州館山に帰り着いている。

この箱根の戦いでは、遊撃隊から約三十名の戦死者を出しているが、なかでも悲惨であったのは、殿をつとめていたために船に乗れなかった者たちだった。前田条三郎を隊長とする第二軍一番隊九名は、二十八日、堂ケ島の旅籠近江屋(のちの大和屋ホテル)で小田原藩兵に追い詰められ、銃殺されてしまったという。遊撃隊屈指の勇士・前田条三郎の壮絶な最期だった。

遊撃隊は、このあと、伊庭らの負傷者を下船させ、戦意の旺盛な者だけを厳選して人見と林が率い、奥州に転戦することになる。六月一日、長崎丸に乗って常陸平潟に向かったのは百四十名の精鋭たちだった。

第三章　南関東の戦い

彰義隊奮戦図　東京都荒川区・円通寺蔵　写真提供：荒川ふるさと文化館

古屋佐久左衛門、信州鎮撫を命じられる

戊辰戦争においては、東西両陣営から多くの英雄が現れた。旧幕府軍の古屋佐久左衛門も、その一人だ。筑後国の庄屋の家に生まれた彼は、嘉永四年（一八五一）、十九歳のときに脱藩し、のち江戸へ出て幕臣古屋家の養子となった。英語の習得に励み、慶応二年（一八六六）には、イギリスの兵書『歩兵操練図解』を翻訳。同年、幕府の歩兵差図役に任じられている。

しかし、古屋の名を高めることになったのは、戊辰の戦乱だった。旧幕府軍の主力部隊ともいうべき「衝鋒隊」の総督として、その名は広く知られるようになる。この衝鋒隊の成立過程は、やや複雑だ。慶応四年正月の鳥羽・伏見の戦いで敗れて江戸に退却した旧幕府軍のなかに、歩兵第十一連隊、同十二連隊というのがあった。これは、おもに大坂近辺の武士階級以外の志願兵によって構成されたもので、気性の荒い無頼漢揃いなことで知られていた。正月下旬、彼らは江戸三番町の歩兵屯所（現在の靖國神社参道）に収容されたが、おとなしくしていられず、二月七日夜、当直の士官数人を銃殺して四百名の兵が集団脱走してしまった。

煽動したのは、江戸の町火消し出身の藤吉という男だった。体中に雲龍の彫り物があり、侠気と腕力にあふれて兵士たちの人望を集めていた。この藤吉が、加藤惣兵衛と河原精之進という二人の大坂人を誘って、脱走を決行する。彼らは脱走後、会津藩に投じて徳川家の回復をはかろうとしていたというが、その実態は野盗のようなものでしかなかった。江戸を出て下野方面に向かった彼らは、各地

で暴行、略奪を繰り返した。

この脱走兵を鎮撫するために派遣されたのが、当時、歩兵差図役頭取をつとめていた古屋佐久左衛門だった。古屋は、同志の今井信郎《のぶお》・内田庄司・天野新太郎らとともに二月中旬に江戸を出発し、十六日に下野佐久山で脱走兵に追いついている。すでに、宇都宮・壬生などの周辺諸藩の追撃を受けていた脱走兵は、逃げ切れないとみて、古屋らの説得に応じる。古屋は、「状貌魁偉、性質磊落不羈」(『幕将古屋佐久左衛門伝』)であったというが、荒くれ者たちが、おとなしく降伏したのには、古屋の凄みのある面構えも役立っていたのかもしれない。

降伏したとはいえ、脱走の首謀者の罪は重く、死刑は免れなかった。このころ村上長門之助と改名していた藤吉は、当然、死罪となるはずだったが、それをすれば、ほかの脱走兵たちが黙ってはいない。やむなく、みずから名乗り出た兵士三名を斬首し、それを村上以下三名の首謀者の首として晒すことになった。「村上長門之助」は死んだことになり、以後、彼は梶原雄之助と名乗っている。

帰順の脱走兵三百七十余名は、二十四日、江戸へ帰る途中の羽生《はにゅう》で、一時、忍《おし》藩に預けられた。取り締まりとして天野新太郎と楠山兼三郎を残し、古屋は江戸に帰る。そして、鎮撫の顛末を報告するとともに、脱走兵の処置を軍事取扱・勝海舟に願い出た。古屋の考えとしては、この脱走兵を自分の手勢として、徳川幕府再興のための一勢力とするつもりだった。

これが聞き入れられ、二月下旬、古屋は信濃鎮撫を命じられる。信州中野の幕府直轄領二十四万石を与えるというもので、古屋を歩兵頭並格とし、第六連隊の歩兵約四百名が新たに指揮下に加えられた。勝海舟の『戊辰以来会計記』には、このとき、「廿両　古屋佐久左衛門使え遣す」と記されているが、勝にしてみれば、江戸無血開城の妨げとなる不穏勢力は、江戸から追い出してしまうにかぎるということだったのだろう。

三月一日、出陣の朝は、本郷の今井信郎の自宅に古屋と内田庄司が集まり、門出を祝った。そのときの様子が、今井の妹・森けいの回想談に語られている。

その日、本郷の私共の宅へ古屋さんと内田さんとがお出でになり、兄と三人で酒をくみかわし、最後に盃を庭石に叩きつけて割り、さあ出発といふわけでした。古屋さんが、後ろに両手をついて反身になり、大きな声で笑いながら話しておいでた様子が、今でも目に見えるようです。（今井幸彦『坂本龍馬を斬った男』）

こうして、彼らは勇躍江戸を出発する。

古屋軍、梁田の戦いに敗走する

三月一日に江戸を出発した古屋佐久左衛門らは、その日は板橋、二日は大宮、三日は桶川に宿陣し、四日に羽生陣屋に到着する。そして翌五日、忍藩に預けてあった脱走兵三百七十余名を受け取り、これで古屋軍は、総勢八百五十名ほどの大部隊となった。この羽生陣屋において、軍の陣容が整えられ、次のような職制が定められている。

総　督　古屋佐久左衛門
頭並隊長　今井信郎
隊　長　内田庄司
参　謀　楠山兼三郎
副隊長　天野新太郎
同　永井蠖伸斎《かくしんさい》
同　前田兵衛

（『衝鋒隊戦史』）

ほかに軍監・頭取・差図役などがおかれたが、歩兵脱走の首謀者だった梶原雄之助・河原精之進・加藤惣兵衛の三人も、差図役の地位についている。また、全軍は三つに分けられ、前軍を今井、中軍を古屋、後軍を内田が、それぞれ率いることになった。

彼らは羽生陣屋には四日間滞在することになるが、これは、新政府軍が近くの本庄まで進軍してきていたので、これと衝突することを避けたためだった。しかし、新政府軍の行軍は遅く、熊谷から先に進む様子がない。そこで、浅間間道を通って信州へ入ろうということになり、三月八日に全軍、羽生を出発した。

その日の宿陣は館林の予定だったが、すでに館林藩は新政府軍に恭順していたため、旧幕府軍を城下に宿泊させるわけにはいかなかった。それで、同藩の勧めにより、館林の北西八キロの梁田に出て宿陣することに決する。同日夜、梁田に着いた古屋軍は、総督の古屋が本陣に入ったほかは、みな女郎屋や旅籠などに分宿した。

当時の梁田には、妓楼が三十四軒もあった。翌朝、新政府軍の奇襲を受けることになるとは思いもよらない彼らは、酒池肉林の宴を夜更けまで繰り広げる。たとえ荒くれ者揃いの古屋軍でなくとも、これはやむをえない息抜きだったかもしれない。

この日、梁田の西の太田まで進軍していた新政府軍は、岩倉具定を総督とし、乾（板垣）退助らを参謀とする東山道先鋒総督府軍だった。ただし、すでに本隊は高崎方面に進んでおり、古屋軍を発見したのは兵数二百余名の斥候隊だった。内訳は、薩摩藩兵百二十名（隊長・川村純義）、長州藩兵約三十名（隊長・梨羽才吉）、大垣藩兵約五十名（隊長・長屋益之進）である。兵力の点で古屋軍に大きく劣っていることから、智将川村純義は夜明けとともに奇襲をかけることを決意する。

九日午前六時ごろ、新政府軍の攻撃が開始された。古屋軍は不意を突かれたことに加え、視界をさえぎる濃い朝霧のために混乱をきわめた。「我れに数倍せる敵を相手に」（『衝鋒隊戦史』）とあるように、敵の兵力をまったく把握できていなかった。恐怖にかられ、上官の命令も聞かずに逃げ出す者も続出する。

古屋はなんとか陣容を立て直し、本道から攻める薩摩・大垣藩兵に今井の前軍を、北方に展開する薩摩藩兵に内田の後軍を、それぞれあたらせた。しかし、新政府軍は、とくに大垣藩兵の士気が高く、衝突した今井前軍を圧倒した。この大垣藩は、鳥羽・伏見の戦いの段階では旧幕府軍に属しており、その後、恭順して新政府軍に加わった藩だった。したがって、どうしても薩摩・長州を上回る軍功を立てる必要があり、この日の戦闘は格好の機会だったのだ。隊長の長屋益之進も、「薩長になど負けるな、大垣進め！　大垣進め！」（真下菊五郎『梁田戦績史』）と叫び、みずから指揮旗を打ちふりながら突撃する。これを見た薩摩藩兵も、負けじと奮発し、古屋軍に猛攻を加えた。

戦闘は、午前十時ごろには決着がつき、古屋軍は順次、渡良瀬川を渡って撤退することになる。新政府軍は、兵力の少ない斥候隊であったことと、三月十五日に予定されている江戸総攻撃に間に合うように急いでいたため、深追いはしなかった。この戦闘における新政府軍の戦死者はわずか三名であったが、古屋軍は六十二名もの戦死者と、八十余名の負傷者を出した。歩兵脱走首謀者の加藤物兵衛と河原精之進も犠牲となり、加藤は戦死、河原は重傷を負ったのちに死亡している。

敗走の古屋軍は、信州中野へ向かうことを断念し、目的地を会津へと変更する。鹿沼《かぬま》、高徳《たかとく》、藤原を経て、十三日に会津領五十里《いかり》に着いた彼らは、会津藩との交渉のうえ、二十二日に会津若松に入った。この会津で、彼らは「衝鋒隊」を名乗ることになる。

慶応四年（一八六八）一月十二日、前将軍徳川慶喜は、江戸へ帰着した。慶喜は、その日、江戸城へ向かう途上、なぜか鰻を所望し、供の榊原鍵吉に金子二分を渡して、霊岸島の大国屋につかわし、上等な鰻《うなぎ》を買ってこさせた。実際、鰻は一両もしたので、榊原はやむなくポケットマネーから二分を出したという。

さらに、その日、慶喜は江戸城で夕食に鮪を所望した。鮪は古名を「しび」といい、それが「死日」に通じることもあって、武士階級からはいたって嫌われた魚だった。この慶喜からの要請に、台所番はあわてて鮪を調達、慶喜は江戸城帰還第一夜の夕食に、鮪の刺し身と葱鮪鍋《ねぎま》を堪能し、配下の役人たちにも振る舞ったという。いずれも『藤岡屋日記』が紹介する逸話である。

慶喜はあきらかに憂鬱のなかにあった。思えばひどく理不尽な経緯で朝敵視されることとなってしまったのである。まだ決着を見ない鳥羽・伏見以後の戦線もそのままに東帰してしまったことと、鰻や鮪のエピソードは決して関連がないわけではないだろう。

新政府軍は、朝廷の発した慶喜の追討令によって、畳み掛けるように東をめざそうとしていた。この理不尽な現実に激昂していた人間は数多かった。幕府陸軍調役の本多敏三郎《ほんだとしさぶろう》（後名・晋《すすむ》）もその一人だった。本多は水戸藩徒士目付を務めて慶喜に追従、元治元年（一八六四）の禁門の変の際は、守衛役を務めて恩賞を受けている。その後、慶喜の将軍就任にともない、幕府の陸軍調役となっていた。

本多はひときわ、徳川慶喜に恩顧の念を感じていた人物でもあったのである。

本多は明治二十九年に史談会で、自記の『随余除録』を持参し、彰義隊の結成時からの詳細を克明に語っている。本多は、東帰した慶喜の冤罪をそそぐため、同僚の伴門五郎《ばんもんごろう》、陸軍調役勤方の須永於菟之輔《すながおとのすけ》とともに、使者として朝廷に諸侯を派遣することを計画し、四方奔走したが結実しなかった。

こうした状況のなかで、いよいよ新政府軍が東下してくる気配が強まってきたため、本多らは江戸で同志を集めることを目的に、二月十日に檄文《げきぶん》を作成した。檄文は、このたびの新政府軍の慶喜への措置を傍観できないため、一廉《ひとかど》の用に備え、慶喜の多年の恩に報いるべく相談をしたい、としたもので、十二日の午前十時に雑司ケ谷《ぞうしがや》の茶店茗荷屋に賛同者を募った。これが彰義隊の発足となった。檄文は陸軍諸隊、砲兵、騎兵らに回され、この日、茗荷屋には、本多、伴、須永のほかに十四名が集まった。まだこの時点では、参加者への署名や血判はおこなわれず、本多は「（総員の）十七人の名前ハ留めませぬでござりました」と語っている。

奇しくもこの日、慶喜は上野大慈院に謹慎処分となった。この事態は旧幕府関係者をいっそう慷慨《こうがい》させた。

本多らは十七日、懇意だった四谷鮫河橋《さめがはし》の円応寺にて、第二回の会合を開いている。急変した事態にも手伝って、ここには第一回の茗荷屋での会合をはるかに上回る、六十七名の参加者を数えることになった。参集した天野八郎らと議論を交わしたあと、十九日に本多らは、須永の縁戚で、慶喜に重用されていた俊秀の渋沢成一郎の参加を求め、浅草の堀田原の自宅を訪ね、了承を得ている。

二十一日、円応寺で第三回会合が開かれた。ここで渋沢は集まった八十余名を前に、もし、平和裏な雪冤が不可能ならば、武士の意地を貫くとした発言をおこない、一同は納得し、血判を押したという。

二十三日、結成式ともいえる第四回会合が、浅草本願寺で開かれた。本願寺の表門には「尊王恭順有志会」という表示が掲げられ、この日、隊名がつけられた。本多の談話によると、当初は「昭」の字を用いる予定だったものの、「文昭院」「昭徳院」などの将軍家戒名に差し障るため「彰義隊」となったともいい、阿部杖策（後名・弘蔵《こうぞう》）が命名したという。さらに投票がおこなわれて、渋沢を頭取、天野を副頭取、本多ら提唱者の三名が幹事に任命された。そして一同、血誓書に署名と血判をおこなった。渋沢はその後、幕府閣老の松平三河守を訪ね、結成の報告をおこなうとともに、決死の同盟を結んで慶喜の雪冤を朝廷に哀訴するとした『同盟哀訴申合書』を、新政府軍側に提出するよう依頼した。

新政府軍からのあらぬ嫌疑を憂慮した幕府側は、彰義隊に江戸市中の取り締まりを命じた。こうして、慶喜の苦境を端緒に、慶応四年の戦局に異彩を放った彰義隊が発足することとなる。

江戸総攻撃回避——勝海舟の苦悩

鳥羽・伏見戦争後、勢いに乗る新政府軍は、東海・東山・北陸の三道から江戸へ向けて進撃を開始した。このとき、薩摩藩の西郷隆盛は、東海道軍先鋒隊の参謀として東下、徳川家由縁の駿府に先行し、追って進軍を開始していた征東軍大総督の有栖《ありす》川宮《がわのみや》熾仁《たるひと》親王を同所で三月五日に迎え、合流した。翌三月六日、午前九時に駿府城で軍議が開かれ、新政府軍は、三月十五日を江戸城総攻撃の期日と決定した。

奇しくもこの日、東山道軍総督の岩倉具定より駿府に派遣された因州藩士の中井半五郎から、「甲州模様難二捨置一事情」という急報が届いていた（『東征総督記』）。新選組によって編成された甲陽鎮撫隊が甲州勝沼で新政府軍と兵端を開いたのはこの六日である。まだこの時点では戦闘開始が駿府に伝えられてはいないが、この不穏な動きが新政府軍の江戸総攻撃決定に大きく影響したことは間違いない。

勝海舟　国立国会図書館「近代日本の肖像」より

新政府軍は、三道からの江戸同時進撃を画策し、もし、三者が十五日に合流できない場合は、十六、七日の遅延合流でも可としてもいた（『北陸道先鋒記』）。新政府軍の攻撃を回避したい勝海舟は、この決定に先がけて、駿府に宛てて、徳川慶喜の恭順の姿勢を無視して征東の軍を起こした場合、旧幕府海軍力によって断固これを阻止する、とした激烈な手紙を送っていた。西郷は勝の書状を周辺の幹部らに見せながら、「顔色火のごとくなって」怒ったという（渡辺清『史談会速記録』六八輯）。

しかし、勝はこうしたポーズの一方、三月五日に、幕臣で精鋭隊頭取の山岡鉄舟を嘆願の使者として駿府に派遣し、征東の進軍を回避しようと、和戦両用の策をとっていた。

このとき勝は、山岡に薩摩藩士の益満休之助を同道させていた。益満は西郷の意志を受けて、江戸城下で御用盗事件を画策したのちに捕縛され、身柄を勝に引き取られていた人物でもあった。触れられたくない部分の象徴だった益満を、嘆願の使者とあわせて、西郷のもとに送ったのは、勝の大きな策略の一つでもあった。

しかし、山岡を派遣した直後、勝にとっては予想外の出来事が起きていた。それは甲州勝沼での戦闘の勃発で、それを遠因とすることになる江戸総攻撃の決定だった。この決定で、新政府軍はより態度を硬化させていた。西郷の陣所に着いた山岡は、対する西郷の左右に銃を構えた兵士、また、自身の背後に白刃を構えた兵士に囲まれるなかで、西郷に嘆願し、攻撃中止の再考を訴えた。西郷は山岡に「尤の事なり、一応評議すべし」と答えたという（『藤岡屋日記』）。

もとより西郷も、さまざまな方策で新政府軍の進行を回避しようとする勝の姿勢同様、江戸総攻撃を完遂しようとしてはいなかった節も見受けられる。攻撃した際の戦況の泥沼化や、果てはその間隙を衝いた諸外国の侵攻など、配慮しなければならない点が多々あった。そしてもとよりそれは、旧知の勝と共通の危惧でもあった。西郷は、このとき山岡に、戦闘回避のための諸条件を内示し、勝に届けさせた。『藤岡屋日記』によると、条件は①前将軍慶喜の身柄の備前藩委譲、②江戸城明け渡し、③軍艦を残らず委譲、④軍器を残らず委譲、⑤城内居住の幕臣らの向島移転と謹慎、⑥鳥羽・伏見戦争での戦犯の調査と謝罪、⑦今後起こりうる暴挙に対する新政府軍による鎮圧の確認――である。

さらにこの諸条件に、静寛院宮（和宮）の身柄の扱いなども提示され、これを受けた勝は、あらかじめ検討を加えたあと、詳細を決定するため西郷との会談の確約をとった。西郷は三月九日に駿府を発ち、十二日に池上本門寺の新政府軍本営に入った。

江戸城下はすでにパニック状態に陥っていた。十四日から十六日までの三日間のうちに、新政府軍が品川と板橋から大砲を撃ち立て、江戸市中を焼き払うとの風聞が広まり、家財道具を土蔵に入れて目塗りして逃げてきた商家があった。また、会津藩邸や上野をそれぞれ焼き払うとの情報で、同所近くから荷車に荷物を積んで逃げてきた者たちもいた。こうした混乱したときの江戸市中各所での騒動を『藤岡屋日記』が伝えている。

そんななかで、勝と西郷の会談は開かれた。両者はまず三月十三日に対面し、諸条件についての予備会談をおこなっている。『藤岡屋日記』は、この予備会談でなされた諸条件の条項ごとについての結果が、三月十三日に板橋の東山道軍総督府に届いたと伝える。そして、さらに詳細について煮詰めるために、勝と山岡が、西郷のいる「薩州中屋敷」へ「今昼後罷越居候趣」であることをも生々しく伝えている。

会談は、新政府軍からは西郷のほか、薩摩の中村半次郎と村田新八、さらに大村藩の渡辺清が同行した。史談会での後年の渡辺の談話によると、勝は「綴肩衣」、また、西郷らは「戎服でまあ西洋服のやうな羽織のやうな」様相でズボン姿だったという。

渡辺の談話によると、勝は慶喜が大坂城を引き払って江戸に戻ったことが「事実上恭順の大意を達する積りの精神」と強調し、そのためにも進軍を箱根以西で止めてほしいと要請した。そして、自分も幕臣らの反発を鎮撫するため「勉強」していると語り、まっ先に十五日の総攻撃の回避要請を切り出したという。

西郷は、のちに勝が『氷川清話』で「おれのいうことを一々信用してくれ、その間に一点の疑念も挟まなかった」と語ったほどの寛容さで、その諸条件を了承していったという。渡辺清もまた「其時の話は能く順序も立ち実に見事なものであると敵ながらも感じ入た」と語り、水際立った勝の弁才を伝えている。

この諸条件のなかで、勝がネックとしていたのは幕府海軍に関してだった。当時、最強の威力を持つ幕府海軍が、虎の子の軍艦をすべて新政府軍に供出することは事実上不可能だった。勝はこの件に関して、会談でとりわけ譲歩を重ねることとなる。そして結局、先の七カ条について、以下の合意がなされた。①慶喜の水戸での謹慎、②江戸開城と田安・一橋家いずれかへの手続きの委任、③相当の規模を残しての軍艦の委譲、④相当の規模を残しての軍器の委譲、⑤城内居住の幕臣の城外移転と謹慎。そして⑥と⑦については、ほぼ新政府軍の内示に従うかたちで決着がついた。

これにより、三月十四日、西郷の判断により、翌十五日の江戸総攻撃は回避されることとなった。西郷は「総督府参謀」の名で各隊に「（攻撃を）明日之処先《まず》相見合セ可レ申」として「日限之儀ハ追テ可及二沙汰一候」と告げた書状を、即刻配送した（『東山道総督府諸達留』）。また、西郷は駿府に取って返し、この会談の結果を有栖川宮熾仁親王に通達したのち、さらに京都へも通達のために上っていった。

一定の武器を保有したまま、とりあえずは江戸総攻撃を回避させた勝の手腕は、高く評価された。会談直後の、幕府関係者によると思われる手紙には「三道先《まず》鋒放火進入之筈決議之処、勝安房守非常之尽力周旋ニ而《て》、先其危難を逃れ申候」とあり、勝の功績を手放しで絶賛している（『藤岡屋日記』）。

パークスの介入

新政府軍東海道軍の一員で大村藩の渡辺清は、『史談会速記録』六八輯所収の談話で、ある挿話を伝えている。

三月十三日の勝海舟と西郷隆盛との予備会談の前日の十二日、渡辺は西郷の命を受けて横浜に赴き、英国公使のパークスと会談した。そして、もし、江戸総攻撃が始まったときは、英国に、新政府軍負傷者の治療を要請したという。しかしパークスは、戦争が間近になっているにもかかわらず、居留地にいる外国人の保護政策もとらないばかりか、すでに恭順の姿勢をとっている徳川慶喜を断固として討とうとする新政府軍の姿勢を、万国公法にあわせて、強く批判したともいう。渡辺はただちにこれを西郷に復命した。西郷はパークスの意志に応えて、勝との会談がおこなわれる直前に、すでに江戸総攻撃の中止を決意したともいう。

しかし、渡辺の談話には、傍証となるものも乏しい。もし、実際に渡辺とパークスとの会談が十二日におこなわれていたとすれば、その後、十三、十四の両日、勝が西郷に行なった渾身の説得は、あらかじめ最終決定を知ったうえで西郷が腹芸を見せた「儀式」ということになる。

あるいは渡辺とパークスとの会談は、十五日の江戸総攻撃中止決定以後におこなわれた可能性もまた否めない。事実、のちに彰義隊との戦闘で負傷した新政府軍兵士らは、英国人医師の執刀による手術も受けており、そこには新政府軍側の要請に応えた英国の姿勢も見られる。

四月四日、京都の朝廷から、西郷と勝とのあいだで合意を見た諸条件にもとづいた最終決定が江戸に通達された。①徳川の家名存続と慶喜の水戸での謹慎、②江戸城明け渡しと尾張藩への委譲、③軍艦と鉄砲の引き渡しと後日、相当分の徳川家への返還、④城内居住の家臣の城外での謹慎、⑤慶喜への加担者に格別の寛典による死一等の減罪。

いずれの条項も、当初の両者間の合意よりも、幕府側に対して、さらに寛大に踏み込んだものだった。江戸開城前夜の四月十日の夜、徳川慶喜は謹慎所の上野寛永寺大慈院に勝を招き、尽力を謝し、刀を与えた。その日記によれば、勝はそのとき「感泣」して「申す処を知らず」ほどに感激したという。

上野彰義隊、分裂から拡大

彰義隊結成の提唱者であった本多敏三郎は、結成直後の二月二十七日、落馬事故で足を骨折するという不幸にみまわれた。わずか数日にして、彰義隊第一線からの撤退を余儀なくされてしまったのである。そんななか、浅草の本願寺屯所には日ごとに入隊希望者が集まり、彰義隊の勢力はますます拡大していった。新政府軍が三月十五日に予定していた江戸総攻撃も回避され、市中の緊迫感はいったんは収束していた。

しかし、隊勢の拡大と並行して、彰義隊内部では、頭取の渋沢成一郎と、副頭取の天野八郎とのあいだの溝が深まっていった。武断派を任ずる天野は、彰義隊の究極の目的を江戸での新政府軍との対峙におき、身元不詳の入隊希望者も積極的に隊中に引き入れていた。これは、結成にあたって本多や渋沢、天野らが確約した事項への違反行為でもあった。また、天野は自主的な市中巡察も開始するなど、独断で積極的な行動を取り始めた。

一方、渋沢は一橋家恩顧の立ち場から、あくまでも慶喜の警護を念頭におき、江戸開城が決定した時点で、その先の善後策を見据えていたらしい。

両者の志向の相違は、仲介者ともなるべき本多敏三郎の不在もあって、修復不可能なところまできていた。それでも本多は、同じく彰義隊結成の同志でもあった伴門五郎とともに、両者間の慰留に全力を尽くす。後年、史談会で、両者の激突を「内輪喧嘩」と評した本多は、自著の『随余除録』のなかでこう記している。

渋沢成一郎、天野八郎ト論協《かな》ハスト聞キ、伴氏ト共ニ和解セシメントスレトモ聴カス。勝安房氏ノ之レニ関セルアリト聞キ、氏ニ依テ和解ヲ計レ共ナラス。

本多の、勝海舟をも動かしたという説得も効果はなく、両者の関係修復は不可能だった。その後、渋沢は本願寺に残り、また、天野は上野への移動を決め、彰義隊は事実上分裂したのである。両者は、新政府軍に所属しないことと、降伏しないことの二点を確約したうえで別れていった。当然、彰義隊の大多数は天野の管轄下に入り、渋沢とともに残ったのはごくわずかな数の隊士だった。

渋沢は軍資金調達のため、市中の富商に金策をおこなうなどの活動を開始したが、渋沢を変節者と目した天野配下の隊士たちから、何度か命を狙われたという。一方の天野もまた、渋沢の暗殺の手を怖れ、銃や剣を懐にして寝たと、上野戦争終結直後に述懐している。

上野へ移動した天野は、渋沢に代わる新たな頭取として幕臣の本多邦之輔をおき、謹慎する慶喜の警護を目的として活動を開始した。このとき隊士だった阿部弘蔵は、上野移転の過程を「是れは彰義隊の成立つた本趣意ではないのが《ママ》、君公（慶喜）の御手許も薄く、浅草の本願寺も狭い所から、旁々《かたがた》こゝに移る様に致したのでござります」（『史談会速記録』四八輯）と語っている。末端の隊士たちは、天野と渋沢の分裂劇を知らなかったのかもしれない。さらに、正式な市中巡察の許可も認可された彰義隊は、約五百名の編成で市中を闊歩した。

まもなく四月十一日に慶喜は謹慎のために水戸へ移転、隊士たちはそのまま寛永寺の子院でもある山内の寺院に分宿し、天野は寛永寺南東の寒松院に本営をおいた。慶喜の移動により、行き場を失った旧幕府諸隊も彰義隊に同調し、続々と上野に集まってきた。彰義隊は慶喜に代わり、寛永寺の輪王寺宮を奉じ、ますます気勢を上げた。

さらに彰義隊は、輪王寺宮の後見でもあった寛永寺別当の覚王院《かくおういん》義観《ぎかん》の助力も受けた。本多敏三郎は、「覚王院と云ふ坊主は豪邁な坊主でござります、本多さん心配なさるな、天下の事は此に（掌を示す）あるからと云ふ事さへござりました」と、その人柄をのちに史談会で語っている。

渋沢に次いだ頭取の本多はまもなく辞し、その後、岡山藩主池田家の分家の直参池田大隅と、直参小田井信濃の両名が筆頭となり、組織は安定した。その編成は、「頭」と称した筆頭の池田と小田井を主におき、次いで天野八郎ら四名を「頭並」、さらに本多敏三郎ら四名が「頭取」として名を連ね、全隊を一番隊から十八番隊に分隊化した。また、彰義隊には旧幕軍の諸隊や、諸藩からの脱兵隊も加わり、新政府軍を脅かす堂々たる勢力へ発展したのである。

江戸の市民たちも、彰義隊を好意的に迎えていた。かけがえのない将軍慶喜を江戸から追い放った新政府軍は、市民たちにとっては許し難い存在として映っていた。新政府軍の一員として上野戦争に参戦した大田広正は、次のように語っている（『史談会速記録』二四輯）。

畢竟《ひっきょう》皆徳川家の旧恩ある者でござります。彰義隊が勝てば宜いと云ふ考が多いので、皆それを祈つて居ると云ふ事で、町家へ買物に出ましても、或は扱ひが悪いと云ふ位でござりました。

こうした市中の声に押されるかのように、彰義隊の一部は、次第に新政府軍への挑発行動もおこなうようになっていった。

閏四月一日に旧江戸城に出向く途上で起きた事件を、大田広正は、また次のように語っている。

向ふから生平《きびら》の羽織を着ました一群、何でも十四五人ばかりかと思ひましたか、遣つて来ました。（中略）目の前に近寄りまするると思ふ中「やれ」と云ふ声と共に四五人抜き掛りました、私も突然の事で実に仰天したでござります。（中略）素より追つて参る程ではありません、ほんの悪戯と云ふ位でござりましたろう。其他諸方へ強奪等を致したり種々悪業が増長して参りました。

閏四月二十九日、新政府軍大総督府は、田安家の嫡子亀之助に、慶喜に次いで徳川家を相続させた。これを機に、危険を孕《はら》む彰義隊の武装解除を目論む勝海舟は、彼らへの説得をおこなった。勝の同日の日記には「頭取已下《いか》に説諭すれども、敢えて是を用いず」と、彰義隊のかたくなな姿勢に対する困惑が記されている。

さらに新政府軍大総督府は、五月一日、田安家に宛てて、以降の市中巡察は新政府がおこなうとした通達を出した。彰義隊はその任を追われたのである。これに逆上するように、彰義隊隊士たちの挑発行動はエスカレートしてゆく。

五月七日、薩摩藩の斥候兵有吉荘之丞ら三名が、根岸付近で八、九名の彰義隊隊士と遭遇した。隊士らは三名を取り囲み、屯所へ連行する旨を伝えたため、有吉らが断ったところ、いきなり斬りかかってきた。薩摩側は一名が即死、二名は逃走したが、追撃にあい、うち一名は自刃して果てたという。また同日夕刻、野州への出軍に遅れた肥前藩士二名が駕籠《かご》で上野北大門町を通行中、いきなり八十名の一団に囲まれ、一名は即死、一名は深手を負ったという。閉鎖的で絶望的な状況下、彰義隊隊士たちは上野の山のなかで息づいていた。

五月十四日、諸藩から彰義隊への抗議が集まった末に、大総督府はついに攻撃命令を発令した。本多らや渋沢の当初の結成理念からは遠く逸脱した存在となった彰義隊は、新政府軍の猛攻の前に身を晒すこととなるのである。

上野戦争――彰義隊散華

五月十五日、上野の彰義隊追討に出軍する新政府軍は、午前四時に江戸城大手前に整列、雨中を進軍開始した。

この日の総指揮官である長州の大村益次郎は薩摩・因州・肥後の三軍を正面の黒門口から、長州と大村軍を背後の団子坂から、そして不忍池対岸の本郷台からは、偉容を誇る肥前砲隊らがそれぞれ攻撃するという布陣を立てていた。さらに機に応じて、佐土原や津、備前などの諸隊が、側面から上野山

寛永寺の黒門前で激突する彰義隊と新政府軍 「東台大戦争図」（部分） 国立国会図書館蔵

内を押すという計画だった。正面攻撃隊は、湯島天神に敵兵が潜伏中との報を得て、上野到着前にいったん湯島へ向かった。だが、彰義隊の姿はなく、改めて上野へ進軍し、正面口より攻めかかった。

彰義隊側は黒門手前にあった三橋に出て、正面攻撃の薩摩軍らに激しく発砲した。「上野の兵は黒門の外に畳などにて胸壁を造り激しく発砲を致して居ります」「三橋の外松坂屋の前辺までは大砲の丸は雨の様に飛て来た」（小野保『史談会速記録』七四輯）。武器にも事欠く彰義隊だったが、驚異的なまでの抵抗を示す。小野の談話はさらに続く。「又黒門の東寄りの山王山只今石垣の有る上の処へ、二三の大砲を据《すえ》て頻りに此方を撃ッて随分勢が凄く、何時黒門口が破れやうかと云ふ位でございました」。また、彰義隊隊士の阿部弘蔵は「朝五ツ時前から四ツ時過ぎ頃までは彰義隊が強かつた為に広小路の方面に向つた敵の隊がヒルンで仕舞つた」（『史談会速記録』四八輯）と、その緒戦での奮戦を伝えている。そして三橋前で、午前十時近くまでは兵糧をとる暇もなかったという激戦が続き、ここで多くの死傷者が出た。

局面を変えたのは、予期せぬところからの攻撃だった。因州軍の兵士らが黒門に向かって右手の料理店雁鍋《がんなべ》の二階に上がり、次々と彰義隊を狙撃し始めたのである。『池田輝知家記』は「相模守人数、黒門前右手市店ノ階上ニ駆登リ、総隙《すきま》ヨリ山内ノ賊ヲ狙撃シ、黒門内ニテ白旗ヲ挟ミ指揮ヲナス賊長ヲ斃《たお》シ、続テ数人ヲ弾殺ス」と、その模様を伝える。さらに当時の『中外新聞』は、戦闘当初より新政府軍側が「松原並びに雁鍋（共に料理屋なり）の楼上へも大砲引上げ、山下辺戦い相始り候と直ちに発砲」という態勢をとっていたと報道している。

「（雁鍋二階から）吾々がそれを狙つて打始めた所がイヤ大狼狽」（堀正『史談会速記録』二七〇輯）となった彰義隊も、雁鍋を狙撃したが、「此方には畳を楯に取り柱に隠れて、向うから来る丸は一ツも中らず」（小野保『史談会速記録』七四輯）という有利な状況下で、新政府軍は次々と彰義隊隊士を掃討した。

一方、背後の団子坂から攻略に押し寄せた長州勢と大村藩兵は、おりからの雨天による増水に苦しんで進軍した。阿部弘蔵によると、「団子坂の下の小川が出水して往来が出来ぬほどでありました」という。さらに阿部は、「其れを越へて来た敵の勢は地理不案内でもあり、人数も亦多からぬところから、味方の者が一時勝利は得た」ともつけ加えている。

団子坂近辺に伏せていた彰義隊は、新政府軍を苦しめた。この方面にはのちに佐土原兵が不忍池方面より援軍として合流、最後は彰義隊を撃破し、砲台を鎮圧した。

黒門口での戦闘が激化していた午前九時、新政府軍下参謀の吉村長兵衛から上野での戦況を報告するよう命じられた志筑《しづく》藩士三名が、急きょ戦場へ向かい、実見した詳細な記録が『本堂親久家記』に残されている。

往路、神田橋で彼らは「手負ト相見江《え》、山駕籠、釣台、戸板、モッコウ等ニ乗セ、兵士附添引取候者余程有レ之」という負傷兵の群れを目撃している。しきりに砲声が聞こえるなか、広小路へ向かった彼らは、「賊徒手強《てごわ》ク敗走之體無レ之、勝敗相分り兼候趣」という情報を、途中で会った肥後藩の小隊長から入手した。さらに彼らは三橋まで到着し、薩摩軍の相良治部に取材している。相良は肥後藩小隊長同様、勝敗はわかりかねるとしながらも、「不レ弛《ゆるまず》二炮戦一始終ハ官軍勝利ト相考江候」と語った。「炮戦」は、事実、新政府軍の勝利を決定づけた。象徴的な出来事を、五月二十二日付の『江湖新聞』はこう伝える。

広小路の正面より攻撃を初め、午後第五字（七ツ時迄）までは官軍利あらざりしが、その時肥前の手にてアルムストロングといえる大砲二門を放発せしより、戦機変じて、まったく官軍の利となれり。

「午後第五字」はあきらかな誤記だが、このとき肥前藩は本郷台に当時最強のアームストロング砲を据えていた。飛距離も有し、圧倒的な威力を持つこの重火器は、当時の日本では、同藩所有の三門のみであり、新政府軍の虎の子でもあった。「大砲二門富山屋敷へ相備、同所ヨリ上野黒門口台場、幷《ならびに》堂柵松藪之内等へ相備居候賊徒打払」と肥前藩の『鍋島直大家記』が伝えるように、背面から不忍池を越えてアームストロング砲の砲弾は上野の山を襲ったのである。はたして、砲弾のいくつが黒門口に到達したかは不明だが、轟音とともに飛弾するこの砲撃は、あきらかに彰義隊をたじろがせた。午後二時前後に、ようやく黒門口の彰義隊は撤収する。また、アームストロング砲撃と前後して、新政府軍は驚異的な秘密作戦を立てている。

戦闘中、会津兵と称する多数の援軍が上野山内に到着した。彰義隊側が油断したところに、この援軍はいきなり発砲を開始する。内と外から攻め立てられて、彰義隊は致命傷を負った。当時の瓦版によると、この偽の援軍は新政府軍側の回し者だったという（加来耕三『真説上野彰義隊』）。

攻勢に転じた新政府軍は、一気に山内に進攻し、寺々に放火してまわった。天野八郎以下、彰義隊士は最後の白兵戦に臨んだが、ついに追い立てられ、背面から根岸方面へ逃走した。戦闘終結時点で新政府軍側は、「大村（益次郎）先生も云はれました、一方は是非明けて置かねばならんと」（大田広正）との方針から、上野背面を事実上開放していた。

彰義隊隊士の丸茂利恒《まるもとしつね》は、「あちらこちらまごつき漸く塀を乗り越へて見ますと根岸の方に出ました。其處に出ますと上野の敗軍の者がゾロゾロ三川《（ママ）》島の方に行きます。其時砲声が山の方に聞えました。其れは官軍の方から捜りを入れたのでありませう」（『史談会速記録』四六輯）と、上野戦争の最終局面を語っている。そして、脱出者の一部は渋沢成一郎と合流し、渋沢らが結成させた振武《しんぶ》軍へと至ってゆく。

彰義隊が奉じていた輪王寺宮も上野を落ち、午後四時ごろ、長く激しい戦闘は終わった。彰義隊結

彰義隊の墓　東京都荒川区・円通寺

成当事者の一人伴門五郎は、この日、激戦地の黒門口の指揮に立ち、戦死した。本多敏三郎は語る。「伴も好い人であつたがトウトウ死にました、恐らくは火の中へ這入つたのでござりませう」（『史談会速記録』四六輯）。

この戦いで、新政府軍側は薩摩軍が戦死者八名、負傷者三十九名、因州軍が戦死者十名、負傷者十七名を出すなど、とくに正面黒門口での戦闘に参加した諸隊の犠牲者の数は顕著だった。また、彰義隊にも多数の死者があった。同年六月六日の記録には「先月廿一日より同三日迄屍山内へ仮葬候（中略）山内清水堂の広場に埋め置候屍二百廿三候段承る」（『仏磨和尚納所西村英助手帳』）とある。天野八郎は逃走後、江戸市中に潜み、再起を期していたが、七月十三日に捕縛され、十一月八日に獄死した。

天野八郎の彰義隊は壊滅した。しかしまだ、渋沢成一郎は無傷だった。

もう一つの彰義隊——振武軍

天野八郎との衝突により彰義隊から分裂したのち、渋沢成一郎は、浅草本願寺屯所を出て、同志で儒者の尾高惇忠《おだかあつただ》とともに、江戸近郊で再挙を期すことを決めていた。

閏四月十五日、渋沢らは十五名の同志とともに軍議を開き、堀之内の料亭を拠点にして広く同志を募ることを決めた。ここで二百名以上の勢力を集めた渋沢は、その隊名を「振武」と命名している。

尾高は、その間、新政府軍に扮して、その管轄下におかれていた旧幕府軍歩兵屯所から銃器や弾薬を御用と称して入手することに成功し、出軍に備えている。渋沢は大寄隼人、尾高は榛沢新六郎と改名し、それぞれ頭取と参謀として軍を率いた。

一行は、十九日に青梅街道を田無村へ進軍し、屯所を設営したが、距離的にあまりに江戸中心部に近く、万一の際の新政府軍からの攻撃に対処できないため、二十日ほどのち、田無からさらに西進した、現・東京都瑞穂町の箱根ケ崎に移動した。渋沢は田無淀橋と四谷番町に斥候をおき、上野の彰義隊の動静にも留意していたが、箱根ケ崎に移転して間もない五月十五日に、早速、上野戦争の通報が届いている。渋沢は、その夜ただちに箱根ケ崎を出立したが、十六日の朝、田無に到着したとき、前日、上野彰義隊が壊滅したとの報を得た。

その後の方針を決めるために軍議が開かれ、渋沢は、振武軍の飯能（現・埼玉県飯能市）への行軍を決定した。大河原村や赤沢村など、飯能付近の十七カ村は、一橋家の所領でもあった。かつて渋沢は一橋家中に農兵隊の設置を意図していた。そして、赤沢村の名主を上洛させ、飯能近辺からも三十名の農兵隊を組織するよう要請したことがあった（『飯能市史』）。渋沢は実際に自ら当地を訪れたこともあり、飯能は熟知した土地でもあったのである。

こうした経緯から渋沢は、一橋家と地元住民との密接したラインによる、飯能での屯所や兵糧の供給の便も考えていたのだった。さらに飯能は、山越えルートをとることによって、甲州や信州、また秩父にも出ることのできる利便性も備えた土地であった。

振武軍一行は十八日の正午ごろ、飯能に入った。上野から敗残の彰義隊士らが続々と一行に加わり、『久留里藩記』によると、飯能に集結した振武軍総員は「四百拾弐人（中略）江戸浪士之由申唱へ、大崎隼人と申者頭」とある。さらに参加者は増え、同藩記によると、一行の分宿先と人数は、能仁《のうにん》寺（本陣）に渋沢以下百五十人ほど、観音寺に六十人ほど、智観寺に百人ほど、玉宝寺に五十人ほど、心応寺に五十人ほど、広渡寺に四十人ほどであった。そして一行は、寺側の「難渋之筋申立」てにも「聞入不レ申」まま、「無理ニ致二止宿一」していたという。また、さらに村役人へ新政府軍側への人足の差し出し拒絶も強要し、村側は「恐怖」したとも伝えている。

飯能をめざすという振武軍の動向は、渋沢が前もって通報していたらしく、すでに決定当日の十六日には飯能に届き、この日から飯能は「動揺大方ならず」（『飯能騒擾日記』）という混乱状態であった。また、同書は渋沢を、「過日東叡山彰義隊中に加はりし時町家に軍用金三千両催促し、所々にて金策しけるを隊中一同不帰依にて追撃せられ、今此近に徘徊す」と伝え、渋沢が去ったあと、彰義隊本隊が渋沢の疑惑について流した風聞も記している。飯能の村民須田精堂は、この振武軍布陣による混乱の様子を、十九、二十日の両日にわたって日記に綴っている。

十九日は「上野東叡山軍火ニ而焼亡ス（中略）飯能へ逃来浪（士）四百人余也。官軍勝利、関東軍敗軍」とあり、一行が彰義隊残党であると強調し、さらに二十日には一行が「各々槍鉄砲所持、大寺四カ寺ニ住ス」として、この進駐のために「米穀払底無ニ売買ニ」と苦々しく記している。『飯能騒擾日記』によると、おりしもこのとき飯能一帯は「四月二十六日より雨降り出し、今二十二日まで晴れし日は九日十日十八日より外になく、道は掻《かき》田の如く」といううっとうしい天候だった。振武軍はこの悪条件のなかで軍事調練をおこない、また、斥候の配備と、本陣と定めた能仁寺背後の山上からは周辺の偵察を続け、新政府軍の追撃に備えていた。

渋沢はまた、二十二日の午前十時に、近隣の村々に宛てて「篤と申談度儀」があるため、各村より一名ずつの「用弁相成る役人」を飯能に派遣するよう要請する廻文を発している。結局、廻文が最後の村に到達する以前に戦端が開かれ、振武軍の要請は、全村には行きわたらなかった。同状は現存し、飯能市の文化財となっている。

飯能戦争――振武軍壊滅

上野戦争終結後、渋沢成一郎指揮する振武軍の西へ向けた進軍を把握した新政府軍は、早速その追撃を開始した。五月二十日、大総督府は、大村藩の渡辺清を軍監に据え、大村・筑前・筑後・佐土原の四藩の各百名ずつによる追討軍を編成し、振武軍が向かった青梅方面に派遣することを決定した。さらに同日、備前藩士雀部八郎が軍監をつとめる同藩隊が、渡辺の本隊とは別に、先発隊として進軍を開始した。また、大総督府は旧幕臣の江川太郎左衛門を、追討軍の兵糧方に任命している。

二十一日、川越に入った雀部の先発隊は、先に川越に入っていた筑前藩の軍監長江四郎左衛門から、振武軍の飯能布陣を知らされる。早速、軍議が開かれ、ほどなく到着して本道から攻撃にかかる渡辺の本隊に先がけて、二十二日の朝、筑前と川越藩兵は鹿山《かやま》、川越藩兵の別手は根岸、備前と川越の砲隊は黒須へ進軍し、それぞれ飯能の北方や西方から一挙に攻撃するという策を検討した。また、これとは別に、忍に駐留していた芸州藩兵が二十二日に川越に入り、同日、飯能の北の坂戸に出軍し、逃走兵に備えることとなった。

二十二日、先発隊は扇町屋《おうぎまちや》で渡辺の本隊と合流し、さらに具体的な軍議がおこなわれた。そして、筑前兵を直竹に配備し、川越兵を秩父路、筑前の半隊を鹿山に備え、三方の退路を遮断したうえで、筑前と筑後は双柳《なみやなぎ》から横撃、さらに大村と備前、佐土原は本道から直撃するとした具体的な決定がなされた。新政府軍は、この日の夜、扇町屋の陣を発している。

戦端は、二十三日未明に開かれた。

先鋒の佐土原藩が入間川を渡り、笹井村に入ったところ、いきなり林のなかに潜んでいた振武軍からの銃撃があった。佐土原藩は、小隊長長谷山藤之丞以下、これに応戦して撃退したが、一行は危険を避けるため、夜明けとともに出撃することを決め、その場でしばらく時を待った。『飯能騒擾日記』は、この銃撃戦を「鶏鳴前（中略）すさましくきこゆ」と評している。一行は夜明けとともに野田村に進軍、平地の原野のなかを、少ない木陰などに隠れて狙撃してくる振武軍に応戦しつつ、前進を続けた。

一方、双柳から進軍を開始した新政府軍のうち、先鋒の筑前藩兵は、明け方、三十名の兵士が畑に整列しているのを目撃している。敵か味方か確かめ難いため、合図の旗を振ってみると先方も振り返してきたが、朝霧のためなおも確認できずにいたところ、いきなり相手が発砲してきた。筑前兵はすぐに応戦、そして、後方の筑後兵も駆けつけて、これを撃退した。

筑前兵らは追撃態勢に入り、北方の中山に進軍、振武軍の陣の一つでもあった智観寺へ向けて砲撃をおこない、続けて寺内へ進入した。この攻勢に振武軍は狼狽し、『黒田長知家記』によると、兵糧なども残したまま逃走している。本隊は振武軍の攻撃をかわして、本陣の能仁寺にたどり着いた。

振武軍には大砲の準備がなく、寺の近辺から銃で横撃を続けるのみの攻撃だったため、新政府軍はこれをもっぱら砲撃で撃退した。また、砲弾は能仁寺にも的中、さらに佐土原藩がまっ先に寺内に入り、火を放ったため、能仁寺はほどなく炎上した。本隊はラッパを吹き、本営制圧を通達している。午前十一時前のことだった。さらに、飯能の商家などに次々に敗残兵排除のためとして火がつけられ、宿中は火の海と化した。

いったん制圧後、宿中で各藩兵が臨時の軍議をおこなっているさなか、森のなかから振武軍が発砲をしてきたため、さらに新政府軍は「凡《およそ》二時計リ」（『黒田長知家記』）応戦したという。銃声が収まり、捜索をしていると、振武軍兵士の一遺体が見つかったという。

火の海に包まれた宿内では、さまざまな悲劇が起こっていた。『飯能騒擾日記』によると、戦闘に驚いた飯能在住の針医の村松忠平は、長田まで逃走したが、大事な荷物を忘れたことに気づき、家に取りに戻った際、能仁寺門前でその総髪を敗走兵と見誤られ、惨殺されたという。また、撃剣を学んでいた平沼村の農民銀二郎は、振武軍に加担して闘ったが、山中に逃走後、露顕して斬られたという。また、下畑村の農民綱吉（二十歳）と弟の松吉（十二歳）は農作業後、昼食をとるため家に戻り、家脇の堀で足を洗っていたところを狙撃され、いずれも死亡している。逃走中の振武軍追撃の際に起きた悲劇だった（『飯能市史』）。

戦争当日の須田精堂の日記には、「焼亡之分」として「能仁寺諸堂伽藍兵火ニ而大破。観音寺は焼落、中山智観寺、真能寺、其原前田、双柳近辺寺々焼、飯能村宿在不ㇾ残㆓人家、土蔵㆒火をかけ焼亡す」と記され、振武軍の屯所となった寺々や、宿中の惨状を記録し、また『久留里藩記』も「能仁寺、観音寺、広渡寺、智観寺、幷《ならびに》民家弐百軒兵火ニテ焼失仕候」と、新政府軍側の容赦ない攻撃のあとを伝えている。

この戦闘における新政府軍側の戦死者は、緒戦の未明の銃撃で被弾した佐土原藩の谷山藤之丞ほか数名、また、振武軍側にも数名の死者があった。『松平忠誠家記』などによると、彰義隊隊士滝川渡はじめ、飯能の敗走兵十二名が二十三日に大宮で捕縛され、斬首されたとの記録が残されている。

参謀の尾高惇忠の実弟で、振武軍中軍組頭となって参戦していた渋沢平九郎も、この戦闘直後に死亡した。

渋沢は緒戦の未明の銃撃戦で左肩を負傷後、能仁寺で治療し、さらに奮戦したが、結局敗走した。顔振峠《こうぶりとうげ》を経て敗走を開始した渋沢は途中、茶店で店主の老婦に飯能から逃げてきた侍ではないかと誰何《すいか》され、自分は三峰神社の神官の倅であると答えたという。そして、越生方面に通じる道を逃走して行く際、ふと老婦に草鞋の代金を支払うのを忘れたことを思い出し、行き交った旅人にその代金を託したという（『飯能市史』）。その後、越生を越え、吾野《あがの》まで落ち延びたとき、渋沢は人別改めの新政府軍兵士と遭遇した。そして壮絶な斬り合いのあと、笑いながら腹を十文字に切って自刃したという。新政府軍は鉄砲数発を撃ち、止めを刺したあと、渋沢の首を越生で梟首したと『飯能騒擾日記』は伝えている。

一方、渋沢成一郎と尾高惇忠はいずれも飯能からの逃走に成功し、草津へ落ち延びた。その後、尾高は郷里に戻り、渋沢は榎本武揚の艦隊に合流し、箱館まで戦闘を続けることとなる。

飯能を焼きつくしたこの戦闘は、正午ごろにはすべてがかたづき、佐土原藩などは午後一時ごろには扇町屋へ帰陣している。

新政府軍大総督府は翌二十四日、振武軍追討のため筑後兵のみを飯能に残留させ、追討軍総軍の帰還を命じた。また、敗走兵に備えて、近隣の農民らに、竹槍や猟銃での掃討を示唆する通達も発している。全壊した能仁寺が、末寺の本堂を移築して再建されたのは明治九年のことだったという。振武軍と新政府軍との戦闘は、はかりしれない爪痕を山間の町に残して終わったのだった。

新選組から甲陽鎮撫隊へ

鳥羽・伏見戦争後、江戸に戻ってきた新選組は、旧幕府軍のなかでもひときわ意気軒昂だった。東帰後ほどない慶応四年（一八六八）一月十九日、近藤勇と土方歳三は、揃って直属の所轄でもある会津藩の江戸和田倉門藩邸を訪問し、「再戦の用意」という名目で、会津藩から二千両の現金を引き出し、武具調達などに充てている。

前年十二月に右肩を狙撃され、重傷の身で鳥羽・伏見の前線に立てなかった近藤は、東帰直後に城中で謁見した将軍慶喜に、肩の傷について慰労を受け、いっそうの奮起を志してもいたのだった。また、土方は城中で会った佐倉藩士依田学海に「戎器《じゅう》（兵器）、砲にあらざれば不可」と語り、先鋭の武器への志向を示唆している（『譚海』）。

二月十二日、近藤は江戸城に登城し、上野寛永寺に謹慎中の前将軍慶喜の護衛を命じられている。その際、近藤は陸軍総裁の勝海舟に会い、甲府への出張を願い出たという。勝の『解難録』によると、近藤は、新政府軍に自分の意見を容れてくれる人物がいるため、徳川家の恭順の趣旨を伝えるために出張したい、と語り、決して暴動は起こさない、と約束したという。

三月十五日に予定される江戸総攻撃に向けて、新政府軍は三方面の各道から江戸に向けて出立しようとしていた。近藤はそのうち、諏訪から甲州街道を江戸に向かうコースをとる東山道軍との接触を意図したという。

一方、隊士の永倉新八の遺談によれば、このとき新選組は甲府城を手中にし、さらにそこへ慶喜を招聘するという計画を考えていたという。新選組の計画は和戦ぎりぎりの主張であったにしても、勝はむしろ、彼らが新政府軍と兵火を交えることなどありえないと考えていたことだけは確かである。三月十五日に向けて、勝は江戸周辺からの旧幕府過激勢力の一掃を何よりも重要視していた。勝にとって新選組のこの時期の自主的な江戸撤退は、きわめて好都合で、歓迎すべきことでもあった。

勝は、土方歳三とは旧知の関係にあった。妹順子が嫁いだ佐久間象山の先妻の子で、勝にとっては義理の甥にあたる恪次郎が、暗殺された父・象山の仇討ちのため、元治元年（一八六四）に、新選組に入隊したことがある。そのおり、土方は勝にその報告のため、謹撰した手紙を送ったことがあった。鳥羽・伏見の最前線で、近藤に代わって隊士の指揮を執った土方が、圧倒的な新政府軍の武力を見ていることを、勝は知っていたはずである。そのため、新選組は不利な暴発など起こしえないし、勝はむしろ、土方は暴発の抑止にさえなるとも踏んでいたはずである。

このあと勝は、甲州勝沼で戦闘が起きたという報に、はなはだ混乱することとなる。それは、あき

土方歳三　国立国会図書館「近代日本の肖像」より

らかに彼の見立ての甘さを証明していた。勝は近藤の甲府行きの発言に、みな恐怖したものの、結局、近藤が官吏を欺き、甲府出張を認可させてしまった、とのちに書き残している。だが、出軍直前の二十七日、旧幕府は新選組に対し、江戸城で、支度金ともいうべき二千三百九十四両一朱という大金を与えている。そして、この大盤振る舞いの背後には、勝のひそかな思惑も見え隠れする。

結局、新選組はさらに二十九日に会津藩より千二百両、また、旧幕府御殿医の松本良順から三千両という金をそれぞれ調達し、甲州へと出陣することとなった。旧幕府から拝領した軍資金は、ただちに隊士たちに分配された。隊士一人につき十両、さらに見習隊士ともいうべき局長付隊士には五両が与えられている。金銭的な援助が調うのと並行して、新選組は十七日に隊士三名を、さらに二十七日には古参隊士大石鍬次郎をそれぞれ前もって甲府に派遣するなど、緻密な手配りをしていた。

出立に際し、松本良順の配慮で、浅草の矢島内記の手のものが配下として加わり、彼らを新選組隊士とあわせ、江戸出立の際の人数として記録した同時代史料によると、総勢百三十人ほどの態勢が整った。松本良順からの指示を受けた矢島内記は、江戸帰還直後より献身的に新選組の接待に努め、鳥羽・伏見戦で負傷した隊士たちが入院していた医学館では、夜具の世話から食事まで手配をおこない、自弁で仕出し弁当を隊士たちに振る舞ったりした。

隊名は甲陽鎮撫隊と名づけられた。彼らがあえて新選組を名乗らなかったのは、鳥羽・伏見戦で朝敵と目されてしまったためでもあったという。また、京都から勅使が江戸へ着いたあと、なおも江戸に滞留していると、朝敵としていかなる沙汰をも下されかねないため、勅使到着以前に急きょ出立していったと、同時代史料『藤岡屋日記』は伝えている。

このとき、近藤は大久保剛《たけし》、また、土方は内藤隼人と名乗った。この改名に関しても、『藤岡屋日記』は鳥羽・伏見戦での朝敵視を警戒したためだったとし、わけても近藤については、慶喜の御前でその名を示され、さらに「甲府百万石被㆓下置㆒候」と直接命令を受けたと記録している。事実、この名前は彼ら二人にとっての公式名ともなった。とくに土方は、その後、近藤が刑死を遂げるまでの期間、プライベートな席以外では、ほぼ内藤隼人の名前で通している。また、彼らが下賜された姓は、「そ（れ）は家康における大久保、内藤の例に擬したるなり」（西村兼文『土佐史談』六十九号）と、将軍家の旧功臣の名に拠ったのだったともいう。

出立前日の二月晦日に、隊士の市村鉄太郎（鉄之助とみられる）が役所に提出した文書に、甲陽鎮撫隊の進行予定が綴られている。

（三月）朔日　新宿休　府中泊　二日　八王子休　与瀬泊　三日　上野原休　さる（猿橋）泊

四日　花咲休　駒飼泊　五日　駒飼休　勝沼泊　六日　石和　甲府

（古文書を探る会『先触　慶応四年御先触控にみる甲州道中の明治維新』）

二月晦日に内藤新宿に宿をとった鎮撫隊は、一日に進発を開始し、以後、この予定に忠実に進行を続けていった。近藤勇や土方歳三の郷里付近も進路に入っているため、ルーズな進軍をしてしまい、新政府軍に遅れをとってしまったなどと酷評されることがあるが、四日、休息中の花咲で新政府軍の甲府先着を知り、その夜、駒飼に宿泊するまで、一行は粛々と予定通りの進軍をしていったのである。

土方は日野通過のおり、祖母の実家である平家を訪れた。挨拶のみで帰ろうとしたところ、ぼた餅を食べていくよう勧められ、頬張って出軍していったという。また、日野で休陣した際、土方の姉の夫である名主の佐藤彦五郎が、日野農兵隊二十二名とともに甲陽鎮撫隊に加わっている。佐藤は新選組の京都時代最大の後援者でもあり、春日盛の名で加わった。

三日には与瀬に宿陣した。出陣の直前に、地理嚮導兼大砲指図役として甲陽鎮撫隊に加わった結城無二三は、与瀬で近藤と相談し、旧知の博徒を甲府に向かわせたという。三月四日、一行は雪の笹目峠を越え、駒飼に着陣した。そして、駒飼では渡辺半兵衛方を本陣とした。総勢は百二十一名だったという。日野で百五十人ほどの態勢となっていたため、三十人ほどの脱落者が出ていた可能性もある。

駒飼で、甲府に先発していた大石鍬次郎が本陣に現れたという。大石は、刀を下げたまま近藤を訪れようとしたため、渡辺半兵衛に玄関先で叱咤されたというエピソードを残している。

この日、決定的な情報が駒飼で甲陽鎮撫隊を待っていた。新政府軍が甲府城を接収したという報である。予定通りの行軍をしていた甲陽鎮撫隊は、まさかの後手を得たのである。

勝沼戦争前夜――近藤勇の書簡と土方歳三の援軍要請

慶応四年（一八六八）三月四日の午前十時ごろ、全軍に先がけて行軍を開始していた土佐、岡山、高島の各軍による新政府軍東山道軍の前哨軍が甲府に着陣した。

前哨軍の岡山軍の箕浦東之進や土佐軍の日比虎作らは、ただちに甲府城代の佐藤信崇と甲府代官中山誠一郎に面談し、城の明け渡しを迫った。佐藤らは一応了解の姿勢を見せ、引き渡し期日については後刻報じると告げた。

しかし、このとき新政府軍は甲陽鎮撫隊の接近をすでに把握していた。「時ニ賊徒大久保剛ナル者、其兵凡二百計ヲ率テ、江戸ヨリ已《すで》ニ猿橋駅ニ着シ、正ニ甲府ニ向ハントス」（『山内豊範家記』）。そして彼らは、甲陽鎮撫隊に「府城ノ番士亦《また》之レニ応スルノ説アリ」との情報を得たため、早速、斥候を出すとともに、後続の本隊へ急ぎ甲府へ進軍するよう、早馬で要請した。

新政府軍は、この情報を得たことで、強硬に佐藤らに応談し、その日のうちに、城と武器類の接収を完了した。佐藤は箕浦ら五名に宛てて「城請取渡書」を記している。東山道軍に先がけて、甲府城の接収をめざしたとされる甲陽鎮撫隊が、計画通りの行軍を続けるうち、すでに新政府軍が入城を果たしてしまったのだった。

駒飼で、先発の大石鍬次郎から情報を得た大久保剛こと近藤勇は、早速、五日に隊士の一部を甲府間近の田中へ派遣し、このとき、田中へ向かった隊士の立川主税は、その記録に、改めて新政府軍の甲府入城を確認させた。確認している。そして、田中の地形が戦闘に不向きのため、勝沼に防衛ラインを設営することになった。また、近藤は同時に結城無二三に命じ、近辺の村々へ回状を回させて、自らの意見を伝えるため、各村の名主に対し、翌六日に下粟生野村の千松寺まで来るように命じている。さらに近藤は、同日、甲府奉行の若菜三男三郎に宛てて、大久保剛の名で書簡を送っている。

此度我等、甲府取締ヲ命セラレ来レリ、然ルニ官軍已《すで》ニ御入城ニ相成ル由、突然ト参候テハ、官軍ニ対シ不敬ニ相当リ可レ申。固《もと》ヨリ毛頭官軍ニ抗敵スルノ意ナシ。依テ暫ク御進軍御止メニ相成ル様申出賜ハルヘシ。我等先ツ近在ヲ鎮撫シ、追々其ノ表ヘ参ルヘシ。（『山内豊範家記』）

おそらくこの書簡は、若菜が、四日に到着した前哨軍に続いて、この日、全軍入城してきた新政府軍に提示したものと思われる。そして書簡は、即日、土佐軍の手に渡っている。

この書簡を文面どおりに見れば、あくまで近藤は、戦闘を自重していたかのようにも読み取れる。しかし、はからずもこれを入手した新政府軍は、それを額面どおりには取ってはいなかった。『山内豊範家記』は、この書簡の真意を「是レ全ク彼レ急撃ヲ恐レ、我軍ヲ緩クシ、江戸ヨリ援軍ヲ待チ、然ル後チ戦ハントスルノ謀計」と伝えている。近藤が、一時の時間の猶予を確保するために書いたとも思われるこの書簡は、むしろ新政府軍側を挑発するという、皮肉な結果を生むことになった。翌日の戦闘を引き起こす、直接の原因となったといえるかもしれない。

事態は慌ただしく推移していく。近藤の書簡執筆と前後して、内藤隼人こと土方歳三は、新政府軍の甲府城接収の情報に、単独行動をとることとなる。三月五日、土方は隊士一名を連れて駒飼を出立し、進んできたばかりの道を、急きょふたたび江戸へ向けて戻っていったのである。新政府軍側が予想していたように、それは援軍の調達だった。

結果的に、戦闘は早くもこの翌日の六日に始まってしまうのだが、近藤が回状に六日の村名主召集の旨を悠長に命じていたように、彼らには行軍開始時から、最後まで差し迫った危機感が、具体的なものとして映ってはいなかったともみえる。むしろ近藤には、若菜に送った書簡の効力を過信していた様子さえある。

土方は、よもや翌日に戦闘が起こるなどとは予想もせず、早駕籠で江戸をめざした。勝海舟がそうであったように、土方もまた、この場での新政府軍との戦闘はありえないものと思っていたのである。だが、あまりにも早い新政府軍の甲府入城により、土方の描いていた設計図は激変してしまった。この東帰は、万が一を危惧しての土方独断の、予備兵力の調達が目的だったといえるかもしれない。隊士の脱落者増加も、土方には憂慮すべき点だった。土方は、より確実な戦闘員を欲していたはずである。

土方は、翌六日早朝五ツに日野に到着した。三日前に大歓迎を受けながら通過したであろう郷里に戻ったときの、苦渋に満ちた土方の気持ちは想像に難くない。土方の甥の佐藤俊宣の遺談によると、そのとき土方は江戸出立以来の洋服姿だった。土方は、ともに甲州に向かっている佐藤彦五郎の留守宅に立ち寄り、「江戸へ援兵を願いに行くのです。どうも兵が足りなくて、戦争になりません」と語り、将軍にも謁見するつもりとのことで、佐藤家で新調の羽織と袴に着替え、早駕籠を仕立てて江戸に向かったという。

日野の同時代史料『宇津木政兵衛日記』には、この日朝五ツ時に、「内藤隼人」ら二挺の「長持早駕籠」が下っていったと記されている。このあと土方が江戸で募兵活動をおこなった経緯を示す同時代史料は、何も見つかっていない。唯一、明治末年ごろ、勝沼戦争の目撃者だった野田市右衛門が書き綴った詳細な戦争レポート『柏尾坂戦争記』は、土方の東下の理由を次のように伝えている。

甲州出陣に先がけて、近藤と土方は、横浜と神奈川を守備する菜葉隊という諸隊に応援を約していたという。菜葉隊は青羽織を着用していたため、その名がつけられたといわれ、総数千六百名の二大隊からなる集団だったという。菜葉隊は近藤らと合流する予定で、三月三日に、二日遅れで江戸出立を予定していたが、急きょ変更したため、土方が単独で途中まで迎えに行ったものだったともいう。しかし、その応援要請については確証がなく、土方が菜葉隊の本拠地まで足を延ばした可能性も薄い。

また、佐藤俊宣が伝える、江戸での前将軍慶喜の面前での援軍要請についても、その名を改名してまでをあとにした江戸での土方の行動としては現実味に乏しく、不確実さが残る。あるいは勝海舟と接触した可能性もありえなくはないが、五日以降数日間の勝の日記に土方の名はない。また、このあと勝は八日に書いた手紙に、驚愕しながら勝沼の戦争の報を記していることからも、土方が、このとき勝に何らかの要請をしていたとは思えない。実際、土方が指令によって最深部で勝とのホットラインを築いたのは、これよりもう少しあとのこととなる。

結局、どのような募兵活動がおこなわれたのかもわからないが、土方は江戸に二日間滞留し、八日の早朝、『宇津木政兵衛日記』によると朝五ツ時、六日のときと同様に二挺の早駕籠で日野を通過していった。

しかし、すでにそのとき、勝沼での戦いは終わり、近藤ら一行は、ふたたび江戸に向けて敗退の途上にあった。土方歳三にとって、不在中にすべてが終わった勝沼戦争は、想像を絶する強烈な現実を、いやおうなしに認識させられた戦いとなったのである。

甲州勝沼戦争の始末

慶応四年三月六日。すでに勝沼近辺への甲陽鎮撫隊の布陣をキャッチしていた新政府軍は未明に甲府を出立し、進軍を開始していた。

新政府軍の迅速な動きに対し、近藤勇のほうはさらに悠長さを否めない。近藤は、この日朝、新政府軍との接触を試みるべく、「近田勇平」なる偽名を使い、甲府寄りの栗原駅まで西進している。しかし果たせず、訪問の趣旨だけを伝えて、勝沼へ戻った。さらに近藤は、前日五日に発した回状の趣旨に基づき、甲陽鎮撫隊では唯一の砲術に長けた結城無二三を、勝沼の北五キロほどにある下栗生野村千松寺に派遣した。そして正午ごろ、集まった近隣の村名主に対し、結城は甲陽鎮撫隊の趣旨を説明し、加勢するよう要請していた。

土佐と因幡を中心にした新政府軍は、栗原駅で「近田勇平」の到来を知り、西進を続けたが、結局、相まみえることなく、勝沼へ到着した。土方歳三を江戸に出立させた五日の夜、近藤は勝沼の街道上に関門を設営し、さらに周辺の山や街道筋に篝火を焚いていた。これがかえって新政府軍を勝沼に進軍させる挑発的行為となってしまった。また、あくまで平和裏な会談をもとうとしての行動だったらしい近藤の栗原来着も、結果的に新政府軍には挑発と映ったことと思われる。

ちょうど、結城無二三が下栗生野村で村名主らと接触していたころ、新政府軍は、その結城が中心になって、前夜つくったばかりの関門を越えた。そして、甲陽鎮撫隊と新政府軍との戦端が開かれることとなる。隊長の近藤には、想像もできなかったほどの早い段階で、到来した事態だった。

甲陽鎮撫隊は、新政府軍が進軍してくる街道上に本隊をおいた。さらに左右の防御を固めるため、街道北側の菱山と、南側の岩崎山に防御線を張った。このうち、岩崎山には日野で甲陽鎮撫隊に合盟した土方歳三の義兄の佐藤彦五郎が、率いてきた春日隊と布陣していた。

甲府より東進してきた新政府軍は、隊を三方に分けて、甲陽鎮撫隊に襲いかかった。本街道上の中心部隊は、所持する三門の砲台から、正面と岩崎山に迫る新政府軍に対して相ついで発砲し、その間隙を縫って抜刀隊を突入させた。しかし、運悪く早い展開で砲術に長けた結城無二三を欠いてしまっていたため、その成果ははかばかしくなかった。それでも戦闘当初は、砲煙を利用して、西から侵攻してくる街道上の新政府軍に斬り込むという戦略が奏功してはいたが、午後から風向きが東にかわり、鎮撫隊に不利に働くこととなった。

岩崎山の春日隊は奮戦を続けたが、土佐の片岡健吉らの侵攻を押さえ切れず、後退した。新選組主流の剣術流派でもあった天然理心流を多年習得してきた佐藤彦五郎はじめ、春日隊の日野農兵らにとって、この戦いは、郷里でその京都での武名を聞き続けてきた新選組とともに戦う、唯一の機会だった。佐藤はまた、近藤と義兄弟の契りを結んでいたともいう。彼らにとってこの戦いはなおさら、生死をかけた戦さでもあったのである。新政府軍は南の岩崎山を落とし、さらに北側の菱山も制圧した。次いで街道上の甲陽鎮撫隊本隊の背後をつき、銃撃を開始した。近藤勇は、またたく間に周囲を新政府軍に囲まれるかたちに陥ってしまったのだった。

戦闘は、午後二時ごろには大勢が決した。死者数は両軍いずれも数名単位だったが、結果は甲陽鎮撫隊側の大敗だった。鎮撫隊の死者のなかには、会津藩士の柴田八郎や、京都以来の新選組隊士でもあった加賀爪勝之進、上原栄作らもいた。鳥羽・伏見戦争でも奮戦した加賀爪は、このとき土佐坂本村の郷士、小橋清太郎の長男で十五歳で従軍した千代松に斬られ、首級を挙げられている。隊士たちはその後、それぞれ諸方へ退路をとった。

戦争前日の五日、甲陽鎮撫隊は本陣を勝沼の名刹・大善寺におこうとしたが、徳川家由来の寺宝が多数所蔵されていたため、要請を拒絶されたという。昭和四年に『山梨日日新聞』に連載された「甲州昔噺」によれば、近藤や土方は村内小沢清蔵家の書院を本陣にしたとある。

甲陽鎮撫隊士たちの宿陣地について、『藤岡屋日記』は勝沼龍王寺村の龍王寺という寺をあげ、ここを「百五十人程」の「江戸方泊り居候所」としている。六日の夜遅く、この龍王寺を二百人ほどの新政府軍が訪れたという。これは逃走した鎮撫隊の追討に向かった一大隊だったとも思われる。しかし、すでに寺には鎮撫隊の姿はなく、新政府軍は成果なく引き揚げた。土佐軍の千屋佐弥太の記録では、このとき、同軍には「煙峰銃一丁、玉廿四五、小銃二十二三丁、合羽、雑物、籠一荷、尤も大小二腰」というおびただしい分捕り品があった。さらに「因、土、両藩、互ニ分取る処の物、長持十荷カ、雑物の分取り、外ニ数々之れ有り」と記録され、甲陽鎮撫隊が、雪崩れ落ちるように退却していった様子がうかがえる。また、この戦闘の余波で勝沼村の農民卯兵衛が死亡、同五郎左衛門ら三名が焼け出され、新政府軍は後日、救米を配布した（『真田公民家記』）。

三月八日、逃走中の近藤の姿は八王子で確認され、さらに九日の未明には、日野を通過したことが同時代史料に残されている。戦闘前日に東帰した土方が日野を通過したのは八日早朝だったため、退路上で近藤が土方と遭遇することはなかった。

土方は、あまりに早くすべてが終わった勝沼へ戻り、目の前に残された結果に、何を思ったことだろうか。『藤岡屋日記』は前出の龍王寺の一件とともに、三月十日の「一時注進」として、甲陽鎮撫隊の逃走者たちが九日に「新宿」にて「休泊」したと記録している。日程から見ても、この「新宿」は内藤新宿と見て間違いない。彼らは往路の行軍初日に宿泊した内藤新宿を、あるいはばらばらになった復路での集結地として定めていた可能性もある。そして一同は、十日に新宿を引き払って去っていった。

わずか十日前に近藤らを送り出した勝海舟にとって、勝沼の戦闘の報は寝耳に水だった。勝のもとにその経緯が届いたのは、戦争がおこなわれた二日後の八日のことだった。

よもやの事態だった。三月十五日に予定される新政府軍の江戸総攻撃を回避しようと腐心する勝にとって、もっともあってはならない事態が起こってしまったのだった。驚愕した勝は早速その日のうちに、西郷隆盛と折衝するため、駿府に派遣していた山岡鉄舟に手紙を送り、戦闘は近藤らの暴発だった旨と、今後、何があってもこのような事態を防止する旨を明記し、その先にいる西郷に伝えた。まさに勝は、甲陽鎮撫隊結成以降、起こりうる事態をまったく予想してはいなかったのだった。

もちろん戦闘は、近藤や土方にとっても思いもしない結果だった可能性は強い。しかし勝は、それ以後、戦端を開いた近藤に対し、ことさらその行動を批判した。『解難録』で勝は、戦争後に江戸城で、理非を弁じない暴戻な新政府軍を討った、と意気軒昂として語る近藤に対し、相手に意見を容れられなければそのまま帰ってくるべきだったのに、それでは私闘だと批判したと記している。しかし、近藤は勝の言を聞き入れようとはしなかったという。勝は、『解難録』で近藤と土方を称し、「一奇士なり」と語った。煮え湯を飲まされた「一奇士」たちと、勝はこのあとさらに微妙に関わることになる。

新選組分裂

勝沼での敗戦後、甲陽鎮撫隊の中心となった新選組隊士たちは、三々五々、江戸へ戻ってきた。彼らはあらかじめ江戸での集結先を決めていたらしく、多くが三月九日に内藤新宿へ宿泊したのも、予定の行動だったと考えられる。新選組隊士のそれぞれの記録によると、江戸での集結地は二カ所登場する。永倉新八は本所の大久保主膳正邸を集合先と記録している。大久保は京都町奉行を務め、新選組とは懇意だった。一方、島田魁・立川主税・中島登らの日記によると、新選組の隊士たちは浅草の今戸に集まったと記されている。

さきの永倉の記録によると、隊士たちはひとまず大久保邸に入ったが、隊長だった近藤が現れなかったため、多くがここから離散していったという。それでも十名ほどの隊士が残り、今後は会津藩に身を投じることを決議したと記している。その後、永倉らは大久保邸をあとにし、今戸の松本良順のもとを訪れ、三百両の軍資金を借り受けたという。松本は幕府医学所の責任者でもあったが、近づく新政府軍の江戸総攻撃による後難を避け、病人らを医学所から旧幕府臨時病院が置かれた今戸の称福寺に移送し、自身は今戸八幡へ移っていた。

永倉たちは金策後、いったん大久保邸で別れた同志らが吉原で酒宴中であると聞き、これに合流したという。さらに彼らと議論のうえ、会津に向かうことを決め、この場にいない近藤勇と土方歳三にその旨を要請しようと試みた。近藤は勝沼での敗走直前、永倉に対し、いずれはともに戦って会津を枕に討ち死にすることを約していたという。

ここまでが、三月十日までの出来事と思われる。

永倉らは吉原で一泊後、近藤を説得するため、このとき近藤がいたという和泉橋の医学所へ向かったと記録する。

新選組は当初、負傷していない隊士は本所の大久保邸、また、負傷隊士は和泉橋医学所という、二カ所の集結地を設定していたのではないだろうか。しかしこの頃すでに、和泉橋医学所の傷兵らは称福寺に移されており、さらに新選組生き残り隊士の記録は、隊士たちがいずれも今戸に合流していることを示唆している。勝沼戦争での負傷者は医学所への集結後、さらに称福寺へ移動した可能性もある。永倉は自記とは異なり、今戸称福寺で前年末に受けた銃創のさらなる治療を受けていた近藤と面談したとも考えられる。

ともあれ永倉は三月十一日、隊士たちとともに近藤のもとを訪れて面談した。勝沼での約束どおりに、ともに会津で戦うことを近藤が同意するものとばかり思っていた永倉は、近藤の口から意外な言葉を聞いた。「拙者はさようなわたくしの決議には加盟いたさぬ。ただし拙者の家臣となって働くというならば同意もいたそう」（『新撰組顛末記』）。

永倉には、京都新選組時代に、何度か、近藤の専制に対して、切腹を覚悟で抗議をしたり、脱走まがいの行動をとるという前科があった。近藤のこのときの言葉は、永倉には、京都時代にもあった苦々しい出来事の再燃でもあり、また、近藤にとっても、局長である自身の不在中に会津行きを決定した越権のような永倉の行為は、大いに不満のあるものともいえた。たとえ勝沼で一度は約束したこととはいえ、下士官の永倉が性急に隊士たちと議決してしまったことに近藤は怒って、この言葉を発したのだった。

永倉は近藤の言葉に逆上した。そして、「二君につかえざるが武士の本懐でござる。これまで同盟こそすれ、いまだおてまえの家来にはあいなりもうさぬ」（『新撰組顛末記』）と語り、その場で近藤と袂を分かったのだった。

永倉は、同志の原田左之助、矢田賢之介とともに深川冬木町の旧知の幕臣・芳賀宜道《はがぎどう》のもとを訪ね、今後ともに戦うことを約し、新たな組織結成に向けて動き始めることになった。さらに、松本喜次郎・前野五郎・中条常八郎・林信太郎ら、いずれも新選組中堅だった同志と合流し、その組織を靖共隊と命名した。靖共隊は芳賀の尽力などもあり、幕府旗本ら約五十名の加盟者を得た。さらに幕府から五十名の歩兵を下された。そして、江戸城和田倉門内の会津藩邸内に屯所をおき、フランス式調練をおこなったという。その後、靖共隊は、土方歳三らが身を投じることとなる幕府脱走軍に前後して合流し、当初の予定でもあった会津をめざすこととなる。

永倉の離反にはわずかの同意者しかなかったが、新選組結成以来の同志でもあった永倉と原田の分離は、本隊にとって致命的な損失だった。それは事実上の新選組の分裂だった。以後、近藤は、早急に新しい隊編成に迫られ、勝沼での傷を癒す間もなく、行動を開始した。土方との合流はまもなくのことと思われる。

新選組――その再起から近藤勇の投降まで

慶応四年（一八六八）三月十三日、新選組隊士四十八人が、突如、五兵衛新田（現・東京都足立区綾瀬）に到来した。一行は同地の名主見習・金子健十郎宅に逗留し、この日から約半月間、金子家は新選組の本陣のような存在となった。

金子家は日録状の覚え書きをはじめ、新選組逗留時の記録を残し、約半月間の彼らの動向を詳細に伝えている。先発隊が五兵衛新田を訪れた翌十四日の夕方、近藤勇が十名の隊士とともに金子家へ到着した。このとき近藤は、大久保大和を名乗っている。勝沼出戦に際して名乗った大久保剛からの変名で、以後、近藤は、その死まで大久保大和を名乗ることとなる。

近藤勇　国立国会図書館「近代日本の肖像」より

さらに続けて十五日には、隊士四名とともに内藤隼人こと土方歳三が金子家に入った。新選組の組織自体は、永倉新八らの離反によって分裂状態に陥ったものの、新選組局長と副長はふたたび、ともに立った。その後も五兵衛新田に、新選組加盟希望者は連日のように集結し、三月二十五日の時点では、総数百六十九名を数えた。彼らは、この地で軍事調練などをおこない、まさしく再起を期す日々を送っていた。

この間、勝海舟と西郷隆盛との会談がおこなわれ、三月十五日に予定されていた新政府軍の江戸総攻撃は回避されることとなった。甲陽鎮撫隊の敗戦で近藤に煮え湯を飲まされた勝は、江戸近辺での、彼らの不穏な動きをいっさい排除しようと考えていた。そのため勝はこれと前後して、五兵衛新田に配下の松波権之丞らを派遣し、解兵のための近藤への説得工作を連日のようにおこなわせている。

近藤は、これを受けて松本良順のいる今戸へ赴き、善後策を練った。また、良順も二十四日に金子家を訪れ、近藤と最善の策を検討した。こうした過程から近藤は月末、その手紙によると、「利根川向」への移転を決定する。また、十五日に勝が松波に宛てた手紙には、「船橋、松戸、流山」に「脱走之者」

がそれぞれ多数集結中と記されている。この手紙は、勝が松波にこうした脱走兵らの取り締まりを依頼したもので、このあと新撰組にとって重要な文書となっていく。

いずれにしても利根川（江戸川）筋の流山は、幕府脱走軍の大きな拠点の一つでもあり、こうしたことから近藤は、五兵衛新田からの移転を考えたものらしい。

当時十四歳だった少年隊士の田村銀之助は、大正九年（一九二〇）に史談会で、このとき新選組は、駿府の田中藩が流山に設置していた陣屋を接収する計画を持っていたと語り、それが転陣の理由の一つだったようにも述べている。しかし、勝沼での敗戦の教訓からも、新選組がふたたびこうした無謀な動きを志向した可能性は薄い。

四月一日、新選組は五兵衛新田に集まった二百二十七人の編成で、陸路流山に移動した。近藤は、その際、金子家へ、自分の写真と二千疋の金子を、ささやかな謝礼を意図して残していった。現存するその写真の裏には金子健十郎の筆で、「三月十四日到着、四月一日出立、大久保大和事、近藤勇」と記してある。二日に新選組は流山に到着した。そして味噌屋の長岡屋に入り、ここを本陣と定め、四十七名の隊士が入っている。さらに百八十名の隊士は、長岡屋からほど近い光明院に分宿した。

その後、新選組は、早速、流山でふたたび軍事調練を開始する。ここで近藤勇が、田村銀之助の語った田中陣屋接収を計画するような動きはなかった。このとき、多発する農民一揆や、会津藩兵の接近などで苦慮する宇都宮に向けて、新政府軍東山道軍の救援隊が一日に江戸を出立していた。その一行は二日の朝、宿陣地の春日部で、多数の脱走兵が流山に集結中との報を得ていた。

新政府軍は早速、流山をめざし、三日早朝、羽口の渡しで利根川を越え、流山に向けて進軍を開始した。兵を指揮する大軍監香川敬三・軍監有馬藤太・同上田楠次は長岡屋近くまで接近し、午前七時ごろにその周囲を包囲した。

もと新選組隊士の近藤芳助は、後年の手紙で、このとき新選組では、ほとんどの兵士が一、二里を隔てた山野で調練をおこなっていたため、長岡屋は無抵抗のまま新政府軍に包囲されたと記している。このとき長岡屋にいたのは、近藤や土方ら、組中枢の数名にすぎなかった。包囲を終えたのち、新政府軍の有馬と香川が長岡屋に入った。新政府軍側の記録によると、有馬らの前に大久保大和を名乗り現れた近藤は、自分は新政府軍の分隊であり、おりを見て加勢する予定と語ったという。そして有馬らは、近藤の案内で光明院に分宿中の隊士らを吟味したという。

また、このとき流山に出陣した彦根藩の記録では、進入した有馬らに土方が応対、脱走兵と農民一揆の取り締まりのために屯集したので、新政府軍に抵抗の意志はないと告げたという。そして、新政府軍の要請に応え、武器の提出を了解した。その後、大久保大和を名乗る近藤勇が大砲三門と小銃百十八挺とともに姿を見せたと伝えている。

一方、新選組側の記録として、もっとも詳細にこのときの長岡屋内での近藤らの行動の経緯を綴っているのが、前出の近藤芳助の手紙である。それによると近藤は、新政府軍に暫時猶予を願い、長岡屋二階で、早速、土方らと善後策について話し合ったという。すでに近藤は切腹の覚悟を決めていたともいう。一方、これに対して土方は、ここで切腹するのは犬死にだと近藤を批判し、運を天に任せて、新政府軍東山道軍の板橋総督府への出頭を願った。そして、新政府軍に対して、あくまで鎮撫のため流山に来たにすぎないことを主張するよう、近藤を説得したという。

自身のこのあとの行動からも、このときの土方には、のちに近藤を救出できる成算はたしかにあった。また、同時に土方は近藤の出頭で表向き恭順を装い、新選組の勢力を温存したまま流山から退去させることも意図していたに違いない。近藤は土方の要請を聞き入れた。

前出の彦根藩の記録にあるように、このあと近藤は、長岡屋と光明院の武器とともに、姿を見せた。このとき、出動していた彦根藩予備隊長の渡辺九郎左衛門が近藤の顔を見知っていた。渡辺は、大久保大和を名乗って投降した屯集メンバーの隊長が近藤勇であると、即座に上層部に注進している。新政府軍では、この発言に留意したが、まだそれは決定的な証拠には至らなかった。

近藤には、隊士の野村利三郎と村上三郎が同道し、その後ほどなくして、越谷へ連行された。夜間の出立だったとする記録もある。さらに翌四日、渡辺九郎左衛門の一隊により、近藤の身柄は板橋に護送される。同道した村上は途中で流山に引き返したが、野村はなおも近藤に従い、板橋で近藤とともに拘留された。流山に残った新選組は、近藤が去ったあと、ひとまずその大勢力を解体した。そして、中核であった京都以来の隊士たちは、布佐から小舟に分乗して銚子を経、さらに霞ケ浦まで海路をとり、その後、陸路で会津へ入った。

四月三日。この日が土方歳三と近藤勇の永訣となった。さらにこの日、土方は京都以来の隊士たちとも別れ、ごく小人数で、以後、暫時を戦うこととなる。

勝海舟の極秘指令

近藤勇が新政府軍に投降したあと、土方歳三の動きは素早かった。土方は近藤が投降した四月三日、二名の側近をともなってその日のうちに流山を発ち、密かに江戸に入っている。もちろん目的は、近藤の身柄解放の要請のためだった。

新選組隊士の残した記録には、いずれも、このあと土方が江戸で、勝海舟と大久保一翁と対談したという記述が現れる。それと相応するように、勝も日記に土方の訪問を記録していた。その日記の四月四日の項に、「土方歳三来る。流山顛末を云う」とある。この四日の、勝の日記の別写本には「村上俊五郎来る」ともある。村上はかつて清河八郎と合盟し、江戸から浪士隊を京都へ派遣する計画に奔走した人物だった。土方はこれに応じて上洛し、新選組結成にいたったのである。

そのとき、土方は主義の違いから、近藤勇らと、京都で清河や村上の暗殺を企てたことがあった。しかし、未遂のまま終わっている。訪問した際に勝邸で遭遇したかもしれない村上の顔を、憔悴した土方はどのような思いで見たことだろう。

土方は勝に、流山での顚末を語り、さらに近藤の身柄解放に向けての勝の助力を要請した。土方は、近藤が大久保大和のまま逃げ通せるとはとうてい思ってはいなかったことだろう。土方は旧知の関係を頼りに、敵・味方すべてを超越した勝の人脈や威光にすがったのだった。しかし、勝にとってそれは、実に迷惑きわまりない依頼だったに違いない。勝沼でのよもやの暴発と、その後の江戸城内での応対などで、新選組、そしてとりわけ近藤勇への勝の感情は、きわめて険悪なものになっていたはずだからである。

だが、勝は土方の依頼に応じた。松波権之丞に早速、三月十五日付で勝から松波に送った先述の手紙を整えさせ、これを大久保大和が流山へ脱走兵探索に出張したとする身分証明に用いるよう、取り計らったのである。この勝の手紙は松波が大久保大和に宛てた新規の手紙を添え、隊士の相馬主計によって、板橋の新政府東山道軍総督府に届けられた。

使者として派遣されるにあたって、相馬の新選組隊士としての身分は隠された。四月五日付で新政府軍が諸藩に回した回状には、「賊兵之長大久保大和、実ハ近藤勇ト申者ヲ召捕候（中略）賊党松波権之丞ヨリ、相馬肇（主計）ト申者ヲ使トシテ、右勇へ書状持参致シ候ニ付、是亦御召捕ニ相成候」（『総督府諸達留』）とある。相馬は、松波権之丞の配下として派遣されている。

新政府軍は、即座に相馬の身柄を拘束している。そして、流山へも出張した土佐の上田楠次が、勝の手紙に基づき、板橋詰めの幕臣平岩金左衛門に接触している。その接触の詳細は、四月六日に幕府開成所教授方の津田真一郎が勝に宛てた手紙に綴られている。上田は平岩に対し、大久保大和らの流山屯集の始末を説明するよう要請した。

早速、平岩は陸軍副総裁の藤沢次謙に上田の要請を説明した。しかし平岩から詳細な説明を受けるうち、藤沢はある疑問を持った。実は、勝が土方に何かを依頼しているらしいというのである。この点に藤沢は、興味を示した。勝に宛てた津田の手紙はそれを「尊君（勝）歳三へ御申し含めの旨如何御座候や。承知仕り度き」と表記している。藤沢は、勝と懇意だった津田にぜひそれを聞くように依頼し、この手紙の執筆へとつながったのである。

前記の四月五日付の新政府軍の回状には、彦根藩の渡辺九左衛門の証言によって、新政府軍側に、大久保大和が近藤勇とほぼ確認されていたことがうかがわれる。

しかし、渡辺の証言だけでは不十分だった大久保大和への不信感は、その後、決定的な事態を迎える。このとき板橋に、もと新選組隊士で、かつて近藤と袂を分かって脱隊し、新政府軍に身を投じた加納鷲雄と佐原太郎が在陣していたのだった。彼らは新選組を脱隊後、孝明天皇御陵衛士を任じ、隊長の伊東甲子太郎とともに独自の勤王活動を展開していた。しかし、京都七条油小路で新選組の襲撃を受け、伊東は暗殺され、さらにその夜のうちに伊東の遺体回収に出向いた加納らも、新選組に襲撃され、からくも逃走したという経歴を持っていた。加納は新選組や近藤に対し、絶大な遺恨を持っていたのである。

加納は後年、史談会で、板橋で近藤と面談した様子を語っている。座敷で対面した加納は、「大久保大和、改て近藤勇」と声をかけた。すると近藤は、「甚だ恐怖の姿」だったという。この偶然によって、近藤の身柄解放への流れは潰えた。何よりも池田屋事件をはじめ、新選組に諸藩のなかでもっとも多くの人材を殺傷された、土佐軍の姿勢は強硬だった。あわせて、甲陽鎮撫隊を率いた近藤の戦犯としての責任も加味された。そして、土佐の意見に押されるように事態は推移して、その月二十五日、近藤は板橋で処刑されることとなる。事態の激変に気づかない土方は、その後、会津へ向かった新選組本隊と合流することもなく、江戸の闇のなかに沈んだ。そしてそれこそが、勝が土方に「申し含め」た要請への回答だったとも思われる。

新選組隊士の島田魁の日記によると、近藤の投降後、島田は、流山から土方に後発して小人数で江戸に向かっている。そしてその後、今戸で土方と落ち合ったと記している以後、日ならずして丸の内大名小路の秋月種樹邸に移り、十日近くをここで過ごしたという。さらに島田は、土方が榎本武揚と面談し、四月十一日の江戸城明け渡しにともない、海軍と陸軍それぞれが江戸を脱走することとし、「恢復之謀」をともに約したと記録する。島田の記録から浮上する、江戸での土方の動静は、幕府軍の暴発阻止のための奔走だったように思われる。

勝は土方に対し、新政府軍に近藤の身柄解放に尽力することと交換に、江戸城明け渡しの日までのあいだに、できる限りの、旧幕府軍強硬勢力の暴発抑止への助力を依頼したらしい。そして土方もこれに応じ、新選組本隊と別れ、単独でその説得工作に奔走していたのである。それは、甲陽鎮撫隊として煮え湯を飲まされた新選組を使っての、毒をもって毒を制するような勝の巧妙な策略だった。

だが結局、近藤は、二度とふたたび土方の前に戻ってこなかった。手紙を執筆したあと、勝が近藤のために動いた形跡はなにもない。

旧幕陸軍の国府台集結——大鳥圭介立つ

四月十一日。江戸城は新政府軍に明け渡された。その日、勝海舟は、未明から馬で城外を乗り回していたと後年、史談会の取材に答えている。万一に備え、自主的に周辺の警戒に動いたものだったが、明け方、勝は神田橋近辺で薩摩兵に遭遇した。兵士は勝を不審に思い、馬の轡《くつわ》を取り、拘束しようとした。勝は、自分の名前と、鎮撫のために回っていることを説明し、無事通行したという。薩摩兵は異様に殺気立っており、勝は、この事件を評して「其時などは余程危かりしと思へり」と述懐している。

そのころ、幕府歩兵奉行の大鳥圭介は行李《こうり》一個を持ち、駿河台の自邸を出立していた。江戸開城に納得せず、徹底抗戦を志向する幕臣や親幕府勢力の戦士たちは、以後、それぞれの戦いに向けて、各自思い思いの針路を取ることとなった。こうしたなかの一大勢力が、市川の国府台を拠点として集結することとなり、大鳥は、これと合流するために出立したのだった。大鳥はその才能を抜擢され、歩兵指図役頭取から開成所教授を経て、歩兵奉行にまで栄進した。この恩義に報いるため、たとえ一人でも幕府に忠を尽くすという考えを持った大鳥は、鳥羽・伏見戦争後、東帰した前将軍慶喜に拝謁、兵を率いて幕府の威光恢復のため働きたいと進言したが、敗戦に懲りた慶喜はこれを却下する。しかし、自分は十分に訓練を積んでおり、失敗は繰り返さないとさらに慶喜に迫った。だが、結局、慶喜の同意を得られず、大鳥は自邸に戻っていったという。そして、妻子を旧知の佐倉藩士荒井宗道のもとへ落とし、江戸脱出の機会を待っていた（『史談会速記録』一六五輯、旧小倉藩士・山崎有信談話）。

夜明け前、大鳥は現・墨田区太平《たいへい》の報恩寺に入った。報恩寺には旧幕兵のうち、伝習第二大隊の約五百人が集結していた。さらに近隣の寺にも旧幕兵らが集まっており、大鳥は彼らを率い、早朝、市川をめざした。小岩から渡船で江戸川を越えた大鳥は、早速、市川駅畔の大林院へ入った。二千数百人におよぶ旧幕兵たちは、続々と国府台の総寧寺へ集結しており、このとき大林院にはおもだったメンバーにより、今後の方針についての軍議が開かれていたのである。軍議のメンバーについて、大鳥は『幕末実戦史』に、次のように記している。

幕人　土方歳三、吉沢勇四郎、小菅辰之助、山瀬

大鳥圭介　国立国会図書館「近代日本の肖像」より

司馬、天野電四郎、鈴木蕃之助

会人　垣沢勇記、天沢精之進、秋月登之助、松井某（九郎）、工藤某（衛守）

桑人　辰巳勘三郎（立見鑑三郎）、杉浦秀人（松浦秀八）、馬場三九郎

さらに、軍議の内容について『幕末実戦史』は、以下のように記している。一同は、このあと行軍の順序を定め、宇都宮をめざすために軍議を進めていた。宇都宮藩は、藩論を新政府軍への恭順と定め、七日に新政府軍の応援部隊を入城させている。そして、南下して同調を要請する会津兵と対峙していた。

意見を請われた大鳥は、自分が兵士たちを率いてここまで来たのは、戦争をするためではないとし、いったん旧幕軍集結地の国府台へ入り、江戸の形勢を見てから対処したいと語った。しかし大鳥は、一同が宇都宮をめざすのであれば、自分もそれに同調し、さらに日光へ向かって、世情の動静を見るのもよいとも告げた。

もちろん、彼らの行軍の先にはシンボル的存在の会津があった。現にこのとき、少数の隊士と市川にやってきた土方歳三は、新選組本隊をすでに会津へ向かわせている。さらに一同は大鳥に対し、現地に集結した旧幕府兵は約二千人であるとして、諸隊混成軍が戦闘時に伝達の不手際などから混乱し、勝機を失う恐れもあるため、統轄を旧幕閣の大鳥に依頼したいと要請した。

これに対して大鳥は、指揮系統を徹底させられる自信がなく、また、自身もこれまで戦闘経験がな

いため、辞退したいと答えている。しかし一同は、何としても引き受けてほしいと大鳥に懇願した。大鳥は結局この総意に押され、日光へ向けての総督役を受諾した。そして、全体を三手に分けて、進軍コースを決め、軍議を終えた。大鳥が一同に推されて総督役となったことは、「此時大鳥圭介を惟た、して惣軍之長とす」(『慶応兵謀秘録』)などの記述に残されている。

またこのとき、土方歳三が全軍の参謀に任じられた。「土方歳三ハ従来新撰組ノ副長ニテ、機智勇略兼ネ備リタル故参謀ト定メ」(『中村武雄手記』)とある。土方の輝かしい履歴は、集結した旧幕軍兵士たちにとって、まさに憧憬だった。「死ヲ盟《ちか》ヒテ悉ク大鳥圭介ニ属」(『浅田惟季北戦日誌節略』)した旧幕兵たちは、北へ向けての戦いの前線に立った。

旧幕陸軍、北へ

四月十二日に市川大林院で開かれた軍議により、幕府脱走軍を総轄することとなった大鳥圭介は、総勢二千数百人を三隊に分け、早速その日のうちに進軍を開始した。

三隊は、脱走軍のなかで、それぞれ多数勢力で集まった伝習第一大隊・同第二大隊と、歩兵第七連隊を中核に据えて編成された。先鋒は伝習第一大隊を中心に、桑名藩兵八十人、新選組数人などの混成で、伝習第一大隊長の会津藩士秋月登之助《あきづきのぼりのすけ》が隊長となった。また、全軍参謀でもあった土方歳三は、この行軍で先鋒軍参謀を兼務し、ここに在籍した。中軍は伝習第二大隊を中心に、誠忠隊・純義隊などをまじえて編成され、全軍統督の大鳥圭介が直接率いた。さらに、後軍は歩兵第二連隊が中心となり、その隊長である幕臣の米田桂次郎が引率したものと思われる。

大鳥は、行軍の目的地を日光に定めていた。先鋒軍の桑名藩士石井勇次郎は、一同が日光山に籠もり、会津藩と力を合わせて新政府軍と戦うことが、この出軍の目的だったと書いている。そして、日光の「神助」を得れば、幕府は「恢復」すると確信していた（『戊辰戦争見聞略記』）。しかし、とりあえずはこのとき、彼らのなかでも先鋒軍が当面の目標としていたのは宇都宮だった。大林院の軍議でも、抗戦派は大鳥が到着する前から、新政府軍の管轄下に入っていた宇都宮への進軍を論じていた。

大鳥は、三軍の進路を二分した。『幕末実戦史』によれば、人馬や宿陣の便宜を考えてのものだったという。このとき、先鋒軍は水海道《みつかいどう》、中軍と後軍は日光街道というルートをとる。中軍と後軍は時間差をおき、同ルートで北上した。そして、先鋒軍の行く手には、宇都宮があった。

大林院で軍議が開かれている最中、脱走軍全軍がすでに国府台の集合予定地の総寧寺に集結していたのか、あるいは一部が大林院にいたものか、その詳細はわからない。とりあえず軍議で、この日の進軍と宿陣地が決定された。先鋒軍は小金、中軍は松戸、後軍は国府台に布陣する。秋月に率いられた先鋒軍は早々と出立、総寧寺から八キロほど北上した小金をめざした。一方、大鳥は会津藩士の垣沢勇記らと食事後、市川を出立している。

下妻藩への要請――援兵始末

四月十二日、陽の高いうちに市川を発った旧幕陸軍の先鋒軍は、その日、小金に宿陣した。

途中の松戸宿で、桑名藩士らが、流山に在駐していた藩の会計方を金策のために訪ねている。この姿を見た村民らが驚いて、すでに小金に着陣していた先鋒軍に通報したため、一同は軍を散開させて臨戦態勢をとった。しかし誤報だとわかったため、安堵して帰陣したという（『戊辰戦争見聞略記』）。先鋒軍参謀である内藤隼人こと土方歳三にとって、この事件は、わずか十日前に同地で体験した出来事を、否応なしに想起させたことだろう。

翌十三日はさらに北東に十数キロ上り、布施に着陣した。一行は午後十時ごろに到着、翌十四日も丸一日、布施に滞留している（『千葉県東葛飾郡誌』）。布施からは船で利根川を越えて北進しなければならなかった。先鋒軍の総勢は千名に近い。多人数が急な進軍を意図したため、渡船の用意に手間取ったものだろうか。あるいはまた、この滞留は利根川増水による可能性もある。

四月十五日、午前八時に先鋒軍は布施を出立し、利根川を渡った。その日は水海道に宿陣し、さらに翌十六日は宗道《そうどう》村へ着陣した。先鋒軍は、ほど近い譜代藩の下妻藩に、なんらかの協力を要請しようとした。石高一万石で、城のかわりに陣屋をおいた小藩の下妻は、突然の旧幕陸軍の到来に混乱した。

この日の夜、秋月登之助らは西町にある天満屋に宿泊した。そして約三百の兵を出して、三門の大砲を備えて陣屋を囲み、新選組隊士島田魁ら四名を使節として送った。このとき下妻藩主だった幼年の井上辰若丸（正己《まさおと》）は、戦乱の難を逃れてすでに水戸へ移動していた。要請に対し、老臣らが会議をおこなったが、結論が出ないため、藩士の金子収が使者として秋月のもとを訪れ、旧幕陸軍への協力として、物品の代わりに藩兵を派遣することで決着した。

派遣する藩兵については、戦死しても後顧の憂いのない者が優先され、その結果、藩士の次男と三男が選ばれることとなった。こうした基準より中島半之丞や福田三郎ら十数名の若者が選ばれたが、若者ばかりでは収拾がつかなくなることが懸念され、三十二歳の今村昇と、使者に立った二十五歳の金子収がそれぞれ隊長と副長として、同行することとなった。今村には妻があり、また、非常な近眼だったという。さらに藩士のほか、猪瀬宇一郎ら十数名の歩卒がこれに加わった（『通俗下妻史略』）。こうした約三十名の人員供出により、先鋒軍は下妻藩の姿勢に理解を示し、陣屋を取り囲んだ兵士らを解いた。

これに前後して参謀の土方歳三は秋月に先行、二百五十名ほどの兵を率いて、下館に向けて北進を開始していた。秋月は下妻でひとまず解兵したあと、現・筑西市の上野村に新政府軍がいるという報を受け、早速この翌日の十七日に上野村に向かっている。このとき集結していた新政府軍は、先発した土方の率いる大隊のみに注目していたため、突然攻撃をしかけてきた秋月の大隊に圧倒され、ほとんど抵抗することもなく、逃走した。あとには大砲や鉄砲と弾薬、さらに金穀類が残されていた。秋月は多くの戦利品を得て、土方隊と合流したという（『下妻市史』）。

先鋒軍に加わった下妻の藩兵らは、宇都宮戦争に参戦後、旧幕陸軍とは別ルートをとったらしく、単独で塩原裏街道を北進し、会津をめざしていた。四月二十四日の夕刻、下妻兵を率いる今村は、疲弊したため、副長の金子が夜行を勧めたが、それを拒否し、ある百姓家に泊まった。だがその夜、集落の猟師が一行の宿泊を薩摩軍に密告したため、今村は捕縛され、斬殺された。

この事態に、残った下妻兵らは混乱し、それぞれ自藩へ逃げ帰ったという。しかし、副長の金子だけはただ一人、北をめざし、会津に入城した。藩士山川大蔵《おおくら》の知遇を得て、他藩人ながら会津藩の軍目付に遇されたという。その後、金子はふたたび旧幕陸軍と合流し、仙台で箱館渡航をおこなおうとしていたおり、下妻藩に呼び返され、謹慎ののち赦免された。維新後は重職に就いたという。

秋月らの来藩後まもない四月二十四日、藩重役山崎百介は新政府軍東海道総督府に宛てて、事件を報じた嘆願書のような書状を送っている。そしてそこに、下妻藩が彼らに体よく挨拶をしたため、それが奏功し、戦火をおよぼすことなく去っていったのだろうと、驚くようなその顛末を綴っている。もちろんそこには、悲劇的な強制出兵については一言も触れられていない。

『通俗下妻史略』によると、下妻藩は、のちに援兵派遣の件で新政府に取り潰されそうになったという。そこで藩では諸方に助力を嘆願し、百方弁解の末、難を避けることができたという。旧幕陸軍先鋒軍の恫喝は、小藩にとってはかりしれぬほど大きな爪痕を残したのだった。

下館藩への要請——兵糧始末

下妻から先発した土方歳三の率いる旧幕陸軍は、四月十七日の早朝、下館まで北上した。そして、前日の下妻藩同様、下館藩にも協力要請をおこなったのだった。下館藩主石川若狭守（総管《ふさかね》）は幕閣の一員であり、若年寄職や陸軍奉行を歴任していた。その石川は当時二十七歳。三月八日に江戸から下館に帰還している。

その後、一時、佐幕派によって制圧されていた近藩の結城藩に新政府軍が侵攻、四月五日に結城は新政府軍の支配下におかれた。侵攻した新政府軍は、その直後、下館藩に軍資金として千両を供出するように要請している。石川や藩重役らが苦慮するなか、新政府軍東山道軍参謀祖式金八郎は、七日に再度書状を下館に送り、供出を迫った。

切迫した状況のなかで、藩は同日、千両を献納、ひとまずの安泰が保たれることとなった。下館に入った土方は、こうした藩の不鮮明な態度を衝くのである。

午前七時、旧幕陸軍二百五十名は石川の居城である館城を包囲した。『島田魁日記』などの新選組隊士の記録を総合すると、旧幕軍は、城の大手前に大砲を据えたあと、裏門にも備えをおいた。土方は大手通りに本営を設営していたという。そして島田ら三、四名の軍監が城内に入り、家老らに面談し、本営に同道して土方との交渉になったという。土方が直接側近二、三名を率いて入城して交渉した、との記録もある（『戊辰戦争見聞略記』）。

すでに、十六日の旧幕陸軍先鋒軍の下妻到来を把握し、さらに一隊が下館に北上しているとの報を早くも得た新政府軍は、同日付で藩主の石川に書状を送り、彼らが到着し次第、即座に藩兵を出して討ち取るように命じていた。

この日、新政府軍は、大鳥圭介率いる中軍と後軍、さらに別ルートで北上していた草風隊らと小山方面で衝突して敗走していた。石川への討ち取り要請は、こうした情報を受けてのものだったことは間違いない。しかし、旧幕陸軍の動きはあまりに速く、その兵力は下館藩には脅威だった。そして、新政府軍の要請どおりに彼らを討つこともなく、侵入を許すことになったのである。

事件後まもない閏四月二日に藩主みずからが新政府軍に提出した書状によれば、彼らの下館藩への要請は、藩主石川の旧幕陸軍への加盟だった。日光をめざす自軍に参加するよう、土方は家老を通じて石川に迫ったのである。

土方は旧幕閣だった石川が、新政府軍に金銭を供出したという曖昧な態度を衝いた。そしてさらに、総督の大鳥と並ぶ隊の象徴にするべく、その参加を期待していたらしく、石川に自軍の「大将」となって参加してもらい、新政府軍に従った大名らを、ともに次々に討ち果たすよう要請したともいう（『下館町郷土史』）。

土方との会談を終えた家老から、要請を聞いた石川は苦悩した。閏四月二日の書状には、もとより勤王の儀に二心なく、このような要求をした彼らを打ち払うべきだったが、先方は「千余之人数」で

図４　市川から宇都宮まで　旧幕府軍　先鋒軍進行図（秋月登之助・土方歳三指揮）

図５　市川から宇都宮まで　旧幕府軍　中・後軍進行図（大鳥圭介指揮）

あり、当方は「百余之人数」だったため、余儀なく「不快」を理由に拒絶したとある。閏四月十四日に藩重役の和田守外が新政府に提出した報告書にも、石川が「病中」で、また自藩兵力は「小人数」だったとある。和田はそのために「開城」したとも報告している。

こうした石川の意向を受けて、家老の高木権兵衛は再度土方と会い、要求を丁重に拒絶した。『下館町郷土史』によれば、高木は手兵の少なさを強調し、新政府軍から攻撃を受けた場合の防御にも人数は必要であるとして、兵力の供出を拒絶したという。

すると土方はその代償として、物品を要求してきた。下館藩は金五百両と米百俵、さらに味噌・沢庵・薪・炭などを旧幕陸軍に供出したという。しかし、彼らは金銭を受け取ろうとしなかったため、下館藩が勧めたところ、そのうち二百両だけを受け取ったという。

こうした物品の供出については、下館藩からの新政府への報告書や書状のなかには伝えられていないため、土方らが受け取った金品の詳細はわからない。しかし、結果的に石川若狭守の合盟という当初の目的は達せなかったものの、ある程度の収穫を得て、土方はこの結末に妥協せざるをえなかった。当初、下館藩からの供出金の受け取りを拒絶したのは、新政府軍と同工異曲となることへの、土方なりの抵抗があったものなのだろうか。

『慶応兵謀秘録』は、「内藤隼太《ママ》者《は》談判に及ところ、不レ及二一戦一、城主軍門に降伏す」と伝える。内藤は土方の変名である。新選組副長として培ってきた土方歳三の貫禄は、本記録が幕軍側のものであるということを差し引いても、ここから十分にうかがえる。

下妻での折衝後、小戦を経て北上してきた秋月登之助率いる半隊がほどなく下館に合流、旧幕陸軍先鋒隊は、その日、下館に宿陣した。

武井村での緒戦

四月十二日、秋月登之助の先鋒軍に遅れて、大鳥圭介率いる旧幕陸軍中軍は、市川国府台を出立した。大鳥の『幕末実戦史』によると、この日の宿営地は松戸だった。さらに後軍は国府台にとどまり、十三日に進軍を開始している。十三日、前日に先鋒軍が宿営した小金《こがね》で、昼食中の中軍に、流山から薩摩兵が当地に進軍してくるとの情報が届いた。この誤報に悩まされ時間を浪費したため、目的の宿営地だった山崎にたどり着けず、途中の農家に分宿した。

十四日には山崎で昼食後、船形《ふなかた》村に宿陣、さらに十五日には筵打《むしろうち》の渡船場を越え、諸川《もろかわ》に入った。この日、後軍が中軍に追いついて合流したため、諸川は旧幕陸軍が宿中に充満していたという。ただし、合流日については諸説があり、翌十六日だったとも考えられる。

十六日、大鳥は小山方向からの砲声を聞いたという。それは朝のことだったと『幕末実戦史』に記しているが、このとき、大鳥らとは別ルートで北上していた草風隊らの旧幕軍が、小山で新政府軍と戦闘状態に入っていた。

大鳥は、草風隊士の鈴木弥四郎を斥候として探索に派遣した。鈴木は、小山の状況は不明ながら、諸川から一里半ほど小山寄りの地点に、新政府軍らしい勢力が百名ほど屯集し、諸川に向けて進軍中だという情報を伝えている。このとき、諸川北東の結城には、祖式金八郎が指揮する新政府軍が駐留していた。祖式のもとには先鋒軍も含め、旧幕陸軍の動きが徐々に報じられていたので、防御のため、十五日中に全兵力の約半数を結城から諸川への途上の武井村へ派遣、さらに先鋒軍の進路の久保田にも出兵させていた。鈴木の報告は、このうち武井村の兵を示唆していた。

一方、敵の侵攻については、「調者」と称する人物が、正午過ぎに大鳥に伝えたとする記録もあり、敵兵は総勢五百で、二道から進軍してきていると伝えたという（『浅田惟季北戦日誌節略』）。大鳥は朝、この情報を得たと記録しているが、この日の草風隊の小山での戦闘開始時刻からも、もう少し遅れていたものらしい。

これを受けて、大鳥は伝習隊を二分して派遣した。一隊は結城道を武井方面に出し、またさらに別の小隊には、小山道をとらせて北上させた。ともに敵兵を捜索していた両軍は、武井村の大戦坊付近で衝突することとなる。結城道の伝習隊は、山口朴郎率いる一番小隊が斥候として先行、その百歩ほど後方を、先鋒隊として浅田惟季の二番小隊が続き、さらに滝川充太郎が率いる三、四番小隊は、東照宮の神旗を護衛して、それぞれ五十歩ずつ間隔をあけて進軍した。午後三時ごろの出立である。

武井村に入った伝習隊は、一番小隊が一帯の索敵調査をおこなったが、銃撃を受けたため、散兵し、

三、四番小隊を左右の林に隠し、一、二番小隊を前方の敵にあてた。新政府軍は大砲や銃弾をしきりに発射したが、森林地帯のため、樹木が障害となった。一、二番隊の伝習隊士は、木々に身を隠しながら新政府軍に接近した。そして銃に点火の号令を下し、前進のラッパとともに攻撃を開始した。

戦闘は一時間ほど続いたが、勝敗が決せず、兵も疲労してきたため、山口と浅田は相談のうえ、隊士のうち二十八名を藪のなかに潜ませ、新政府軍側面部に発砲を加えさせた。驚いた兵士らは、兵器を残して逃走することとなる。このとき、久保田に布陣していた新政府軍の一隊が武井村を抜けて諸川に侵攻してきた。この一隊と三、四番隊が戦い、また、次いで諸川から新たな兵も投入された。さらに滝川の要請に応じて、二番隊も引き返して戦い、また、小山道を進んだ半隊も戻って参戦したため、久保田からの新政府軍の一隊は大きな損傷を受けて敗退した。

こうして、大鳥圭介の率いる旧幕陸軍にとって最初の本格的戦闘となったこの戦いは、勝利のうちに終了した。

両軍の損害については、記録により異同がある。『幕末実戦史』には、味方の死傷は嚮導役一名と兵士両三名とある。また、敵の遺骸は七、八名分が確認され、負傷者については不明とある。『浅田惟季北戦日誌節略』には、負傷者四名と戦死者二名、敵の首級七、『野奥戦争日記』は、負傷者一名と戦死者二名、敵方の討ち死には数知れずとある。さらに『慶応兵謀秘録』は、味方の死傷を七名、敵の首級は数十と記録している。新政府軍側の記録によると、この日の戦死者は、須坂藩兵と館林藩兵だった。さらに旧幕陸軍は、戦闘後に新政府軍が遺棄した大砲一門を押収した。

午後五時ごろ、伝習隊士らは諸川へ帰陣した。凱旋する一行を、大鳥はみずから町の外まで出迎え、奮戦を慰労したと『浅田惟季北戦日誌節略』は記している。よほど嬉しかったのだろう。その夜は諸川の四方へ番兵をおき、厳戒態勢をとった大鳥圭介は、翌十七日、午前三時前後に半日分の遅れを撤回するため、はやばやと出立した。

第一次小山戦争――もう一つの旧幕陸軍の勝利

秋月登之助らの先鋒軍と、大鳥圭介の中・後軍の旧幕陸軍とは別ルートで北進していた旧幕府軍の一団があった。

旧幕臣の子弟らのなかで、西洋式調練をマスターし、とくに優秀な著たちによって編成された草風隊の約二百名。剣術などに秀でた幕臣らによって組織された貫義隊の約百五十名。それに郡上《ぐじょう》藩の凌霜《りょうそう》隊約五十名である。凌霜隊は、新政府軍に勤王誓書を提出した譜代の郡上藩が、戊辰戦争で、もし旧幕軍と新政府軍のいずれが勝利しても、藩の存続が保てるように編成し旧幕軍側へ派遣した一隊で、十七歳の朝比奈茂吉が隊長を務めていた。彼らは、さまざまな前歴を持つ兵士たちの集団であった伝習隊らと共闘することに抵抗があったらしく、独自の行動をとり、四月十五日に古河にほど近い境へ進出していた。

古河藩では、この進軍を察知し、すでに宇都宮に入っていた新政府軍の軍監・香川敬三に援軍を要請した。実際、古河藩にとっては、この進軍は脅威だったらしい。城下は大騒動になり、市中では戦乱を避け、町人たちが荷物を運び出す騒ぎだったという風聞が、翌日には早くも小山にまで達している。香川は早速、土佐藩の平川和太郎率いる救援隊を編成し、奥州街道上を南下させて、古河へ向けて進軍させている。この救援隊は、壬生藩や彦根藩兵らで編成されていたが、なかでも中心勢力となったのが笠間藩兵だった。

譜代藩の笠間は、藩主が最幕末期に幕閣の一員として大坂城代を務め、きわめて親幕的な立場だったが、鳥羽・伏見戦争後に藩論を勤王にまとめていた。そして四月八日、新政府軍の要請を受け、このとき管轄下にあった宇都宮へ、番頭川崎忠兵衛以下、足軽以上の人数二百五十名と、従者ら三百三十一名という大勢力を派遣していた。二人の医師や祐筆まで加わった巨大な編成だった。

こうした笠間藩の動きに、先鋒軍の秋月と土方はひどく不快感を示し、この後まもなく彼らは、宇都宮から同藩重役に宛てて、恫喝するような手紙を書き送ることとなる。宇都宮を出立した新政府軍の平川率いる救援隊は、十五日に小山北方の石橋を経て、十六日、一路、古河に向けて進み、小山を抜け、さらに南の粟宮《あわのみや》まで達していた。

ちょうどそのとき、粟宮の平川へ、結城から早馬で使者が到着している。結城に駐留する祖式金八郎からの救援要請だった。祖式はこの数時間後、武井村へ兵を送り、大鳥圭介の旧幕陸軍の中・後軍と、戦闘を展開することとなる。平川の率いる部隊は、祖式の要請に応じて、ふたたび進路を北にとった。そして、再度、小山に入り、奥州街道から東へ分岐する結城道に沿い、一路、結城へと向かった。

幕府草風隊らは、十六日に古河南の境から、古河には目もくれずに北進を開始していた。そして、午前十時ごろ、間々田に到着した。奇しくも、数キロ北にある粟宮で、平川の救援隊がふたたび北上を開始した時刻と、わずかばかり前後していた。そして、草風隊らはなおも北上を続けていく。当然、彼らは途中で、平川隊の通過の報を得ていたと思われる。

小山近辺の農民の日記には、複数のものが正午過ぎに小山から、砲声や小銃の音が聞こえたと記している。戦闘開始はそのころだった。平川隊は笠間藩兵を先頭に結城道を東折、すでに笠間兵は小山から二キロほど進んだ、犬塚付近に到達していた。草風隊らはその最後尾をとらえ、結城道の入り口付近で両者の戦闘が開始された。幕府軍は小山宿東側背後に広がる麦畑などの平地に身を隠して、新政府軍平川隊に襲いかかった。突如、大砲が鳴り響くや、草風隊士らは畑や森のなかから一気に大小砲を平川隊めがけて撃ち放ったという（『牧野貞寧家記』）。犬塚まで達していた笠間藩兵らも、この事態に結城道入り口付近まで戻り、そこから小山宿の中心部、さらに北の稲葉郷《いなばごう》付近にわたって、広い範囲で白兵戦が展開されていった。

小山の宿中は一挙に大混乱となった。着の身着のままであわてて逃げ出す町人たちが続出した。小山宿にほど近い塩沢村（現・小山市塩沢町）の名主・吉光寺梶之助は、当日、小山から脱出してきた町人たちから取材したホットニュースを、早くもその日の日記に書き留めている。梶之助は、戦闘が始まる直前、宿内を騎馬に乗った武士が走り回り、宿内の者が怪我をしてはよろしくないので、「逃セ々々」と伝えて回っていたという目撃談を伝えている。騎馬の武士は両軍いずれの人物かはわからないが、おそらくは先に戦闘を仕かけることとなった幕府軍側からの通達とも考えられ、そこからは、非戦闘員への最低ラインの配慮がうかがえる。

戦闘員数は互角ではあったものの、兵威は旧幕陸軍がはるかに勝っていた。この日の戦いでもっとも損害を受けたのが笠間兵だった。まったく洋式兵法をとらない旧装備で、士分の兵は鎖帷子や陣羽織姿で、銃ではなく手槍を所持していたという（『館林藩一番隊奥羽戦記』）。彼らは、最新式の兵備で戦った草風隊らに圧倒された。

笠間藩では、新政府軍の要請で宇都宮へ出軍した藩兵のうち、十一名の戦死者があったことを、『牧野貞寧家記』にその氏名とともに伝えている。その笠間藩兵の戦死者のなかには、この翌日の戦闘で死亡したものが三名いた。『家記』に氏名が挙げられた者のうち、徒士の海老原清左衛門と足軽の安見伊右衛門の墓が、現在、小山市内の光照寺に残されている。両者の墓にはいずれも四月十七日に戦死した旨が記されている。また、藩の番頭として槍隊の二十名を指揮していた川崎忠兵衛は、数名の藩兵とともに十六日に戦死した。

戦闘は約一時間にわたって続いたが、笠間藩の多数の戦死者に象徴されるように、結果は旧幕陸軍の勝利に終わり、平川隊は三々五々、宇都宮と結城方面へ逃走していった。吉光寺梶之助の日記は、この日の死者を「牧野隊長」、すなわち川崎忠兵衛はじめ十一名だったと伝えている。多くは笠間兵だが、壬生兵の死者が一名あったとの記録もある。また、旧幕陸軍側の損害としては、『慶応兵謀秘録』が死傷あわせて七名だったと記録している。

草風隊らは、その後、午後四時ごろ思川《おもいがわ》を越えて、栃木道を南西に進んでいった。さらに一行は翌十七日、勝戦の象徴として川崎忠兵衛の首級を栃木太平山にかけ、徳川家康を祭る神祖祭をおこなったという（『慶応兵謀秘録』）。

草風隊らが撤収した直後、逃走した平川軍のうち、小山の北東の出井《いでい》や鉢形《はちがた》に潜んでいた一隊が、ふたたび小山に戻り、宿陣した。一隊は幕府軍の夜討ちを警戒して、終夜にわたって厳戒態勢をとっている。草風隊らの撤退後、荷物の整理のため小山宿に入った吉光寺梶之助は、その帰途、宿の出口ごとに新政府軍の執拗な改めを受けたことを日記に綴っている。

第二次小山戦争——旧幕陸軍の猛攻

四月十六日の武井での戦闘で勝利した旧幕陸軍中・後軍は、十七日の早朝、宿陣地の諸川を発ち、小山をめざした。大鳥圭介は出立を午前三時と記録、浅田惟季は午前二時と記録するが、『野奥戦争日記』には午前六時とある。

おりしも、この日は東照宮の祭礼日にあたるため、大鳥軍は奮い立って進軍を開始したという。また、このとき一行には、すでに、前日に草風隊らが小山で勝利を挙げ、栃木方面に進軍していったとの報が届いていた。また、先鋒隊として小山に出軍した撒兵隊の井野右近らからは、小山宿が無人で静まり返っているとの報が前後して届いていた。

ほどなく一行は、小山宿南の大聖寺村に到着した。ここで大鳥は村民から、前日敗れた新政府軍が、新たに諸藩から援兵をするらしいことと、すでに小山宿に布陣中との情報をも受けている。戦闘は極力回避したい大鳥はこの情報に慎重に対処し、畑に筵を敷き、軍議をおこなった。

軍議の決定による進軍については各記録によってその部隊名や経過に異同があるが、大鳥は、正面の奥州街道を本隊に進撃させ、また、伝習隊の二小隊を若干の時間差をおきながら、東側の間道をとって小山方面に北進させた。このとき伝習二番小隊を率いた浅田惟季は、二人の村民を嚮導役として随行し、八番小隊の大川正次郎隊とともに間道を進軍、総数は百四十名ほどだったと記録している。伝習二小隊は、ほどなく小山宿南方の広大な原や畑の一帯に到着した。大川隊を遮蔽物の葦などがある地に潜ませ、浅田隊はそのまま、トウモロコシ畑のなかを進んでいった。

一方、新政府軍も、前日の敗戦と、この日早朝からの大鳥の中・後軍の動きを警戒していた。宇都宮城に駐留中の軍監香川敬三は、諸藩の兵とともに城を出、前日の敗退後、小山北方の随所に宿陣していた平川和太郎の率いる新政府軍諸隊と、この日、合流した。

台座後部に小山戦争時の銃弾跡を残す常光寺の阿弥陀如来坐像　栃木県小山市
写真提供：小山市立博物館

進軍は、前夜から小山に入っていた新政府軍が先手をとっていた。香川の率いる本隊は、兵を宿場の各所に配備し、また、彦根藩の渡辺九郎左衛門隊を宿の東側、同青木貞兵衛の鉄砲隊を西側の裏手に配備して、迎撃態勢をとっていた。

戦闘は、午前十時前に始まった。奥州街道を北進してきた旧幕陸軍本隊は、いったん小山宿中心部まで入ったが、新政府軍の銃砲撃に押され、ほどなく南へ後退する。大鳥はこの報を受け、さらに大岡新吾の率いる伝習隊一小隊を、応援として側面方向へ派遣するなどの策をとった。

本隊が南へ押されて行くなか、東側に潜伏中の浅田惟季隊が攻撃を開始する。さらに浅田はラッパで大川隊に連絡し、ともに新政府軍を押していった。これに勢いづいた本隊は盛り返し、さらに大鳥は間断なく兵を補充して押し返したため、代替兵のない新政府軍は次第に疲弊していった。

とりわけ、攻撃に専念していた彦根の青木貞兵衛の鉄砲隊は、攻勢を見せた旧幕陸軍に前後を包囲される結果となる。これを救出するため渡辺九郎左衛門隊などが持ち場を離れて斬り込んだが、救出不能な状態に陥った。青木隊は、旧幕陸軍の猛攻を受け、銃弾が尽きたためにそれぞれ短兵決戦となり、わずか一名を除いて、隊長以下総員が戦死したともいう（『井伊直憲家記』）。

さらに、この日、大鳥軍の第七連隊は、北走する敵を追って奥州街道北の喜沢《きざわ》を経て羽川《はねがわ》まで進んだが、逃走の際、途中に放火して去っていったため、追撃路を断たれた（『慶応兵謀秘録』）。喜沢では村の西側が大焼し、名主邸などが大きな被害を受けている（『塩沢村名主日記』）。

この後、新政府軍は旧幕陸軍の猛攻に押され、小山を撤退し、各方面へ退いていった。浅田惟季の記録によると、そのあといったん退いた新政府軍が、正午ごろに再度攻めてきたため、大鳥に援軍を要請しこれを撃破、午後三時過ぎに宿中の本隊と合流したという。しかし、この日、さらに小山宿内で、このあともう一度戦闘が起こることとなる。

壮絶な戦死を遂げた彦根の青木貞兵衛の「戦死之碑」は、現在、市内本郷町の天翁院入り口左側すぐのところに建っている。側面には「明治元年四月十七日撃レ敵於二小山一而斃」とあり、奮闘死をいまに伝えている。

第三次小山戦争——旧幕陸軍の連勝

四月十七日午前十時前から始まった小山での戦闘は、午後二時過ぎに終結した。当初、新政府軍に押されていた旧幕陸軍はこの戦闘に勝利し、小山は旧幕陸軍に制圧された。戦闘は小山宿中心部から、稲葉郷一帯にわたって広い範囲で展開し、塩沢村名主の吉光寺梶之助が、その日の日記に「大合戦」

と記したほどの激烈なものだった。

大鳥圭介は、激戦の終わった正午ごろに本陣に入った。小山宿本陣はＪＲ小山駅西口側の日光街道に面した位置にあった。浅田惟季の記録によると、旧幕陸軍はこの本陣の門前に、「幕府義士」の名で罪状文を記したあと、新政府軍兵士七名の首級を梟首したという。大鳥はここに「三百年来ノ重恩ヲ忘却シ、君家ニ敵スル人面獣心ノ奸賊」と記して、新政府軍を痛烈に罵倒した。これが江戸を追われた旧幕府軍の、新政府軍に対する偽らざる実感だった。

午後三時過ぎに、最後に本陣に戻ってきた伝習隊の浅田惟季を迎えたあと、大鳥は隊士たちの激闘と勝利を慰労して、総員に酒肴を振る舞った。東照宮祭礼の日の勝利ということで、兵士たちの気勢はあがり、村民が炊き出した赤飯で戦勝を祝った大鳥は、これで徳川氏の再興も疑いないと、一同が酔って興じた歌舞が宿内に響いたと、『幕末実戦史』に書き残している。

あわせて大鳥は、敵味方の損害について調査をおこない、後日の回想により数は不確定と念を押しながらも、二十数名の新政府軍戦死者があったことを記録している。大鳥が五、六名と記録した自軍の死者と比較して、実際、この戦闘での新政府軍側の損傷はそれを上回る甚大なものだった。

負傷兵らの治療をおこなったあと、新政府軍の逆襲を警戒した大鳥は小山へは布陣せず、奥州街道を途中で折れ、壬生街道を飯塚に向かい、宿陣することを決めて、午後五時前に小山からの出立を開始した。

この行軍開始直後、新政府軍が再度小山に入ってきた。前日、武井で敗れ、いったん結城へ逃れていた新政府軍の祖式金八郎の一隊は、同日の小山での草風隊らとの戦闘で、同じく結城に逃走した笠間藩兵らとともに、午後、小山に向けて進軍を開始したのである。おそらく小山での戦闘の報と、敗色の模様はすでに結城に届いていたものと思われる。『水野忠愛家記』は、この進軍を「小山宿屯集ノ賊追討」としているが、あるいはこのとき、間近に接近してきていた秋月登之助の旧幕陸軍先鋒軍からの逃避と、小山からの敗走兵の接収などを意図していた可能性もある。

そして、今度は結城からの祖式隊が、十七日の、小山宿での大鳥軍の戦闘相手となった。浅田惟季は、小山から百歩ほど進軍したとき、新政府軍が南方の林中から攻撃してきたと記す。『水野忠愛家記』によれば、新政府軍は須坂藩隊を先鋒に立てている。

戦闘は、双方が銃で応戦する銃撃戦となった。大鳥圭介は、この新政府軍の攻撃は小山からの出立直前のこととしているが、兵士の多くは、祝い酒に酩酊していたため、新政府軍の砲声に大混乱したという。宇都宮方面からの敵だけに留意していた旧幕陸軍には、祖式隊の突然の攻撃は、予想すらしていなかったものだった。

後手にまわったものの、銃撃戦で攻勢に立った大鳥軍は、勢力を分散させ、宿東側の原や畑に新政府軍を追討した。さらに祖式隊の砲撃は、砲弾の多くが旧幕陸軍の頭上を通り過ぎてしまうため、被害は少なかった。浅田惟季はこの戦闘を述懐して、接近戦での大砲の不便性を実感したと認めている。

戦闘は短時間で終わった。このときの軍勢を浅田は総勢七藩、千五百名の編成だったと記している。祖式金八郎率いる、この結城からの大規模な新政府軍は、それぞればらばらになって敗走していった。

軍監として祖式に従った土佐の上田楠次は、この戦いで重傷を負い、逃走中に死亡する。流山で新選組の近藤勇を捕縛し、土方歳三からの助命要請を受けた勝海舟の手紙をもとに調査にあたって、わずか十日余りのちの死だった。祖式金八郎は古河まで逃げ延び、また、諸藩の兵もそれぞれの道を取った。被害の大きかった笠間藩兵は、長い逃走ルートを経て、藩領の真壁陣屋へたどり着いている。この二度目の戦闘で、一度目とはまったく異なる一隊のなかからさらに二十名近くを失った新政府軍の受けた痛手は決定的で、四度にわたる小山周辺での二日間の戦いに、一度も勝利することなく終わったのである。

午後五時、旧幕陸軍は飯塚をめざして再度出立した。稲葉郷や荒木町で両軍の戦死者があったと日記に記録した吉光寺梶之助は、彼らが一時逗留した本陣の屋内に二名、また本陣門前にも五名の、新政府軍兵士の遺体があったと記録している。

市川・船橋戦争

文久三年（一八六三）七月に幕府小普請組の武士らによって、歩兵隊の一部として組織された御持小筒組という一隊があった。御持小筒組は慶応二年（一八六六）九月に再編成のうえ、その名を撤兵《さっぺい》隊《たい》と改称した。彼らは、江戸城開城にともない、大鳥圭介の本隊とは別途に城下を脱している。

江戸城西の丸大手前の屯所を出た一行は、海路と陸路に分かれて、木更津をめざした。このうち海路をとった本隊は、霊岸島湊橋南側から数隻の船で出立したが、おりからの激しい風波の影響を受け、現・千葉市の寒川に上陸、ここから陸路木更津へ向かった。

福田八郎右衛門を隊長とした撒兵隊一行は、十二日の夕方より木更津の各所に駐留し、本営を沿岸の長須賀《ながすか》村泉著寺に置いた。そして隊名を「義軍隊」と宣誓し、隊士一同に、詳細な規律を徹底させた。福田は規律の布告書に、江戸を退去した理由として「（城を新政府軍に）渡セシ後、自用達等ニテ御城近辺通行毎、自然落涙ヲ催シ、不レ知不レ知不届ノ儀仕出シ候哉モ難レ計」（『両総雑記』）と自記している。旧幕軍の戦士にとって、訪れた現実は、こうした許容不能のものでもあった。

撒兵隊は周辺の譜代藩である一宮藩などに使者を送り、援助を要請、また、富裕の諸家より軍用金を確保するなどの活動をおこなった。そしてその後、本営を長須賀から西奥部の真里谷《まりやつ》の真如寺に移転し、調練などを実施した。撒兵隊は五大隊に分かれていたが、このうち江原鋳三郎（素六）の率いる第一大隊はじめ、第二、第三大隊が、ふたたび江戸をめざして行軍を開始したのである。

第一大隊は、二十四日に船橋に入った。おりから市川八幡《やわた》で、別の旧幕軍の一行と武装解除の交渉にあたっていた新政府軍の岡山藩隊が、この江原の第一大隊と接触することとなった。江原は二十五日に八幡の岡山藩陣営を訪れ、武器携帯のままでの江戸入りの了解を要請したが、これを却下され、三日以内に武器提出のうえ、降伏するよう勧告を受けたため、会談は決裂した。さらにこののち、武総取締役の幕臣・五十嵐清七郎の嘆願訪問を受けた岡山隊は、総督府に一連の事情を報告した。参謀の木梨精一郎は、武装解除への説得の努力と、自軍側から兵端を開くことのないようにと回答を寄せ、これを受けた岡山隊は、二十八日に、筑前、津、佐土原軍と八幡で軍議を開き、対応策を練った。待ちきれない江原の第一大隊は、二十九日に船橋から中山に進軍、またこの間、第二大隊も船橋に着陣していた。

この日午後、江原は八幡の陣営を再度訪れ、自軍は守備専一であるため、中山の陣営である法華経寺に、見聞に来るよう新政府軍に要請した。しかし当日、見聞をおこなった一行は、なおも不審の点があるとして総督府の裁断を仰ぎ、翌閏四月一日、江原に一両日中の武器提出を要請し、返答がない場合は攻撃すると伝えてきた。

そして新政府軍は、この間に、進撃態勢を固めていた。八幡の岡山と津軍は中山を直撃、さらに市川から岡山の津軍の別働隊があとに続く。さらに佐土原軍は鎌ケ谷から船橋の第二大隊を攻め、また同じく筑前軍は、行徳から船橋を攻撃するという布陣だった。一方、江原は第一大隊を二分し、自身は間道から市川方面に侵攻、別働隊には八幡の新政府軍陣営を攻撃させた。

三日午前五時、別働隊は八幡を急襲、防戦一方の岡山・津軍を猛攻した。さらに援兵として駆けつけた津軍別働隊とも、近辺に広がる梨畑で応戦、また周辺に火を放ったため、新政府軍は市川方面に敗走し、真間《まま》山に入った。江原は侵攻中、津軍の後続の別働隊と応戦し、これを退け、さらに八幡からの味方分隊と合流し、江戸川を越えて押し寄せてきた津軍本隊らと市川で戦った。そして、一時江原軍は優位に立ち、津軍をふたたび江戸川対岸へ押し戻した。しかし、後続隊を得て盛り返した津軍は、対岸に向けて砲撃を開始したあと、再度、市川に押し寄せ、八幡に向けて江原らを後退させた。

一方、午前五時に八幡からの銃声を聞いた鎌ケ谷の佐土原軍は、これを出軍開始の号砲と誤認し、進軍を開始した。そして途中の上山《かみやま》新田内の馬込沢台と、鎌ケ谷大新田の東方原野で、待ち受けた撒兵隊と応戦、これを撃破して進軍した。船橋近辺の人々は上山新田の戦報を聞き、避難の準備を始め、女性や子供を待避させたという（『船橋市史』）。

佐土原軍は二連戦で疲労し、休息をとっていたが、そのさなかに船橋方面から、撒兵隊が出軍準備中との報を受け、ふたたび進軍を開始した。そして砲隊を街道正面に据え、銃隊を海側と山側の左右に分けて三方向から船橋に進撃した佐土原軍は、大神宮境内にあった撒兵隊第二中隊の駐留する本営をめざして、船橋での市街戦を展開した。

この日は強い東風が吹き、これが砲撃での火勢を強め、船橋は中心部一帯が猛火に包まれた。民家に潜伏して銃撃戦を展開していた撒兵隊士は、この火勢に追われ、逃走を開始した。船橋の撒兵隊第二中隊は、八幡での戦勝の報に油断して酒食をしていたところ、一急な攻撃を受けたという（『船橋市史』）。また、兵員の不足もあっての敗退だった。このとき、市川からいったん中山の法華経寺に戻った江原鋳三郎の第一中隊は、船橋の急報を受け、再度出軍した。

江原は船橋宿西の海神《かいじん》村に着陣、兵を木立のあいだに潜ませ、市川と行徳方面からの敵援兵の進撃に備えていた。江原らは、ここで行徳から進撃してきた筑前軍と交戦、彼我の距離が短いなかでの遭遇だったため、筑前軍の大砲は役に立たず、双方の白兵戦となった。『船橋市史』によると、この海神村での戦闘は、この日の諸戦のなかで、もっとも激しい接戦だったという。

この戦いに参戦した撤兵隊第一中隊長古川善助の記録によると、江原は水田のなかから狙撃してくる筑前兵を素手で捕らえようとして、この兵士と格闘となった。相手は江原を組み敷いて、大刀で刺そうとしたため、古川は抜刀してこの兵士の頭を割った。さらに従兵らが銃床で兵士の背を打ち、江原を救出したという。兵士はすさまじい苦悶の惨状だったため、江原は介錯を命じた。そして、従兵野口保三が狙撃したところ、兵士は倒れ、声もなくなった。この兵士は筑前藩三好源右衛門組下の武士で、小室弥四郎という人物だった。

この戦いで重傷を負ったあと、長い潜伏と逃走を経て生還し、後年、貴族院議員となった江原は、古川とともに、小室の子息を扶助するために探したが、ついに見つからなかったという（『江原素六先生伝』）。

戦闘は、午後二時過ぎには大勢が決した。撤兵隊側の戦死者は二十名、新政府軍側は十数名が死亡した。官修墓でもある念仏堂墓地の小室弥四郎はじめ、新政府軍側戦死者の墳墓は、現在も船橋市内などの数カ所に残される。また、昭和八年以前には念仏堂墓地に撤兵隊側の墳墓もあったが、失われたともいう（『掃苔』昭和八年十二号）。

戦火の爪痕も大きかった。『総房鎮撫日誌』によると、市川では百二十七軒の家屋が焼失し、六百六十九名が焼け出された。また、船橋では八百八十四軒が焼け、四千四百三十八名もの被災者を出している。新政府軍総督府は後日、被災者に救助金を送った。また、五日市の富商川奈部佐五右衛門と分家の同佐兵衛は、被災者にそれぞれ義援金や義援米を供出し、のちに新政府軍から賞されている。

八幡・姉崎戦争

閏四月三日の市川と船橋での新政府軍の戦勝の報は、まだ戦闘が散発的に続いていたこの日午後一時、江戸の大総督府へ届けられた。

勢いづいた総督府では、柳原前光《やなぎはらさきみつ》に馬と鞍を与え、房総鎮撫を下命、さらにそれまで木梨精一郎一人だった参謀職に、新たに安場《やすば》一平と渡辺清を任命した。また、さらに長州・大村・薩摩などの各藩兵に出動が要請され、一行は四日に江戸を出立した。

柳原は、この日、千住の源長寺に宿陣、翌五日はかつて旧幕陸軍が集結した国府台の総寧寺に入り、軍議を開催した。そして佐倉を本陣とすることと、渡辺清を左軍監に任命し、長州・岡山・津・大村の各藩兵を統率させ、また、薩摩の相良治郎を右軍監として、薩摩・津・佐土原の各藩兵を引率させ、それぞれ二手に分かれて、撤兵隊の拠点でもあった木更津へ進軍することを、当初の決定事項とした。六日、薩摩・長州・津・岡山の各兵は蘇我野、佐土原と薩摩の別隊は千葉、さらに大村兵は寒川《さむがわ》の各所へ到着した。

一方、撤兵隊は三日、船橋で敗走後、先に西へ進んだ一、二大隊の後続として、姉崎《あねさき》まで進駐していた第三大隊と合流し、そこを拠点として、新政府軍の追撃に備えて、養老川に沿って防衛線を設営していた。新政府軍の侵攻に反応した撤兵隊は、六日夜、蘇我野から現・市原市の八幡に出ていた薩摩軍の斥候二名を殺害した。この事件に、蘇我野の各藩兵と寒川の大村兵は急きょ八幡に集合、翌七日未明に進撃を開始した。

新政府軍は全隊を三手に分けて侵攻した。本道からは本隊の薩、長、そして大村の半隊が進撃。また、海岸に沿って岡山と大村の半隊が進撃した。さらに、津兵は南側の権現堂方面に侵攻した。

撤兵隊は五井《ごい》に本陣をおき、養老川を背にし、その周辺に兵を張っていた。しかし、分かれて進撃してくる新政府軍の猛攻に押され、養老川堤上で、船を壊して進路を遮断する策をとりながら、守備ラインを撃破されて、姉崎方面へ後退していった。

新政府軍は養老川を渡河、姉崎の北方でいったん休息し、食事をとった。この際、姉崎西方の町田・柳原方面に撤兵隊が屯集しているとの報を受け、長州、大村の各半隊を出軍させ、撤兵隊が潜伏していた民家に火を放って、掃討した。食事後に新政府軍は、姉崎の撤兵隊本営である妙経寺に向けて、本格的な攻撃を開始した。薩摩兵と大砲隊を撤兵隊の築いていた砲台正面に向け攻撃させ、また、長州と大村兵らを妙経寺の右側から攻撃させた。さらに、岡山や佐土原兵もこの攻撃に加わり、激戦の末、撤兵隊は妙経寺を遺棄して逃走した。午後一時ごろのことである。

権現堂に向かった津兵らは、途中で撤兵隊と銃撃戦を展開、撤兵隊は、陣を張った大師堂を遺棄して逃走した。新政府軍は大師堂を焼き払い、養老川に到達した。このとき、対岸にいた撤兵隊から銃撃を受けたため、兵を分散して応戦し退かせた。そして養老川を渡河し、休息をとっている。一行が姉崎に到着したときには、すでに戦闘は終結していた。全隊はそのあと五井に戻り、宿陣する。

この日、敵残兵の捜索をしていたおり、津兵が、路上をさまよっていた一人の不審者を発見し、身分を改めた。薩摩兵だと答えたため味方と思い油断していたところ、その男はいきなり津兵に斬りかかってきたという。やっとのことで取り押さえ、尋問しようとしたが、怒った兵士らが、この男を斬った。所持品を検査したところ、懐中から手記が発見された。そこには、「撤兵重立取締　平岡仙蔵」と署名がしてあったという。

津軍などの届け書によると、この戦闘で撤兵隊は五十七名の戦死者を出したという。そして、逃走兵は真里谷の残留兵と合流して、諸方へ逃走していった。その後、新政府軍は撤兵隊の本拠地だった木更津方面に進攻した。このうち岡山兵と津兵は、逃走兵が横田村の円照寺と、真里谷真如寺に潜伏しているとの通報を受け、確認に向かっている。

新政府軍は真如寺が撤兵隊の本営だったことを重視、ここを拠点として一行が再挙することを警戒し、真如寺を焼き払った。逃走した撤兵隊は、二十三日に五百四十三名が、また、二十八日に七十九名が新政府軍に降伏し、事件は一応の決着を見た。新政府軍の尋問に際し撤兵隊側は、七日の戦闘後、隊長の福田七郎衛門が消息を絶ったことから、兵士たちのあいだにこれが新政府軍への投降だったとの風聞が流れたため、「何分ニモ兵隊一同退気ニ相成進兼候」（『両総雑記』）という厭戦気分が一挙に隊中に広がり、降伏にいたったと回答したという。

岩井戦争――旧幕陸軍別働隊の敗走

撤兵隊同様、大鳥圭介率いる旧幕陸軍の大隊とは別個の行動をとり、新政府軍に対持した諸隊がある。純義隊、誠忠隊などがそれで、これに回天隊の半隊が加わった。回天隊は約四十名が相馬左金吾を隊長として、大鳥圭介の進軍に加わり先鋒軍に編入されたが、過半の百余名が、藤沼幸之丞を隊長として、純義隊らと同調して行動した。

一行はそのまま市川にしばらく滞留したあと、千五百名以上の大編隊で進軍を始め、四月十五日に布施を経て、順次、利根川を渡っている。さらに、一行は茨城の戸頭《とがしら》を経て利根川沿いを北上し、関宿《せきやど》方面に向かった。藩論が対立していた関宿藩の佐幕派を支援する目的もあったという。その後、一行は十九日に、利根川沿いに関宿を望む岩井に到着、布陣した。

前日の十八日、宇都宮方面で苦境に立たされた友軍支援のため、板橋の東山道軍総督府は、伊地知《いじち》正治《まさはる》の率いる、薩摩軍五番隊を中心とする救援隊を派遣していた。関宿の地形を重視した救援隊は、ここが四方への運送にも至便の地であるため、旧幕府軍に関する情報が得やすいと判断した。そして、旧幕軍の形勢を把握してから進撃を続ける目的で、十九日に城下に布陣した（『伊地知正治日記』）。おりしもこのとき、至近の岩井に旧幕府軍が結集していたのである。

しかし、救援隊一行が関宿に到着したのは正午ごろのことだった。一刻も早い宇都宮救援の使命を帯びていた一隊としては、伊地知の記録には不審な点もある。関宿行は、おそらくは前もって旧幕軍進軍の情報を把握したうえでの進軍だったとも思われる。

さらに、この「千五百人程」の一団が、明日、関宿城下に「継立」てて来るという注進を受けた関宿藩は、家老の杉山対軒を使者に立て、城下境町に宿陣中の伊地知正治に通報した。薩摩軍を中心とした二百八十名の新政府軍救援隊は、即座に翌日早暁の進撃を約束し、城下に警備兵を出した（『久世広業家記』）。薩摩軍はさらに、午後八時ごろから渡船場に番兵を置くかたわら、幸手《さって》宿に宿陣中の大垣と長州軍にも、翌日の進軍を通報した。

伊地知正治　国立国会図書館「近代日本の肖像」より

四月二十日午前六時、新政府軍は境に集結、大垣隊を斥候として先行させ、薩摩と長州軍があとを進行した。自軍の斥候からの通報で、新政府軍の襲来を知った旧幕府軍は、急ぎ迎撃態勢をとり、街道筋の田地や樹木のなかに身を潜め、新政府軍を激しく撃ちたてた。激しい攻撃に難渋しながらも、新政府軍側は薩長軍がそれぞれ左右に散開、また前方に大砲隊をおき、砲撃を続けたため、人数的には圧倒していた旧幕府軍側はほどなく敗走を始め、正午前に大勢が決した。

『東山新聞節略』によると、この戦闘での新政府軍側の戦死者は、薩摩二名、長州一名だったが、旧幕府軍側は百三十余名もの戦死者を出したとある。回天隊長の藤沼幸之丞も没した。この戦果を、伊地知正治は「十分ノ大勝利」と自讃している。敗退した旧幕府軍は、それぞれ流山や下妻方面に走った。

下妻藩士の山崎百介が、四月二十八日に新政府側に提出した報告書によると、「千七八百人」の敗走兵が、下妻城下に押し寄せたという。そして、岩井で敗退したため「憤怒」でいっぱいの一団は、下妻の藩主居館である陣屋内の藩士らを集め、新政府軍の追討隊が押し寄せてきたときはここで一戦をおこなう、と気勢をあげたとある。

下妻藩では、旧幕兵らと戦うには人数的にあまりに劣勢だったため、いったん陣屋を開き、様子をうかがっていたが、一行はそのまま、下野方面へ敗走したという。わずか四日前に旧幕陸軍先鋒軍の襲来を受けた下妻藩にとって、この事件はたび重なる苦境となった。下妻を経て北進していった敗走兵らは、その後、回天隊の半隊も所属していた大鳥圭介の旧幕陸軍に合流することとなる。勝利した新政府軍側は、その後、岩井周辺を徹底的に探索し、近辺の村落に、残留兵がいないことを確認している。そしてその夜は、一同、岩井に宿陣した。

翌二十一日、総軍は午前九時に岩井を発って、集合地となった境へ帰陣した。『薩藩出軍戦状』によると、このとき関宿藩では、岩井の旧幕府軍と内通していた三名の人物を捕縛していた。家老の杉山は新政府軍にその旨通達し、捕縛した三名を差し出した。新政府軍側では詳しく尋問をおこなったあと、身柄を関宿藩に預けている。薩摩軍五番隊を中心としたこの救援隊は、その後、北上を再開し、四月二十三日の宇都宮城奪還戦で、ふたたび活躍することとなる。

高谷村、延命寺襲撃──小籠のなかの戦争

いっとき新政府軍と旧幕軍とのあいだで激しい戦闘が続いた上総方面に、ふたたび小人数ながらも旧幕軍の兵が潜伏し、不穏な動きを見せているという通報が、慶応四年（一八六八）七月ごろから、房総知県事の芝山文平のもとへ届いていた。

潜伏先として通報されたのは、市原郡の柏橋村・寺谷《てらやつ》村・岩崎村、また望陀《もうだ》郡の吉野村・真里谷村・横田村の六村におよんでいた。また、土地の人間を扇動しているとの情報も届いていた。芝山は早速、探索兵を派遣し、それぞれの村について調査をおこなっていたところ、旧幕兵の数は三十名あまりで、扇動の効果により、土地の人間もことごとく彼らに内応していることがわかった。また、一行は機に

乗じて、さらに当地で勢力を広げ、まず久留里城の奪取を計画していた。さらにここを拠点に四方へ進撃を開始し、八月中に房総全域を勢力下におくことを画策していたことも判明したという。芝山は、この不穏な動きに対して「誠ニ蟷螂《とうろう》カ斧ヲ以王車ヲ覆スノ策」(『鎮将府日誌』)と一笑しつつも、万一を恐れ、彼らの殲滅を考えていた。

そのようなおり、芝山は、八月一日の夕刻に現・木更津市の中島村から五十名ほどの旧幕兵が上陸し、現・袖ケ浦市の横田村の善福寺に屯集しているとの情報をつかんだ。この総員を一挙に壊滅させるため、芝山は、八月三日に飯野・前橋・佐倉・久留里・鶴牧・一宮・生実《おゆみ》・吉田の諸藩に応援を要請する通達書を送っている。このうち、飯野藩に送られた通達書(『保科正益家記』)によると、芝山は四日に準備を整え、五日未明に、横田村の旧幕軍を討つ計画を立てていることが記されている。善福寺横田村の旧幕軍は、襲撃直前にさらに三キロほど東進した高谷《たかや》村の延命寺に転陣していた。善福寺がもぬけの殻だったことに気づいた芝山は急きょ予定を高谷に変え、当初の計画どおり、襲撃態勢を整えた。

芝山付属の鹿子島喜久次らの引率による、生実と姉崎両兵を延命寺前門から、また、同付属の海瀬光太郎の引率する前橋・飯野両兵を裏門から突入させようとしていた矢先、延命寺裏手の高台から、「會」の旗を掲げた旧幕軍が、裏門隊をめがけて発砲を開始してきた。即座に応戦した裏門隊の前橋藩兵が、旧幕兵の一名を射殺し、さらに襲撃側が延命寺に火をかけたため、屯集していた旧幕兵らは、山林内に入り込み、そのまま逃走していった。

このとき、東北の備えのため、現・下新田町の牛久に進駐していた吉田藩と一宮藩の兵は任意で索敵活動をおこなっていたところ、六日未明になって、岩川村から、五日夕刻に四十七名の旧幕兵が食事をすませ、茂原方面へ向かっていったという通報が届いた。おりからの荒天でその夜の追撃ができなかったため、吉田藩兵らは六日早朝、茂原へ急行したが、すでに一行は去ったあとだった。しかし、その後、追討軍のもとに、旧幕兵らは現・白子町の古所村の農民長兵衛方で休息をとっているとの報が届けられた。

吉田藩兵らは、知県事の芝山から派遣された使者の辻勇枝らと相談のうえ、深夜の襲撃を計画した。そして、兵に動静を見守らせていたところ、旧幕兵らは長兵衛方で武器類を放棄し、農民や町人体に変装し、逃走を開始した。至急、一行を追った追討軍により、現・茂原市の本納《ほんのう》村で一行のうち八名が捕縛され、残りは逃げ散っていった。その後、吉田藩の手により、長兵衛方で残留品の捜索がおこなわれ、ゲベールなど十六挺の銃と、大小五腰、さらに刀六本、弾薬少量、白地に「會」の字を書いた旗二本、「砥部左馬之允」銘の鉢金など、多数が押収された。

また、これと前後して知県事の芝山文平は、延命寺を襲撃した五日正午ごろ、旧幕軍の標的と目された久留里城に配下の池田友四郎を派遣し、探索をいっそう強化するために、藩兵の応援を依頼している。そして、八日まで周辺の捜索がおこなわれたが、敵兵発見にはいたらなかった。

遺留品の押収を終えた吉田藩兵は、そのあとさらに一行が東金に逃走したとの報を受けて捜索にあたったが、めぼしい収穫はなく、九日、茂原村へ兵を引き揚げた。しかしこの日、茂原近辺に「徳川日月隊」を名乗る一行の進軍があるとの通報があり、こちらを捜索したが、収穫なく終わっている。さらに、吉田藩は芝山から古都村辺に旧幕軍集結の報を受け、十二日に追撃を計画したが、すでに散乱し、こちらも収穫なく終わった。

さまざまな異変を見せながら、結局、八月の上総での不穏な動静は、新政府軍から一人の死傷兵を出すこともなく終結したのである。

第四章　北関東の戦い

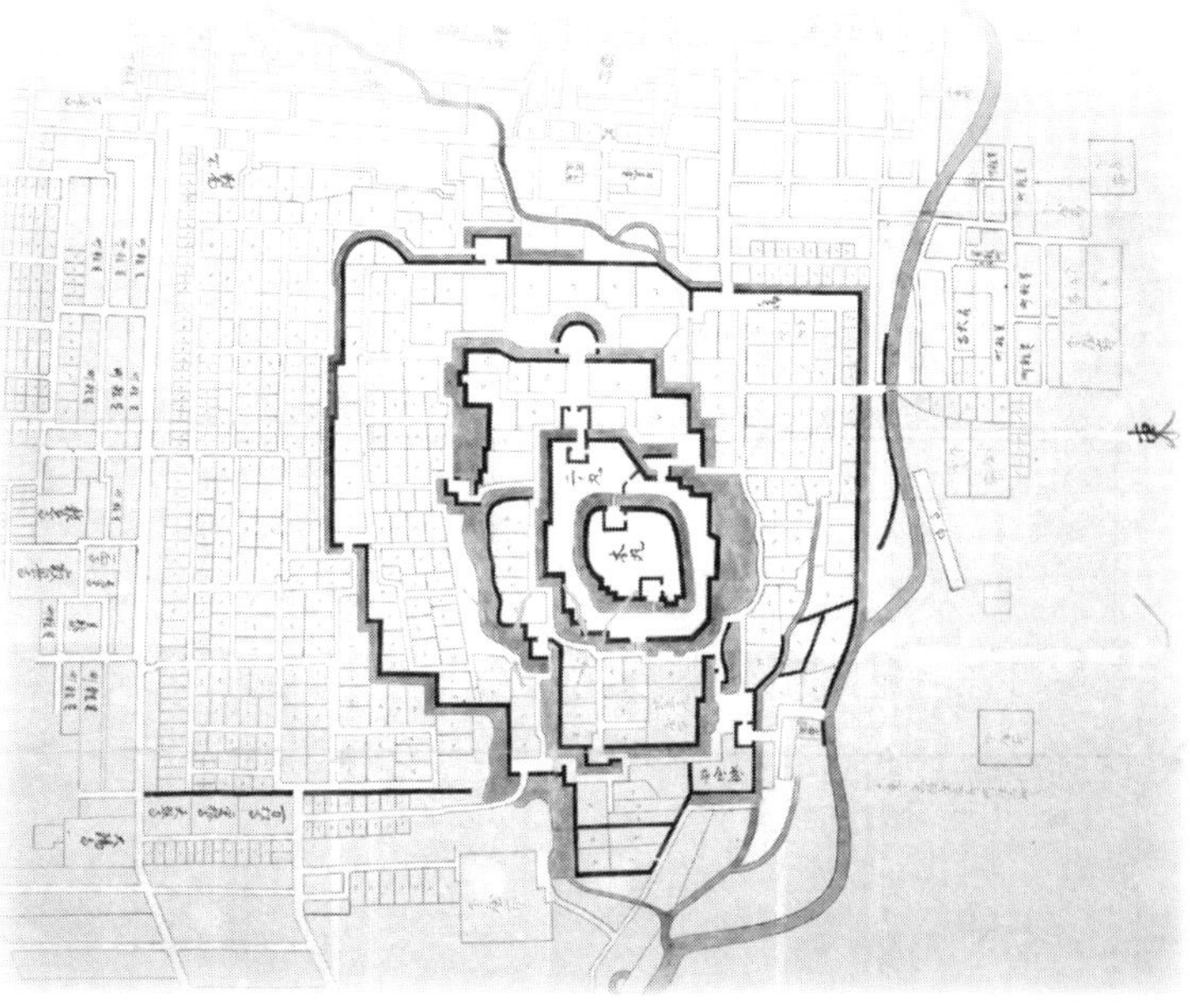

攻防の舞台となった宇都宮城の絵図　国立国会図書館蔵

四月十八日、旧幕陸軍先鋒軍の秋月登之助と土方歳三は、全軍を整え、早朝、ふたたび下館からの北進を開始した。総数千十四名(『上三川町名主文書・賄帳』)の先鋒軍はこの日夕刻、宿陣地の蓼沼《たてぬま》に入った。秋月は早速、宇都宮城下の探索のため兵を派遣し、状況を報告させている。

一方、十六、十七両日の旧幕陸軍中・後軍との連戦で、新政府軍は疲弊していた。小山から戻った軍監の香川敬三は、十八日に早速、近隣諸藩に応援要請の書状を発した。防備のための宇都宮の兵力は、絶対的に不足していた。しかし、旧幕陸軍は、予想を上回るハイペースで前進してきたのである。江戸から宇都宮救援の諸藩兵が出立したのも、この十八日のことだった。

宇都宮駐留の新政府軍は、小山を発って北進中の、直接抗戦した大鳥軍の動きに配慮するあまり、秋月軍への対処が後手に回っていた。逐一報告される大鳥軍の動向に備え、藩士たちが中心になって警戒にあたっていたところ、夕刻になって、秋月軍が鬼怒川を渡ったという情報が宇都宮に届けられた。突如入ってきた先鋒軍の情報に、新たに城東南の平松村へ、岩村田や烏山藩兵らが派遣されている。鬼怒川を渡り蓼沼方面から進軍してくる先鋒軍は、必ず平松村から入ってくると予想した新政府軍は、さらに戦闘日となる翌朝、ここをいっそうの警戒地と定めていた。

こうして宇都宮の新政府軍側は、接近する先鋒軍と中・後軍に対し、終夜態勢で厳戒をおこなっていた。宇都宮がすでに警戒態勢にあることを探索により察知した先鋒軍は、早速、蓼沼の宿陣地で軍議を開いた。そして、新政府側軍が小山での連戦の疲労の癒えない時期を狙ったらしく、大鳥軍を待たずに宇都宮の単独攻略を決定する。

軍議の結果、先鋒軍は三隊に分かれて攻撃する計画を立て、桑名藩兵を先鋒隊、伝習第一大隊が中軍、さらに幕府回天隊が後軍として出軍することが決まった。彼らは十九日の夜明けとともに進軍を開始する。旧幕陸軍は全軍北上を続けたあと、砂田村で兵力を分け、先鋒隊と中軍は平松口、後軍は南西の大塚村方向から時間をおいて宇都宮城下へ攻め寄せた。

道中、刑部村の成願寺で一同は早い昼食をとっている。その際、新政府軍が麦畑に潜伏し、攻撃態勢をとっているという通報をしてきた人物がいたという（『野奥戦争日記』）。これが平松口の兵であるとすれば、秋月や土方はこれを避けるため、時間差攻撃の手段をとったとも思われる。

一方、香川敬三を中心にしたこの日の朝の軍議で、新政府軍側は平松村を防備拠点に、前夜来の諸藩に加え、軍監の平川和太郎も同所に出陣した。しかし、新政府軍側の士気は一向にあがらなかった。平川同様、土佐出身の軍監で、小山戦で死亡した上田楠次の訃報が、その大きな原因となっていたという。さらに烏山藩兵らは、旧幕陸軍の到来以前より、すでに城へ撤収する気色を見せていた。藩家老で藩内勤王派の先鋒でもあった県勇記《あがたゆうき》は、それを見て、これでは勝利はおぼつかないと語ったという（『宇都宮藩史』）。

旧幕陸軍は、宇都宮城南西の大塚村方面からまっ先に攻撃を開始した。午前十一時過ぎのことだっ

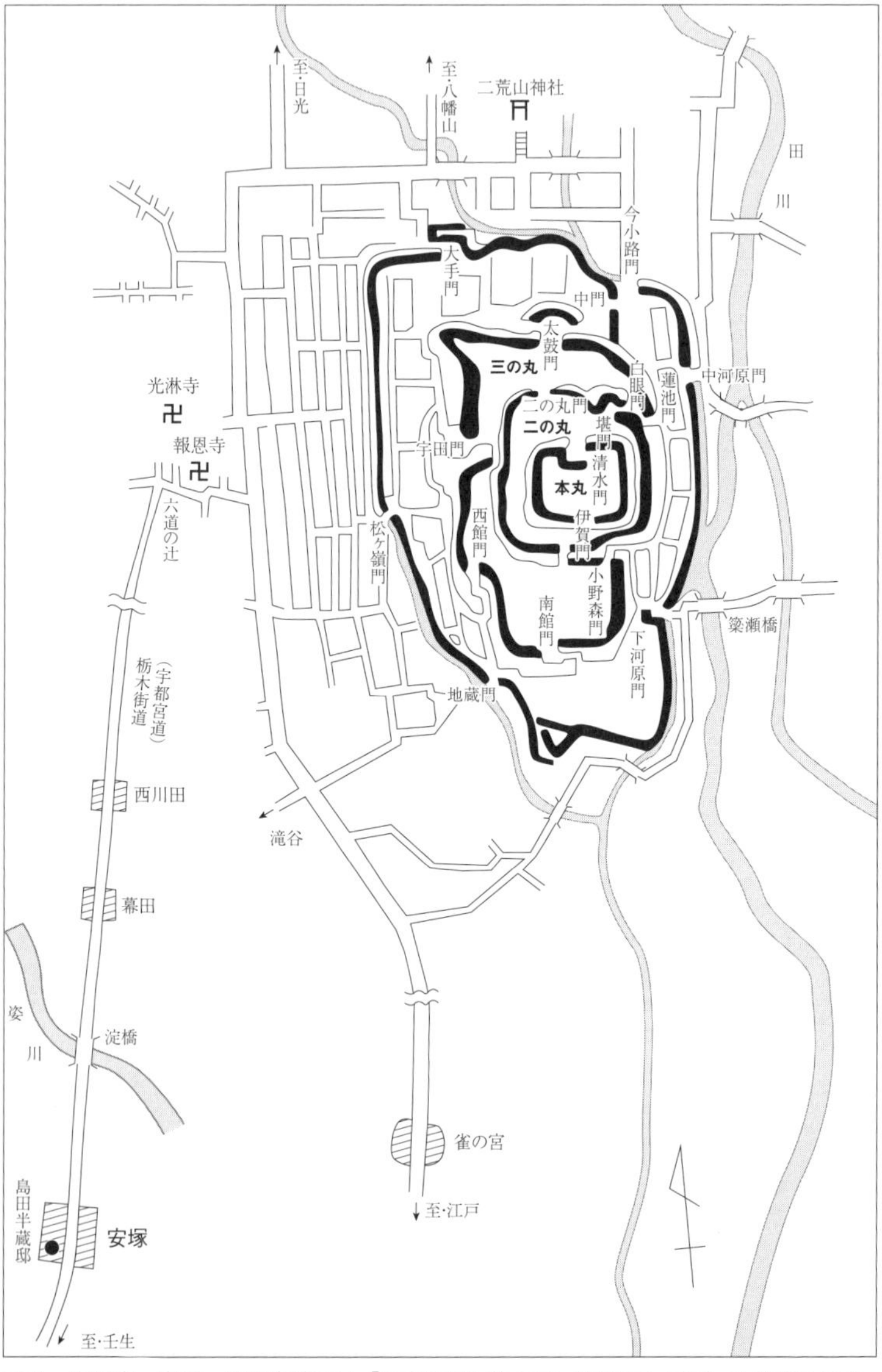

図6　宇都宮・安塚　宇都宮城下は『栃木県史』第７巻（昭和 11 年刊）を参考に作成

た。小山屋敷の南方付近で、守備兵たちとのあいだに接戦が始まる。想定していた平松村への進行ではなく、いきなり遠く西側から聞こえたこの砲声に平松村は総毛立ち、なかでも烏山兵は戦わず、いっせいに退路を雪崩れかかった。『烏山軍記』には、十九日の早朝、同藩兵は平松村から宇都宮南西十キロの桑島村に出陣し、午前十時より他藩兵らと松林で待機したという。そして十一時ごろ引き揚げ指令を受けて、宇都宮城下に戻り、簗瀬《やなぜ》で旧幕陸軍と交戦したともある。平松を守備する宇都宮兵らは、敵は前方から来るものと予想して警戒しながら、麦畑を後退していった。

先鋒軍と中軍は時間差をおいて、平松にほど近い簗瀬に姿を見せた。先鋒軍は簗瀬の「たんぼ附近堀直ニ向」かった地点から銃撃を開始、そして、正午に周辺の民家に放火した（伊沢半一郎『宇都宮落城之節の日記』）。さらに火勢が激しくなるなかを、後退していく宇都宮藩兵らを追って簗瀬橋を渡り、一路、宇都宮城へ向けて攻め進んだ。

先鋒軍を指揮して戦場に立つ土方歳三の士気はすさまじかった。土方はこのとき、激戦に耐え切れず、戦場から逃走しようとした自軍の従兵をその場で斬っている。戦争後、土方は遠縁の土方勇太郎にその詳細を話した際、退却するものは誰もこうだ、進め進め、と兵たちに号令したと回想したという（『聞きがき新選組』）。

また、秋月の率いる中軍は、簗瀬橋を渡らず、田川沿いに北の今泉方面に出るというルートをとった。中軍は一転、城北部より南下して城の大手門を攻略するという計略を立てていたものらしい。この中軍の動きに、城の真北に接する二荒山《ふたあらやま》神社では神宝の棺の焼失を恐れ、瓦谷《かわらや》村の平野神社に移している。その二荒山神社には町人たちが殺到していた。神社は長い石段の上にいまも建っているが、町人たちは突如起こった戦争の様子を見物するために、城下を一望できるこの高台へ押し寄せていた。その数は数百名におよんだという。このとき銃弾が社殿近くまで飛来し、門前にあった茶店の老婆に命中、顔面から出血し、神社内に逃れたため、野次馬たちはみな恐怖したという（『中里屋宿系図』）。

平松村から城中に戻っていた家老の県勇記は、城内各所を回り、この日のさまざまな惨状を後日の日記に記録している。先鋒軍に追い立てられ、とりわけ激戦地となった下河原門付近からすさまじい烟雲を目撃し、巨大な砲声を聞いた県は、いても立ってもいられずに、城内の砲手を呼び、先鋒軍が侵攻する簗瀬橋方向に向けて、三発砲撃するように命じている。後日、まったく予期していなかったこの砲撃で、旧幕陸軍が動揺したという報を聞いた県は、残念だったと日記に述懐している。

その後も県は城内外の諸所を回っている。そして、下河原門へも決死の思いでたどり着いて、防備の藩兵らを激励するとともに、米穀倉庫での防戦を視察、香川敬三とも途中で会談するなど、実に精力的に動き回った。

この、宇都宮から燃え上がった炎を、このとき二十キロほど南西を進んでいた大鳥圭介の中・後軍が昼前の時刻に目撃している。小山での連戦を終えた大鳥軍は、壬生を経て、鹿沼方面に北進している最中だった。下河原門の防衛線は、午後二時過ぎごろになって旧幕陸軍に突破され、桑名兵らは続いて城内へと雪崩れ込んでいった。また、前後して中軍も攻勢のうちに城内に入り、旧幕陸軍は、いよいよ勢いを増していった。宇都宮城の南東部は土塁が低く築かれ、堀も空堀の状態だった。この形状が、多数の兵力で進撃した先鋒軍と後軍に奏功したのである。

宇都宮城攻略戦争②——開城

旧幕陸軍が諸方向から侵入してくるなか、宇都宮城内では善後策が講じられ始めていた。諸藩兵それぞれ独自の判断による撤退もあって、城中の兵力も減少を続けていた。県勇記は、その日の朝、四、五百人いた新政府軍の兵士たちが、夕刻には二百名ほどしかいなかったと日記に綴っている。援兵たちの脱落は宇都宮藩にとって、はかりしれないほどの痛手となった。

この現実に、県は開城の決意を固めた。香川敬三と面談した県は、西にある大鳥圭介の一隊と、北に駐留する会津兵らの侵攻を視野に入れながら、現状でのこのままでの防備は不可能とした。そして、三日ほどあとには必ず諸方からやってくる援兵の協力を得て、後日、城を奪還することを条件に、いったん開城する意志があることを、香川に告げた。そして、香川もこれに同意する。

宇都宮藩主の戸田忠恕《ただゆき》は、旧幕府時代、天狗党事件の責めを負い、隠居の身となっていたが、慶応四年（一八六八）三月に新政府軍に城主再勤を命ぜられ、このとき城内にいた。開城に同意した香川は、忠恕を錦旗とともに脱出させるよう、重臣らに示唆し、供回りの藩士とともに城中から落とした。忠恕一行は縁戚の館林藩を頼って逃れていったが、このとき、香川から託された錦旗は、忠恕の供の福井縫殿助が腹に巻いて運んでいったともいう。

県のもとには決死の防備についていた藩士らが訪れ、なおも明日まで城に踏みとどまっての防戦の許可を願い出たが、県は再挙を期すよう説得し、一同これに同意した。また、『戸田忠友家譜』によれば、兵士たちは「小山以後ノ数度ノ戦ニ、日夜休息スルコトヲ得」なかったため、疲れ果てていたともいう。攻め入った旧幕陸軍は、ついに午後四時、宇都宮城本丸に「焼弾」（『慶応兵謀秘録』）を撃ち込んだ。そして、これが落城への決定打となったのである。

また、これと前後して、桑名藩の兵士たちは、この日、城南の英巌寺に新政府軍によって禁錮に処せられていた、老中板倉勝静《かつきよ》親子を救出している。刑部村の伊沢半一郎の日記によると、この日は「辰巳風」が激しく、正午に簗瀬から発火した火勢は、四時ごろまで城下を包んで燃え上がった。北部では材木町だけが焼け残り、また、日野町では「なら屋」という呉服屋一軒のみが焼け残ったという。この火中を、夕刻、宇都宮藩士らは城から続々と脱出していった。県勇記らは、城主の居館である二の丸の玄関に焚草を積み、火を放ったあと、藩兵らを城外に整列させ、大手門から順序良く西へ向かわせた。県は家老としての職責上、最後まで城に残り、全員の退却を見届けたあと、城を出た。

脱出した宇都宮藩士らは途中で数隊に分かれて、忠恕同様に館林藩に向かった。一行は強行軍で、二十三日に館林へ到着している。香川敬三も宇都宮を脱出し、平川和太郎らとともに、小山方面に落ちていった。宇都宮藩士に託した錦旗は、香川が懐中にして持ち出したともいう（『総督府日記』）。

旧幕陸軍が城の大手前に到着したとき、すでに新政府軍や藩兵らの姿はなかった。戦闘は旧幕府軍の勝利に終わったのである。宇都宮藩兵の戦死者は石原五郎左衛門ら十名、また、負傷者は十二名だったと『戸田忠友家譜』は伝えている。さらに、彦根や岩村田藩からも死者が出ている。また、旧幕陸軍からも回天隊長相馬左金吾、大砲隊頭取の小倉原一郎ら、重職の死者を含め多数の戦死者があった。先鋒隊で奮戦した桑名藩からは、六名の死者と五名の負傷者があったことを『戊辰戦争見聞略記』は伝えている。

しかし、城下全域にわたっての戦闘だっただけに、この日の戦いには記録に現れた以上に、膨大な数の戦死者が出ていた。翌日の二十日に宇都宮を実見したらしい伊沢半一郎の日記には、簗瀬から下河原門までのあいだに、四、五十人もの死者があったと記されている。新政府軍死者の遺体は炎に包まれたため、「不ㇾ知㆓其数㆒」（『慶応兵謀秘録』）というのが実情であった。

大きな犠牲をもって宇都宮城を落とした旧幕陸軍は、この日、燃え盛る城には入城せず、総員前夜の宿陣地である蓼沼へ帰営した。

「内藤隼人」の書簡

旧幕陸軍の中・後軍を率いる大鳥圭介は、小山での戦闘後、飯塚、壬生、合戦場《かっせんば》と進軍し、例幣使街道を日光に向けて、鹿沼方面に進んでいた。そして、十九日にその途上で宇都宮から上がる兵火を見たあと、宿陣地の鹿沼で宇都宮の状況を偵察させ、早速、軍議を開いた。この時点で大鳥は、まだ落城の報を察知していなかったと記録しているが、宇都宮はあくまで出立前の市川での軍議で攻略地の一つにあげられた場所でもあった。たとえ兵火が見えない場合でも、大鳥には、例幣使街道を北上して直接、日光へ向かわず、宇都宮で先鋒軍と合流する意志があったと思われる。

二十日、中・後軍は早暁に鹿沼を発ち、宇都宮に向かった。大鳥は約半隊と先行し、北から城下へ入った。くすぶっている火を消し、正午ごろ城中に入った一行は、さらに城下を細かく視察していった。また、前後して蓼沼から先鋒軍がふたたび宇都宮に入り、祝宴が開かれた。大鳥は先鋒軍のなかでとりわけ桑名藩兵の活躍を賞し、まっ先に杯を与えたという（『戊辰戦争見聞略記』）。さらに城内から三万両と白米三千俵を入手し（『慶応兵謀秘録』）、白米は焼け出された町民らにも分配した。

そして、午後二時、大鳥軍全軍が宇都宮城下に入り、旧幕陸軍は、四月十二日以来、ふたたび全軍が結集した。大鳥はまた、規律を乱した三名ほどの兵士を、ここで斬刑に処し、士気の弛緩を抑える努力も続けていた。こうした処断は新選組が志向したものでもあり、そこには土方歳三の意志も働いていたのかもしれない。

この日、宇都宮からほど近い笠間藩に宛て、一通の書簡が送られた。その書簡は笠間藩の『牧野貞寧家記』のなかに記録されている。

二十日、賊徒秋月登之助、内藤隼人ヨリ、駅逓ヲ以テ左ノ書ヲ投ス

以㆓手紙㆒致㆓啓上㆒候。然《しから》は過十八日、足下家来高崎庄右衛門と申者へ申入候通、重役内一人早々出張相成候様申入候得共、未《いまだ》御出向無㆑之、如何ノ思召《おぼしめし》ニ御座候哉。明廿一日中ニ宇都宮へ御出向相成候様。若《もし》御出張無㆑之候ハヾ、今日迄ノ云々《うんぬん》之御次第モ有㆑之候間、神速兵ヲ差向申候間、得㆓貴意㆒候。右之段越中守殿へ早々被㆓仰上㆒候様致度候。先ハ如㆑此御座候。以上

廿日午ノ刻

徳川陸軍隊　秋月登之助

内藤隼人

牧野越中守殿重役中

執筆者の一人の「内藤隼人」は、土方歳三の変名である。

笠間藩は十六日と十七日に小山近辺で、新政府軍の一隊として相次いで戦い、敗走していた。笠間藩の藩主・牧野越中守貞直は、幕閣の一員として元治元年（一八六四）十一月より慶応四年一月まで、最後の大坂城代をつとめていた。こうした経緯から、藩内では慶応三年の大政奉還後、路線問題が藩を二分して激化し、苦慮した末、新政府軍への加担に動いたのだった。

牧野貞直の笠間藩のまさかの変節に驚愕した土方と秋月は、宇都宮へ出軍の前日、たまたま出会ったと思われる笠間藩士の高崎庄右衛門に、その真意を糺すため、藩重役の出張を要請した。しかし、

十九日の宇都宮城攻略戦を経て、二十日になっても何の返答もない笠間藩の姿勢にいよいよ激昂し、先の書簡を送ったのだった。残念ながら原本が残っていないため、筆跡を見ることはできないが、秋月との連名のその書簡の、草文と執筆は内藤隼人こと土方歳三であると考えたい。

京都時代、新選組は頻繁に大坂に出張していた。局長の近藤勇とともに、土方もまた何度か大坂城に登城し、城代として城を統括していた牧野貞直と接触して面識があったことは間違いない。それがよもやの新政府軍への加担である。

書簡に見える「若御出張無レ之候ハヾ、今日迄ノ云々之御次第モ有レ之候間、神速兵ヲ差向申候」という、恫喝にも似た、容赦のない凄まじい言葉からは、燃えあがるような憤りがふつふつと感じられる。それは、鬼とも呼ばれたという新選組副長時代を彷彿とさせる、土方の率直な心情吐露ではないだろうか。「今日迄ノ云々」……それは笠間藩が小山で展開した旧幕軍への挑戦の経緯を指しているのと同時に、大坂でかつて牧野が、新選組副長時代の土方らに対して見せたであろう好意をも指していたのではないだろうか。

アレハ何ダッタンダ。土方は心の底からそう叫んでいたに違いない。

土方らからの書簡を受け取った牧野貞直は、その感想を『家記』に次のように記している。

我敢テ之ニ応セス。且《かつ》其書意傲慢ヲ憤リ、拒戦ノ計ヲナサントス。

宇都宮から届いた書簡の内容に不快感をあらわにした牧野は、降りかかる戦火を避けるため、早速、大藩の水戸藩に応援を要請した。しかし、「内外ノ慮《おもんぱかり》アル」という理由により、水戸藩から要請を拒絶されてしまっている。この間、土方の提示した攻撃期日の二十二日を異変なく迎えたあと、牧野は翌二十三日に監察役の藩士二名を江戸に派遣し、新政府軍東征軍総督の有栖川宮に、「何分、賊勢盛ニ相成、不ㇾ用意ㇾ場合ニ立至候」として、援兵派遣のため、水戸藩を動かすように依頼する嘆願書を提出した。

秋月や土方は、二十一日に大鳥圭介らと「翌日壬生城攻、軍議尽」（『野奥戦争日記』）との状況に忙殺されていた。そして二十二日、安塚で続いたはかばかしくない戦闘に疲弊し、翌二十三日、再度、新政府軍と宇都宮で戦う。こうした目まぐるしい動きのなかで、土方の笠間攻略は、結局、実行されることなく終わった。

牧野貞直は、あるいはこの「書意傲慢」な書簡を単なるブラフ（はったり）だったと思っていたかもしれない。『家記』は「頃《しばら》クシテ（宇都宮に）官軍来討、賊徒敗走ノ報アリ」と、簡略に書簡事件の顛末を記すのみである。牧野貞直が内藤隼人の正体を知っていたかどうかはわからない。しかし、もしも土方がこの書簡を実名で書いていたのなら、その効力はより大きなものとなり、牧野の対応もまた違ったものとなったことだろう。

だが、土方はあくまでも内藤隼人だった。ともに修羅場を潜り抜けてきた近藤勇が、生死ぎりぎりのさなかで、新政府軍に対して大久保大和を名乗り続ける以上、土方歳三も、何があっても内藤隼人でなければならなかった。それこそが、土方の近藤への「友情」ではなかったか。また、もし戦局が動かなければ、土方は確実に、旧大坂城代に対し、予告したとおりその愛刀を喉元に突きつけるため、速やかに笠間に向けて疾駆していたことだろう。

宇都宮城が奪還された二日後、かつて土方が交換条件を受け入れて依頼した勝海舟への助命嘆願も功を奏せず、近藤勇は大久保大和を名乗ったまま、板橋で処刑された。

このあと慶応四年七月。宇都宮で負傷していた土方はその傷も癒え、会津戦線の前線に「土方歳三」としてふたたび立った。一通の書簡に紙碑のように残した内藤隼人の名は、盟友の死とともに、戦場の片隅に捨てていた。

壬生進攻への道程

大鳥圭介には小山を発したあと、宿陣地の飯塚から壬生藩に使者を送り、藩内の通行を要請した経緯があった。もし通行を許可しなければ一戦を交える覚悟でいたものの、後難を心配する壬生藩から通行を謝絶され、間道をとって進まざるをえなかった。旧幕陸軍全軍が宇都宮に入った翌四月二十一日、壬生藩の友平慎三郎が宇都宮を訪れ、大鳥に対面した。友平は、壬生藩に新政府軍多数が入城したとの情報を伝えている。

新政府東山道軍総督府では、十七日に宇都宮方面に向け、因州藩の河田佐久馬の率いる救援隊を派遺していた。一隊は二十日に宿陣地の古河を発ち、宇都宮に向かう途上で、敗走中の兵から落城を聞かされた。さらに小山で、ちょうど出立しようとしていた香川敬三に、宇都宮を落とした旧幕陸軍が壬生に迫ろうとしているという状況を聞いた。そのため河田は進路を変更して、その夜、壬生に入城していたのである。河田はさっそく番兵を各所に配備し、みずからも終夜態勢で厳戒にあたっていた（『山内豊範家記』）。友平はこうした経緯を大鳥に伝えたのだった。

このとき、新政府軍の一員として、河田とともに壬生に入った松本藩士の田辺覚左衛門は、進軍開始から、翌日の安塚戦争の模様などを史談会で二度にわたり語っている。それによると、田辺は因州藩付属の松本藩小荷駄奉行として出軍していた。そして十九日に古河へ向かう途中で、小山から敗走してきたという武士から、新政府軍の苦境を聞いた。その夜の宿陣地の古河では、夜襲に備え、少しでも睡眠をとるため、酒の力を借りたという。

翌日、夕刻に壬生に入ったが、このときの藩内の様子を「丸で火事の様な騒ぎ」だったと評し、藩兵らが「大砲抔《など》を彼方此方に引きて、出掛る用意をして」いたという。田辺はその理由を、旧幕府軍が、壬生藩に大砲や兵の供出を迫ったからだったらしいと語っている。この夜、田辺は、宿北側の黒川畔で番兵に立った。さらに、田辺は壬生藩から得た情報として、新政府軍の有馬藤太が藩重役に掛け合ったため、萎縮した藩側が、それまでの佐幕的な藩論を捨て、新政府軍に「御尽力」するようになったとも語っている（『史談会速記録』五七輯）。

さて、友平の情報を受けた大鳥は、さっそく各隊代表者を集めて軍議を開始する。そして大鳥は一同に、兵法の精神に沿って、まだ防備が手薄なうちに先制攻撃を撃つとした自説を述べたという（『浅田惟季北戦日誌』）。大鳥にとって、かつて通行すら拒絶した壬生藩が、新政府軍を入城させたという事実は、きわめて不快なものだったに違いない。

しかし、会津藩の柿沢勇記がこれを拒否するなど、議論は百出した。『野奥戦争日記』は象徴的にこう記している。「諸隊頭並頭取本陣へ寄、翌日壬生城攻軍議尽」。

果てしなく続いた軍議は、ようやく夕刻になって進軍の結論を見た。この時間の浪費は旧幕陸軍にとって、大きな失策だった。

この日の正午、すでに壬生の新政府軍は因州山国隊をはじめ、各藩兵たち二百五十名ほどを、斥候隊として宇都宮道へ進軍させていた。一行は夕方近くに宇都宮南方の安塚に入った。いまも当時の威風を伝える島田半蔵宅を本陣に定めた新政府軍は、警戒を続けるうち、旧幕陸軍の接近を察知する。すぐに壬生へ応援要請が送られ、土佐藩の各小隊が次々に増援されていった。この間、山国隊は斥候役として近づいてきた旧幕陸軍兵を銃撃し、一名を射殺している。

大鳥は二十一日中に各隊を二方向から壬生に向けて出軍させていた。伝習二大隊は雀宮《すずめのみや》まで南進して西に折れるコースをとり、伝習第一大隊第二小隊や七連隊、新選組などは宇都宮道を南進、そして幕田《まくた》村の坂本藤三郎宅を本陣に定め、総数九百名が二十一日中に近辺に布陣していた。

また、大鳥はこの間に一部の伝習隊を直接壬生に派遣して要撃するという策をとっていた。しかし、旧幕陸軍の軍議の遅延が、明るいうちから動きだし、頻繁な増援態勢も整えた新政府軍側にはきわめて有利に働いていた。双方は姿川にかかる淀橋を分岐点に、南北で対峙することとなる。

おりから、天候は激しい風雨となってきていた。

安塚戦争――ある新政府軍兵士の回想

新政府軍の一員として安塚に出軍した松本藩の田辺覚左衛門は、一隊の連隊長を務めた因州藩士の匝瑳《そうさ》胤常《たねつね》から、戦闘開始前に、合言葉を用意しておくよう指示を受けたと語り残している。そして、暗夜の戦闘のため、遠方であれば提灯や龕灯《がんどう》をふり回すのが良策との説明を受けた。ちなみに『丹波三国隊史』によると、この夜、奮戦した因州藩山国隊の合言葉は「天」と「地」だったという。

田辺覚左衛門は、最前線で先鋒を固める山国隊の背後に、旧幕臣で変節した大久保忠告隊らと布陣していた。戦闘開始の直前、田辺は配下の中西紋之丞から、戦闘の開始時刻を尋ねられ、鶏鳴時になるとの予測を伝えていた。午前三時ごろだった。そのため、まだ余裕があるものと、いったん田辺は南部の本陣へ向かおうとして歩き始めたとき、旧幕軍の撃った砲弾が、淀橋の近辺へ飛んできた。

幕田に続く西川田の集落に布陣する旧幕陸軍が撃った砲弾だった。とっさのことに驚愕した新政府軍は、暗闇のなかで、まったく見えない敵に向けて、銃撃を開始する。あわてて守備位置に戻った田辺は、動転して空砲を撃っている兵士たちを見て、いちいち注意に走り回った。この間も旧幕府軍の銃撃は激しく、この状態が三十分ほど続いたあと、にわかに止み、また盛り返した。

その後、淀橋上や姿川の土手沿いに、旧幕軍に銃撃を加えながら転戦した田辺は、夜明けに暗闇のなかから浮かび上がった大砲を見た。それは、山国隊の陣があった場所におかれていた大砲で、あろうことか砲身が新政府軍側に向けて放置されていた。旧幕軍が攻勢を強めたため、山国隊は一時、安塚宿内へ撤退せざるをえなかったのである。

田辺もまた後退し、安塚宿内の民家に入り、十五、六名の友軍とともに、銃撃を続けたあと、午前八時ごろ、ここを訪れた土佐藩の二小隊にあとを託し、銃弾の補給のため、本陣の島田邸に入った。このとき、なかなか銃弾を与えてくれない配給係に難儀した田辺は、本陣内で「官軍大勝利」と誰彼なく二声叫び、まんまと弾薬などを手に入れたというエピソードを残している。

そのころ、安塚から苦戦の報を受けた河田左久馬が、みずから壬生へ進軍してきていた。河田はいかなる兵であっても退くものは斬る、と街道上で叫びながら、撤退する兵士たちを前線へ引き返させていたという。この河田の出撃が、いったんは敗色の濃かった新政府軍にとっての、ターニングポイントとなった。

田辺覚左衛門は接近戦で旧幕兵一名を斬り、さらに街道で絶命していた将校クラスの兵士の首級を挙げた。ついで、道端にあった銃を四挺、戦利品として持ち歩いていたところを、街道上で偶然、河

品を欲ばるからだ、と叱ったという。田辺は、負傷にまったく気づいていなかったのである。田佐久馬と遭遇した。河田は田辺が手から出血していたのを注意して、身動きができないほどの戦利

その後、田辺は姿川まで戻り、旧幕軍が遺棄していった旗を発見した。旗には「會」の文字と、下には「東照宮」の三文字があった。河田の出軍により盛り返した新政府軍は、姿川から徐々に旧幕陸軍を押し戻していったのである。会津旗は、その際の遺留品だった。

完全に安塚を回復した新政府軍は、酒屋を接収した控え所で兵士たちの慰労をおこなった。ここで田辺は、休息後、壬生へ帰陣するとの新政府軍の議決を知る。河田は、この襲撃中、壬生が旧幕陸軍の管轄下におかれてしまうことを警戒していた。安塚での激戦中に、河田は壬生方面からの銃砲声を聞いていたのである。

大鳥圭介が安塚方面とは別に、単独で壬生へ派遣していた大川正次郎率いる伝習隊の小隊は、裏間道を経て壬生に侵入していた。このとき、城下にいた薩摩兵を襲い、四名を斬首して、城下に放火した旨を『慶応兵謀秘録』は伝えている。しかし、大川隊の兵力は少なく、この日の悪天候で火が思いのほか回らなかったこともあり、結局、大川は攻略不十分なまま壬生を引き揚げることとなった。

このとき、壬生に残っていた新政府軍軍監の有馬藤太は、大川隊の到着前に早馬で壬生を発ち、宇都宮救援のため進軍していた伊地知正治隊と奥州街道上で接触し、壬生救援を要請した。しかし、伊地知らが到着したとき、すでに大川は撤退したあとだった。

旧幕陸軍の到来を危惧しながら、河田左久馬が壬生に戻ったのは、午前一時ごろだった。河田とともに壬生に戻った田辺覚左衛門は、城下のあちこちでまだくすぶっていた煙を目撃、さらに城内の溝などに多数残されていた弾痕を見て、その戦闘のすさまじさを実感している。また田辺は、城門の土手付近で壬生藩士が一名射殺されたという話も聞いた。被害は大きかったものの、河田の警戒と危惧に反して、壬生城下が旧幕陸軍側に落ちることはなかった。結局、安塚での戦闘は、新政府軍の勝利に終わった。悪天候や、各隊の進軍ミスなどもあり、旧幕陸軍は、思いどおりの戦闘をおこなうことができなかった。

旧幕陸軍は、この日、斥候として先着していた元新選組の永倉新八らが指揮する靖共隊を殿軍に、午前一時ごろ、宇都宮に帰陣した。伝習隊の浅田惟季は、安塚戦を「敵六分ノ利ヲ得テ、味方四分ノ不利」と日記に記し、壬生への攻撃とあわせて、この日の戦闘の成果は「互角」の勝負と評している。しかし浅田は、旧幕陸軍の兵員数を考慮したうえで、「我兵七分ノ勝」とまとめることも忘れてはいなかった。

双方の損傷も甚大だった。浅田の日記には旧幕陸軍側の戦死者を四十五、六人、負傷者を七十八人と記している。新政府軍側も損害は大きく、とくに奮戦した土佐藩兵の戦死者が多かった。刑部村の伊沢半十郎の日記には、「廿二日安塚原ニ而、六七十人程」とある。翌日、現地で見た遺体数と思われる。現在、安塚南方の街道沿い西側に、戦死した土佐の武市権兵衛、半田擢吉、国吉栄之進の墓が並んで残っている。また、激戦地となった安塚北方の街道沿い東側には、二基の戊辰戦役の碑が建っている。これは、この日の戦いで戦死した幕府軍三十四名を慰霊するため、地元有志の大久保菊十郎らにより、明治十三年に建立されたものである。

また、両軍が対峙した淀橋の下にはいまも往時を思わせる姿川と土手が続き、本陣となった島田家とともに、安塚戦争の歴史を現在に伝えている。さらに、街道沿いに現存する某家の古い表門の裏側には、当時の銃弾跡が残されていたとの土地の伝承も伝えられている。

田辺覚左衛門は、のちに大鳥圭介に宛てて質問状を書き、おもだった幕府軍戦死者の名を尋ね、史談会で公表した。大鳥は安塚戦争を総括して、こう述べている。「慶応四年四月廿四《ママ》日未明、暴風雨殊ニ闇夜ニシテ寒気強ク血戦数時間、両軍死死甚タ多シ」（『史談会速記録』七〇輯）。

宇都宮城奪還戦争①——進攻

新政府東山道軍総督府では、先の河田佐久馬率いる一隊に続き、続々と友軍の救援隊を宇都宮方面に派遣していた。

四月二十二日、前後して江戸を発ち、うち一隊は岩井で旧幕府軍と戦った、伊地知正治指揮の薩摩五、六番隊を中心にした二隊が、時間差をおいて壬生城下に入っている。すでに安塚での戦闘も大勢が決まり、また、壬生城下は大川正次郎の伝習隊が攻略を終えて去ったあとで、壬生は先の松本藩士の田辺覚左衛門の記録にあるように、煙のくすぶる異様な状況下にあった。

こうした光景を目のあたりにした薩摩軍は、早い時期での宇都宮攻略を志向し、休む間もなく宇都宮への進軍を決意する。その夜、壬生の薩摩軍は長州軍宿舎に使者を送り、「明二十三日宇都宮ニ討入ノ心組」がある旨を伝えた。この要請に長州軍も「明日ハ宇都宮攻城ト覚悟」を決めたという（『東山道戦記』）。一方、安塚から撤退してきた兵士たちのずぶ濡れの姿と苦境を見て、宇都宮の大鳥圭介は苦慮していた。

二十三日朝、大鳥のとった行動について、残された記録は対照的なほどに異なっていた。『幕末実戦史』には、大鳥は早朝、諸隊の責任者を集め、これまでの戦闘経過について軍議をおこなったという。そして、安塚戦での撤退により、必ず壬生から新政府軍が攻略を仕掛けてくることを考え、速やかに防戦の準備に入ることを第一に指示したという。そして、昨日の戦闘で濡れた銃火器一式の手入れを示唆した。

そうした中、午前九時ごろ、大鳥は遠くからの銃声を聞いたという。注進も来ないため、おそらく銃の手入れの際の暴発だろうと思っていた大鳥は、その後、聞こえてきた鬨の声や砲声で、新政府軍の攻撃を知ったという。そして、大鳥はただちに総員に「防戦」の準備をさせている。

一方、『浅田惟季北戦日誌』は、二十二日に大鳥が、総員に日光退軍の命令を下したと記録している。そして、負傷者から順次搬送が始まっていたという。二十三日の朝、浅田はこの日光退軍の「先鋒」として早朝に起床、食事後、午前八時前後に新政府軍が城外に迫っているとの報を受けた。続いて起こった砲声で、浅田は敵襲を知る。

そのあと、浅田は大鳥の言葉を聞いた。大鳥は、我々の目標は、ただ「日光岳」のみだが、いま迫ってきた敵兵に対さなければ臆したものと誹《そし》られるため、ひとたび当たってこれを退けるよう総員に命じ、出軍させたという。

いずれが大鳥の真意だったのかはわからない。『幕末実戦史』でも大鳥は、戦局が不利になった時点で即座に日光へ撤退を決意したことを示唆してもいる。ただ、確かなことは、あきらかに新政府軍の宇都宮侵攻が予想以上に早かったという点である。安塚戦に続き、ここでも旧幕陸軍は、後手をとってしまったのである。『薩藩出軍戦状』によると、薩摩藩兵を中心とした新政府軍は、壬生から宇都宮道を北上して、午前七時ごろには宇都宮宿の至近へたどり着いている。そして、じりじりと進軍しながら、午前九時ごろ、城下南西の滝尾神社付近の麦畑のなかに張りついていた。総数二百名の編成だった。彼らはこのラインを越えて六道口から城下に攻め入る計画だった。現在も「滝尾十字路」として大小の五叉路が入りまじり、交通量も激しい要所である。

旧幕陸軍は、重点警戒地区のこの付近に監視をおいていた。そして百メートルほどに迫った、麦畑に潜む新政府軍の姿に気づいた兵士たちは、急いで大砲を押し出し、また、銃隊を散開させて、砲撃と銃撃を続けた。薩摩兵らは怯《ひる》まず前進し、緒戦を突破、三名ほどの旧幕軍兵士を射殺して、進軍ラッパを鳴らしながら、城下に突入した。

人数的に劣勢の新政府軍は、辻々での進軍に際してあらかじめ狙撃手を出し、迎撃兵を排除しながら、宇都宮城をめざしていった。

旧幕陸軍は城下西側の武家屋敷町を、二十日の侵入後、宿舎として使っていたが、その家々のあいだに植えられた竹垣などの遮蔽物を利用して、新政府軍を狙い撃った。この段階で数名の死傷者を出した末、武家屋敷町を突破した新政府軍は、ようやく宇都宮城西側の堀ぎわへたどり着いた。大鳥は長いラインのこの堀ぎわに多数の防御兵を配置して、新政府軍を迎撃した。宇都宮城の堀にはほとんど水がなかった。かつて幕府に対し恭順の姿勢を保つ一環だったという。新政府軍の兵士たちはこの空堀を越えて、一挙に入城を試みた。一方、この侵攻に対して、旧幕陸軍の兵士たちは銃撃や槍などの、彼我の間隔をおいた攻撃で応戦した。

このとき、すでに時刻は正午を過ぎようとしていた。戦局は、新政府軍側の強引な侵攻に対し、防備の旧幕陸軍側に有利なうちに展開していた。

宇都宮城奪還戦争②——土方歳三の受傷

新選組隊士だった永倉新八が、晩年、往時の活躍などを語った談話を、新聞記者がまとめた記録が残されている。その書は、現在では『新撰組顛末記』のタイトルで出版されている。ここで永倉は、新選組と分派して靖共隊を組織した以降の経過についても詳述している。

　永倉は、四月十九日に鹿沼から大鳥圭介の旧幕陸軍中・後軍に合流したらしく、そのあと宇都宮に入城、さらに安塚で抜刀隊を組織し、腕に負傷したあと宇都宮に帰城した。そのあと、永倉の記録は宇都宮奪還の激戦のことには細かく触れることなく、今市へととぶ。どうやら安塚での負傷のため、永倉は翌二十二日の早朝、新政府軍との戦闘前に日光方面に搬送されたと思われる。

　もう一つ、永倉が触れていないことがある。それは土方歳三と、新選組のことである。このわずか三日のあいだに、永倉は間違いなく宇都宮や安塚で、土方や、また島田魁など土方に付随して旧幕陸軍に参加した新選組隊士と出会っているはずだった。島田は、かつて永倉の指揮した新選組二番隊の伍長でもあった。しかし、そのことには永倉はいっさい沈黙し、また、島田魁らもいっさい記録に残してはいない。

　土方や島田にとって、予期せぬところで出会った永倉は、彼らの目にどのように映ったことだろう。当然、永倉は、直接袂を分かった近藤勇が、その後、捕縛されたことも、この時点では掌握していなかったことだろう。土方は、おそらく永倉が今市に搬送されたであろう直後の新政府軍の宇都宮侵攻に際し、死力をふるって戦った。十九日の戦闘で、自軍の兵卒を斬ってまでも士気を鼓舞させようとした土方は、戦いのなかで燃え続けていた。

　だが、この戦いで土方は負傷した。島田魁は日記に「九ツ時比《ころ》、土方、秋月両公怪我ヲ受ケ」と記し、同じく新選組隊士の中島登は「九ツ時、土方、秋月両長トモ怪我ヲ受ケ」と、それぞれの記録はほぼ同じ記述を残している。さらに、『慶応兵謀秘録』は「伝習第一大隊ノ長秋月登之助並内藤隼太《ママ》ハ手負」とある。九ツ時は、現在の正午にあたる。その時刻は、ちょうど新政府軍が城下に侵入し、武家屋敷町を突破して、城の空堀一帯で、防御の旧幕府軍と激戦を展開していたころでもあった。土方はこの戦いのさなか負傷したのだった。

もう一つの隊士の記録である『立川主税戦争日記』には、島田と中島とはやや異なる記述が見られる。

翌二十三日、壬生口ヨリ敵襲来、此時土方先生秋月両将、籠城シテ防禦スト云ヘドモ、右両将手負ト相成リ、故ニ日光口エ引揚……

「籠城シテ防御」という言葉から、まさに土方が、この堀上での戦闘で激しく戦っていた姿が想像される。

土方がこの下野諸戦争の過程で、ほぼ歩調をあわせて戦ってきた桑名藩兵は、このとき、七連隊とともに、午前中に二荒山神社と八幡山付近に布陣していた。ここへ午前十一時前後に城からの援兵要請がきて、藩隊の半数が城へ向かっている。土方はこの一隊と行動をともにしたらしい。このとき、宇都宮城へ向かった桑名藩半隊の行動を、藩士の石井勇次郎は「大手先ノ敵ヲ破」って入城したと、『戊辰戦争見聞略記』に書いている。おそらく土方もまた、城北西部の大手門付近から入城し、西側の長い防御ラインで戦い続けたことだろう。

土方の負傷箇所について、大鳥圭介は『幕末実戦史』に「傷者　土方歳三（足指）」と記し、また、『桑名藩戦記』には「此戦ニ土方歳三、足ノ指ヲ傷キシカ早ク城中ヲ出テ会津ヲ指テ退キタリ」とある。おそらく、薩摩軍狙撃兵の銃弾によるものだったのではないだろうか。

この激戦のあと、戦況は旧幕陸軍側の有利のうちに進み、新政府軍は一時撤退する。その間隙をついて、土方は宇都宮から今市へ護送されていったものと思われる。島田魁はじめ数名の隊士はおそらく土方の意向を受けたものだろうか、搬送される土方に同行せずに、そのまま宇都宮に踏みとどまり、午後からの激戦を伝習隊などとともに戦った。『浅田惟季北戦日誌節略』は、土方が去ったあとの、新選組の奮戦を次のように伝えている。

二荒山神社　宇都宮市

> 午半ニ至テ敵兵又来テ攻撃ス、（中略）新撰組、及伝習二小隊（大川正次郎隊、小笠原信太郎隊）ヲシテ城南明神山ヲ奪ヒ、敵兵ノ横列ヲ襲ハ令ム、彼之レカ為ニ卻《しりぞ》ク事五六丁、大礮《ほう》ヲ発チ遠ク囲ミテ烈ク明神山ヲ襲フ、未半ニ至ル迄我兵屈セス戦フト雖《いえ》共《ども》、城中ノ活道既ニ断ル、ヲ懼《おそ》レ、終ニ山ヲ下テ帰ル

浅田の記した「城南」はあきらかに「城北」の誤記だが、明神山こと二荒山神社は、おそらく午前中、城へ向かう前に、新選組が土

方とともに布陣していたと思われる地点だった。数少ない新選組隊士たちは、歴戦を戦い続けた屈強の大川正次郎隊らとともに、まさに土方の分まで、この高台で戦い続けたのである。

ただ、土方の負傷時期は、先の空堀付近での激戦とは若干前後し、この時点ではまだ前線の明神山で指揮を執っていた可能性があることも否めない。とすると、この激戦中に負傷している可能性もある。いずれにしても、土方はこの日たしかに激しく戦ったのだった。そして、市川以降コンビを組んだ秋月と、ここでもともに前線を撤退することになったのである。

土方は、護送された今市で、ある挿話を残している。土方の実姉の嫁ぎ先の、日野の佐藤家に伝わる話である。土方は今市で、中島登を使者に立て、そのとき日光に詰めていた旧友の八王子千人同心、土方勇太郎を療養先に招いている。そして土方は、勇太郎にいくらかの金子を渡して、ある依頼をした。十九日の宇都宮城攻略戦のおり、土方は前線を退却しようとする兵卒を斬った。このことを勇太郎に告げたあと、土方は「あの一兵卒は実に不憫である。どうかこれでこの日光へ、墓石の一つも建ててくれ」(『聞きがき新選組』)と語った。そのとき土方は、目に涙を溜めていたという。

内藤隼人の名で、勝沼戦以降、約五十日にわたって前線での緊張の狭間を走り抜けてきた土方歳三にとって、負傷と引き換えにやっと訪れた休息のひとときだった。このとき、ベッドの上で、ようやくこれまでの激闘や経緯を述懐するゆとりだけはできたものだろうか。

慶応元年、土方がみずから江戸に下って新選組隊士の募集をおこなったおり、一人の宇都宮出身者が入隊している。その名を中村五郎といい、わずか十七歳の少年だった。中村は在隊二年余りののち、新選組の方針に沿えず、脱退を決意した。そして土方らに願い出たが、隊規により認められなかったため、進退に窮まった末、会津藩邸内で同志たちとともに、十九歳で切腹死を遂げた。同時代記録の、中村の壮絶な検死報告も残されている。土方自身、きわめて印象深かった宇都宮出身の少年隊士の死が、奇しくもその宇都宮で兵卒を斬った事実と、一瞬オーバーラップしたのかもしれない。

この日、勇太郎を呼びにいった中島登は、宇都宮で戦った新選組隊士の一人でもあった。隊士たちはおそらく宇都宮撤退後、ただちに今市の土方のもとへ走ったのだろう。島田魁も中島登も、その後、箱館までのあいだ、土方の進む道程を、新選組隊士として最後までともにつき随っていった。

宇都宮城奪還戦争③——奪還

新政府軍が旧幕陸軍と激闘を続けた宇都宮城の外堀は、現在の国道一一九号線に沿ったところにあった。現在の松ケ峰と一条付近がとりわけいちばんの激戦地となり、薩摩軍六番隊を中心にした新政府軍最高指揮官の、同六番隊長野津《のづ》七次（後名・道貫《みちつら》）が深手を負い、また戦死者も続出した。

外堀付近での戦闘が続いてからほどなくして薩摩兵たちは、背後に進軍ラッパを聞いた。新政府軍の退路を遮断するため、大鳥圭介が城中から二方向に分けて派兵をおこない、一隊は横側、もう一隊は背後の六道口付近から攻め立てたのである。十四、五名の決死隊をこれらに対峙させながら、薩摩兵らはふたたび宇都宮城下を退却していった。

多大な犠牲を生みながら、新政府軍はいったん、侵入地点である滝尾神社前の麦畑に退却した。このとき彼らは「兵之労ヲ休メ明朝可二攻落一ト決議」をしたという（『薩藩出軍戦状』）。午後三時近く、麦畑のなかで遅い昼食をとりながら、この時点で彼らは、この日の攻撃を取りやめ、翌日ふたたび宇都宮攻撃をおこなおうと決めたのである。

そんなとき、彼らは東の方角から銃声を聞いた。野津鎮雄《のづしずお》率いる薩摩五番隊と長州軍の後続隊が駆けつけたのだった。打撃を受けた六番隊には、待ちに待った援軍だった。援軍の五番隊らは、この日午前八時に宿陣地の結城を出立し、小山にいると思われた六番隊との合流をめざしていたが、小山に六番隊の姿がなかったため、軍議の結果、宇都宮侵攻を決めて、すさまじい速さで宇都宮に入っていた。小山塩沢村の名主、吉行寺梶之助は、この日、宇都宮をめざす五番隊の様子を日記に次のように書いている。

四月廿三日、陰〇今朝壬生辺大合戦〇薩州其外官軍方多御人数壬生へ御通行、日々役人馬出ル
正しくは、壬生ではなく宇都宮だった。あるいは新政府軍は情報の攪乱を狙って、目的地を周辺に壬生と告げて進軍したのかもしれない。宇都宮を壬生とした梶之助の記述は、旧幕府軍の城攻略時と違って、奪回戦では建物の炎上がほとんどなかったための誤認といえるかもしれない。

宇都宮に入った五番隊は、休息中の六番隊に弾薬を送ったあと、南から城めざして城下を侵攻、そ

して、六番隊がいったん退いた堀ぎわにふたたび張りつき、猛攻を加えた。また、さらに北へ向かい、二荒山に猛攻を加えた一隊もあった。新選組隊士らが戦っていた地である。

引き続き、壬生から河田左久馬率いる一隊が宇都宮に入った。河田らの隊は後詰めとして、先に出立した薩摩軍六番隊に引き続き、早朝、壬生を出立する予定だった。しかし、帰城が深夜になった前日の安塚戦での疲労と、豪雨に濡れた銃器の補整などに手間どり、壬生を出立したのは「巳半刻」（『内参謀戦報』）になってからだった。午前十時のことである。

『伊地知正治日記』は、河田の到着時刻を「落城近ニ臨テ、因州一小隊位為ニ応援一出軍」と、言外にきびしく記している。河田自身も『内参謀戦報』に「最早落城致シ候義ト失望仕ナカラ、残兵ナリトモ追撃可レ仕」との思いで駆けつけたと、案外すなおに吐露している。

河田は滝尾神社付近で、再度出軍しようとしていた薩摩軍六番隊と再会、そして合流して侵攻を開始した。六番隊は大手門から城内へ侵入、諸方向から猛攻をかける新政府軍に、旧幕陸軍の余力はほとんど残されていなかった。『幕末実戦史』によると、ようやくこの時点で大鳥は「全軍を日光に収むるを良とす」との決意を固めたという。すでにこのとき、城中からは、奥州街道を「糸の如く」日光へ落ちてゆく兵士たちの姿が認められたという。『慶応兵謀秘録』にも、「敵ハ弥々《いよいよ》鋭勢ニ成リ、暫時ノ間ニ堀際迄攻来リ、已《すで》ニカラ堀ヲ越入来リ、守兵不レ得レ止日光山へ退ク」とある。はたして、大鳥のその決意がこの日のいつの時点で決まったのかはわからないものの、西側の空堀が突破され、新政府軍が城内に侵入してきたことが、すべてのターニングポイントでもあった。

大鳥は、ここで全軍に指令を下したという。この日の朝、すでに大鳥が日光をめざしていたと書いた浅田惟季の日記には、こう記されている。

大鳥圭介令ヲ下シテ曰ク、薄暮ニ退軍ス可シ、一竹林ヲ争ヒ多兵ヲ傷《きずつく》ルハ無益也、宜ク収ヨ

そして、迫りくる新政府軍兵士に銃弾を「猛烈ニ発射」しながら撤退を開始したという。

また『野奥戦争日記』は、友軍のなかから七連隊が城を出て、「天神山」に登り、一斉掃射を加えたと記している。「天神山」とは明神山、すなわち二荒山神社のことだろうか。とすると七連隊は、新選組や伝習隊らが撤退したあと、ふたたびここから捨て身の攻撃をおこなったことになる。これが、脱出の際の一種の陽動作戦となったという。「天神山」からの猛攻によって、新政府軍は「少々逃去」ったという。そして、この間に「味方城ヲ出、日光へ引上」げていったという。

しかし、あるいはこの記述は、伝習隊らの明神山布陣時のことと混同していたものかもしれない。大鳥は「明神山にも引揚の事を通」（『幕末実戦史』）じてから、日光へ向けて出立していったとも記している。旧幕陸軍の城からの撤退は大鳥自身、「容易」と表現したほど、さほどの難もなく進められた。しかし、取り残された兵士もいて、その後も城下では散発的な小戦闘がおこなわれた。

彼らが城を出たあと、河田左久馬の因州隊がついに本丸内に入った。因州隊は士官の宮川達之進が錦旗を立てて侵入、残存していた旧幕軍を掃討したあと、午後五時に本丸を制圧し、宇都宮城を再奪

取した。城下には、おびただしい数の遺体が残されていた。二十四日に城下に戻った藩士の藤田安義は、城二の丸前に転がる数個の首級や、城下の所々に目印の小石を載せた「戦死仮埋」のあとを見て、「燹《せん》後腥《せい》風ヲ穿《うが》チ殺気満場言語ニ絶ス」と手記に書いている。

新政府軍の兵士の遺体は、その後、新政府軍の官修墓として、宇都宮市内の二十四カ所などに埋葬された。薩摩・長州・大垣藩関係の墳墓は市内の報恩寺に、また、同じく因州藩関係の墳墓は光琳寺にある。報恩寺の墳墓の左側には、明治元年十月奉納の小さな石製蝋燭台が建っている。剥落しそうな献納者の刻銘には、「軍監中村半次郎藤原朝臣□□」と刻まれている。のちの桐野利秋である。

また、旧幕府軍関係者の遺体は、付近の住民らによって六道辻付近に合葬された。そして明治七年六月に、旧宇都宮藩士の戸田三男、前橋徳蔵ら十四名によって「戊辰役戦士墓」と刻んだ墓碑が建立された。いまも六道交差点に残るこの墓碑を、かつて地元の人々は「賊神さま」と呼んでいたという。

傷だらけの旧幕陸軍

宇都宮を脱した大鳥圭介の旧幕陸軍は、本道を逸れて、隊伍を組むこともなく、間道を、日光をめざして北上していった。

宇都宮から北へ向かっていった旧幕府軍の兵士たちは、定まったルートをとらなかったらしく、刑部村の伊沢半一郎の日記には、「会津勢は田原村通ヲのぼり候者もあり、日光街道ヲ上り候者もあり」

と記され、大鳥がとった間道のほかに、山田川沿いの田原街道や、大胆に本道を進んでいった兵士たちもいたことを伝えている。

大鳥は宇都宮を出てほどなく行った農家で、北上して行く自軍に握り飯を提供していた農夫に驚き、わけを聞いた。すると農夫は、自分は東照宮の恩恵に与るもののため、旧幕軍の大鳥らに奉仕するのだと落涙して語り、この忠誠心に、大鳥はいたく感激したという。

その後、大鳥は夜半、大網村で休息したあと、徳次郎村を経て、ここで例幣使街道をとったらしく、一路、大沢に出た。そして暫時睡眠をとってから、二十四日早朝に今市の本陣に入った。前日から今市には、宇都宮から多数の負傷兵が搬送されてきていた。日光にほど近い七里村の名主の日記は、この負傷兵たちのことを次のように記録している。

旗本勢けが人之分、廿二日より、廿三、廿四日、日光へ参る、凡三百人計り也。尤、戸板へのり、木の葉かこいのり参る事、諸人驚へく事也。日光ハ寺方へ入、りやうじ（療治）致し、廿四日にハ今市迄旗本勢引上ケに相成、都合三千余キ……

宇都宮での戦争開始以前から、負傷兵の搬送はおこなわれていた。それは大鳥が、早い時点から日光行きを決意していたからかもしれなかった。この三百人のなかには、土方歳三や永倉新八らの姿もあったことだろう。また、負傷した浅田惟季は駕籠で宇都宮を出たあと、大沢村付近で一泊し、午前八時に出立、昼前の十一時に今市に到着している。

こうして、今市にほぼ旧幕陸軍の総員が集まったこの日の正午、土方歳三は、島田魁ら数名の新選組隊士をともない、同じく宇都宮で負傷した秋月登之助とともに、会津をめざして出立していった。いったん大鳥圭介と訣別した土方は、会津へ先発した新選組本隊と合流することになる。勝海舟とのあいだでなされた密約にしたがっておこなわれたとも思われる、土方の単独行はこれで終わった。

まだ、近藤勇の身柄は解放されてはいなかった。当然、土方は、流山で捕縛されて以後の近藤の動向について、細心の注意を払っていたはずである。そしてその過程で、近藤を捕らえ、自分にとっても直接の目前の敵となった東山道軍より絶え間なく派遣される兵から、大久保大和の正体が露顕した、との情報を得ていたかもしれない。自分の手を遠く離れて、思わぬ方向へと動き出してしまった事態に、土方は、もはや勝への忠義立てを拒絶せざるをえなかったのかもしれない。

新政府軍の香川敬三は、捕縛した近藤の処遇について太政官に送った嘆願書に、「於㆓京都市中㆒引廻シ之上令㆓梟首《きょうしゅ》㆒、聊《いささか》天下義士之心ヲ慰メ候様仕度奉㆓懇願㆒候」とまで記していた。彼らの近藤への私怨の情は絶大だった。苦衷に満ちた土方は、運を天に任せて、会津にいる隊士たちの元へと走っていったのかもしれない。

このとき今市には、会津藩の日向内記《ひなたないき》が百三十名の兵を率い駐留していた。彼らは宇都宮を逃れ、今市へ来ていた彦根藩兵五名を捕殺し、宿の入り口に梟首していたという。大鳥はさっそく日向内記らと軍議を開き、まず、会津藩から銃弾の供給を了承させている。相次ぐ戦闘で欠乏した銃弾の補給は、旧幕陸軍にとって当面の急務だったからである。

さらに大鳥は、彼らに共闘を要請した。徳川家の聖地でもある日光を前にして安定した戦線を張る場所として、今市は最適だったからである。しかし、日向はともにこの地で新政府軍と戦うことを意図した大鳥の申し出を拒否、国境が手薄であるとの理由で、即日、今市を出立し藩領まで引き揚げてしまった。

大鳥はさらにそのあと、代官に宿内の御蔵米の供出を依頼した。しかしこのとき、すでに宿内の倉に米は一粒も残されていなかった。駐留していた会津藩兵や、日光に進軍した新政府軍により、すべて持ち出されてしまったあとだったのである。すべてが予想と反する方向へ動いていくなか、大鳥は即日、日光への進軍を決めた。旧幕陸軍がかねてよりめざし、そしてたどり着いた場所である。

第五章　日光口の戦い

戦闘での焼失を免れた日光東照宮　写真は陽明門　栃木県日光市

日光の混乱

四月二十四日午後、今市を出立した大鳥圭介らは、その日の夕方、ついに日光へ到着した。七里村名主の日記には、「旗本勢日光鉢石よりはしめ、東町壱はひ（いっぱい）に下宿ス」とある。一行は山内の安居院や華蔵院などの神社をはじめ、東山から仏岩近辺の寺院、さらに東町内に分宿したという（『日光市史』）。

突然の旧幕府軍進駐に、日光はパニック状態になったらしく、同日記には「女や子供ハ山へ小屋かけいたし、にけさりなんぢう（難渋）いたし候、其外馬迄山へ置、此上もなき大乱之次第なり」との感想が記されている。また、兵の一部はこの日、今市へ宿陣していたらしく、『慶応兵謀秘録』には「廿五日　暁第二伝習隊今市之駅出発」とある。二十五日、総員は日光に結集し、午前九時に東照宮に参詣をおこなっている。浅田惟季は、東照宮の壮麗さに驚かされたと日記に記している。

一方で、大鳥は宇都宮で身柄を解放された後、先に日光へ進んでいた老中板倉勝静と対談した。板倉は、この地での戦闘は忠誠心も水泡に帰すものだと強く反対、一方、防戦を決めた以上、弾丸が神廟に降り注ぐこともやむをえないと語る大鳥と、会談は決裂した。また、この日の夜、百両の軍用金を持って脱走する大砲隊隊士があらわれるなど、隊内は混乱していた（『慶応兵謀秘録』）。

翌二十六日、万一を恐れた東照宮の別当寺院大楽院の住職貞佩によって、神体と神宝が遷座されるという事態が起きた。総勢三十四名の供奉者とともに早朝出立した神体は、その後展開する戦闘の報を聞きながら、閏四月一日に五十里《いかり》村に入り、五日に会津の若松城内に安置された。また、同日、板倉勝静も日光を去り、三十名の供回りとともに会津へ向かっている。

大鳥は日光を去り、ふたたび今市へ戻った。その帰路、途中の七里村付近を巡見した大鳥は、途中、随所に胸壁を築かせ、さらに今市到着後は至急に周辺への配備をおこない、新政府軍の襲来に備えて、細心の注意を払っていた。七里村名主の日記には、「日光、所の（野）、小百、今市下へん迄見廻り堅固ス」とある。

この日、宇都宮救援隊を指揮していた新政府軍の伊地知正治は、総督府に宛てて「今市、鹿沼辺に宇都宮からの脱走兵が出兵している模様のため、神廟《しんびょう》を兵乱にかけることを憂慮しつつ、追撃の許可を要請するとした書状を送った（『東征総督記』）。

日光東照宮五重塔　栃木県日光市

これを受けて、総督府は土佐藩を中心とする救援隊を派遣した。前軍は祖父江可成《そぶえよしなり》、後軍は板垣退助《いたがきたいすけ》が指揮して発進した。

二十七日に壬生に到着した後軍は、さっそく軍議をおこない、翌二十八日に鹿沼に一泊し、二十九日の十一時に今市直撃を決定した。板垣はこのとき徳次郎《とくじろう》村に駐留していた前軍に使者を送り、後軍の侵攻と同時に徳次郎村方面から今市を突くとする要請を通達した（『山内豊範家記』）。

板垣はもとより日光での戦闘には抵抗があった。日光の霊廟を目前にしての戦闘は、新政府軍への人心乖離《かいり》を及ぼしかねないとの不安を抱くと同時に、嚮導役として宇都宮から後軍に参加した福井茂次郎らから、日光の地形は厳しく、住民は銃を用い、また、一同、旧幕府軍に従っているという情報を得ていたからである。こうしたことから板垣は、このとき鹿沼にいた東照宮末寺の飯塚台林寺の住職厳亮を招き、旧幕府軍への説得を要請した。厳亮は尽力を約束して去っていったという。

二十七日、今市に旧幕府の陸軍奉行の松平太郎が、松本良順らの医師三名をともなって現れている。松平は実物の大総督府の印の入った通行手形を持ち、新政府軍の関門を通ってここまでやってきたのだった。大鳥に対し松平は、戦闘回避のため、兵を取り締まるよう要請したという。また、『野奥戦争日記』には、両者は日光の鉢石本陣で会談したと記され、江戸への帰還を勧める松平の申し出に対して、大鳥はこれを拒絶し、徹底交戦を語ったとある。

松平は、大鳥に三千両の軍用金を渡したという。また、さらに松平が同道した三名の医師は、負傷兵にはなによりの僥倖《ぎょうこう》となった。それまで旧幕陸軍に従軍していた医師は望月元有ただ一名だったため、傷の化膿《かのう》などに負傷兵らは苦慮していたという（『浅田惟季北戦日誌』）。

松平は二十八日の帰途、徳次郎村で土佐藩隊前軍の本営を訪れ、旧幕陸軍が今市を撤収し、日光鉢石へ駐留中のため、しばらく進軍は差し控えるよう語っている。しかし、新政府軍側は、これを一蹴した（『山内豊範家記』）。和戦両用の構えをとりつつ、新政府軍はある種の不安感のなかで、当初の決定どおりに四月二十九日の進撃を開始することとなる。

野口村小戦――幻と消えた日光大戦

新政府軍が進軍するなか、大鳥圭介もまた苦慮していた。

四月二十九日、旧幕陸軍は軍議を開いたが、いったん会津への撤退を唱える者や、東照宮を墓場として戦って散ることを唱える者などで軍議は紛糾した。結局、大鳥は会津への撤退を決め、おりしも会津から協力の了承を告げに訪れていた使者に伝えて、先帰させたという（『幕末実戦史』）。

その朝、松原町にある関門で、旧幕陸軍の歩兵が不審な人物を捕縛し、斬っている。志願兵として新政府軍に参加し、間者などの活動に従事していた元甲州浪士の臼井清左衛門だった。その墓は御幸町の龍蔵寺にある。『慶応兵謀秘録』には、今市のほうから人足風の人物がやってきたため、番兵がこれを見とがめて調べたとある。そして、身柄を本陣へ送って吟味したところ新政府軍側の間者だったため、日光杉並木で斬首したという。おそらくこれが、臼井のことを指しているものと思われる。

旧幕陸軍が防備を固めるなか、鹿沼と徳次郎村から進軍を開始した新政府軍の土佐藩隊前軍と後軍は、正午に今市で合流した。すでに今市宿には旧幕陸軍の姿はなく、また、日光道の途中に関門を設営していることもわかったため、新政府軍はさっそく今市で軍議を開始した。

このとき土佐藩隊は、二番と六番を除く一番から十一番までの九小隊と砲隊によって編成されていた。十番隊は北の会津街道、七番隊は南西の昆布街道に配置し、援兵遮断を図り、十一番隊は輜重を守り今市においた。日光街道を進軍する一行は、まず砲隊を先進させ、次いで先鋒の九番と八番が左右から、また、続いて一番と五番の各隊が進撃していった。

旧幕陸軍は、日光街道上の瀬川と野口の中間点の十字路付近と、松原町の二カ所に関門を設営していた。このうち今市寄りの瀬川・野口間十字路の関門に、大鳥圭介はかつて小山の緒戦で新政府軍を撃破した旧幕府軍俊英の草風隊を配置していた。接近してくる新政府軍に向けて、草風隊は攻撃を開始、一方、土佐藩隊側も激しく攻撃を開始した。七里村名主の日記は、戦いの状況を克明に綴っている。

野口村の十文字で「旗本勢」のなかの草風隊の三百人中、三十名が土州の兵士五百名と「大合戦」をおこなった。近隣の村民は、今市はじめ山々に逃げた。草風隊の一名が股を撃たれ、土佐藩では「四、五千石の大将」が馬上を狙撃されて死亡し、そのほか多数の怪我人が出た。さらに和泉村から押し出した土佐勢三十名が、五、六名の草風隊士と戦った。朝八時から十時まで戦い、双方撤収した。日光から「旗本勢」五、六百名が七里まで繰り出したが、間に合わず日光へ撤収した。

格段の差がある土佐藩兵に対峙した草風隊士はかなりの善戦をした。射殺された土佐の「大将」は、士官の手島金馬である。『山内豊範家記』は、この他に四名の負傷者名をあげている。浅田惟季の記録には、この戦闘と前後して「中禅寺ノ使僧」が戦闘の停止を要請したため、両軍は撃ち合いをやめたとある。

このとき参戦していた谷干城が、戦闘後、数名の兵士を率いて周辺の探索活動をおこなっていたところ、日光から来た赤衣の二人の僧侶と会った。僧侶らは谷に、隊長への面会を希望する旨を告げた。谷は自分が軍目付であることを伝えると、僧侶らは近くの民家に谷を招いて、話を始めた。

僧侶は日光東照宮子院の桜本院道純と安居院慈立で、山内での戦争が及ぼす弊害を憂えて、暫時、進軍の中止を要請した。これに対して谷は、朝命で出軍しているため、敵兵を目の前にして猶予はできないとしながらも、神廟を前に戦うのは忍びがたいと語り、日光の旧幕陸軍に対し、戦闘を中止して降伏し、神廟を汚さないよう両僧から進言することを依頼した（『山内豊範家記』）。

谷はまた『東征私記』で、板垣が派遣した台林寺厳亮が旧幕軍に禁錮に処せられており、結局、自身と二名の僧侶との交渉が奏功した、とも記している。大鳥自身はこの件については沈黙しているが、いずれにせよ新政府軍からの僧侶の派遣が、旧幕府軍の日光撤退の一つのキーポイントとなったことは否めない。また、七里村名主の日記にあるように、野口近辺での戦闘がもし長時間にわたっていれば、続いて派遣された五、六百名の「旗本勢」と、新政府軍のあいだで、日光方面に収拾不能の戦闘が展開する最悪の可能性もあった。

土佐藩兵らは今市へ引いた。そして旧幕陸軍は、日光をあとに会津へ向かった。七里村名主の日記はこう伝える。

其夜、旗本勢ハ陸方道又ハ小百通りにて会津へ落、山内にありし病人三百人余引つれ退。

榎本武揚率いる旧幕府海軍、品川沖を出航する

旧幕府は、八隻の軍艦を中心に編成された強力な海軍を保有していた。しかし、この軍艦は、すべて慶応四年（一八六八）四月十一日の江戸城明け渡しと同時に新政府に引き渡されることになっていた。八隻の艦名と性能は次のとおりだ。

開陽　二五九〇トン　砲二六門
回天　一六七八トン　砲一一門
蟠龍　三七〇トン　砲四門
千代田形　一三八トン　砲三門
富士山　一〇〇〇トン　砲一二門
朝陽　二五〇トン　砲一二門
観光　四〇〇トン　砲六門
翔鶴　三五〇トン　砲四門

新政府軍の海軍力を上回る、堂々たる艦隊だった。とくに旗艦の開陽は、慶応二年にオランダで製造されたばかりの最新鋭艦で、その存在は新政府側の脅威となっていた。

この開陽を、留学先のオランダから日本へ回航してきたのが、幕臣榎本武揚である。帰国後まもない慶応四年正月に海軍副総裁に抜擢された榎本は、幕府海軍の事実上の責任者となり、保有艦船を統括する立場にあった。

新政府に軍艦を引き渡すことを拒む榎本は、軍事取扱・勝海舟の提案を受け入れ、八隻の半分にあたる四隻を手放すことを決心する。四隻は、富士山・朝陽・観光・翔鶴といった旧型艦ばかりだったが、新政府は、なぜかこれを了承する。その理由を、薩摩藩士の飯牟礼《いいむれ》喜之助は、西郷吉之助（隆盛）に対して、「老朽のくされ船のみ朝廷に献納せしむるは、さても何の理由ぞや」と問いただしている。すると、西郷は、こう答えたという。「今もし我に良艦を取り、彼に劣等の艦のみを与えんか、朝廷は軍艦の欲しさに良艦をむさぼりたりといわん。もはや勝敗の大局は決せり、彼に良艦を与うるはもっとも公平の事にあらずや」（『薩藩海軍史』）。

これを西郷の寛大さとみるか、それとも本心は別にあったとみるか、真相は、はっきりしていない。榎本のもとに開陽以下の軍艦を残したことは、結果的には、戊辰戦争の最終段階まで新政府軍を悩ませる要因となる。

五月二十四日、新政府による徳川家の処置が、ようやく決定した。まだ六歳の田安亀之助（徳川家達《いえさと》）を当主とし、駿府に七十万石の領地を与えるというものだ。しかし、これでは、従来の十分の一の禄高にしかならず、旧幕臣の多くは路頭に迷うことになる。榎本は、徳川家の存続が決定したことに安堵すると同時に、旧幕臣を救済するために蝦夷地（北海道）の開拓を計画した。むろん、新政府がそれを許可しない場合には、自慢の海軍力を背景に、武力に訴えてでも蝦夷地の自治は勝ち取るつもりだった。

ただし、榎本が行動を起こすのは、もう少し先のことになる。徳川家達以下の旧幕臣たちが、無事に駿府に移封を完了するのを見届けるまでは、軽はずみな行動はとれないと考えていたからだ。その間にも、会津藩などの東北諸藩からは援軍の要請が寄せられたが、自分の軍艦で家達一行を駿府まで送り届けてから参上するというのが榎本の返答だった。

結局、家達の駿府入りは八月まで待たなければならず、八月九日に陸路、江戸を発った一行は、十五日に駿府に到着している。これで、ようやく榎本の杞憂は消え、艦隊は北上の準備を始めた。艦隊には、榎本の配下の海軍のほかに、上野の戦いで敗れた彰義隊の残党なども乗り込み、その総員は千名を数えた。

八月十九日夜、八隻の艦隊が品川沖を出航した。開陽（艦長・沢太郎左衛門）、回天（艦長・甲賀源吾）、蟠龍（艦長・松岡磐吉）、千代田形（艦長・森本弘策）の四隻の軍艦に、長鯨・美加保・神速・咸臨の四隻の運送船が艦隊に加えられている。ところが、二十一日の夜、房総半島沖を通過する艦隊を、台風による暴風雨が襲った。そのため、美加保と咸臨が遭難してしまう。二十六日になって下総黒生《くろはえ》浦沖で暗礁に乗り上げ、身動きのとれなくなった美加保からは乗組員が脱出をはかるが、溺れて死んだ者も十三名あったという。

この美加保には、箱根の戦いで左腕を失った遊撃隊隊長伊庭八郎も乗っていた。負傷の癒えた伊庭は、先に奥羽へ向かった人見勝太郎以下の遊撃隊に復帰するため、榎本艦隊に加わっていたのだ。しかし、乗艦が美加保であったことは不運としかいいようがない。前途に絶望した伊庭は自刃して果てようとするが、同志中根香亭に押しとどめられ、再び箱館渡航の機会を待つことになる。

もう一隻の遭難船の咸臨は、漂流の末に駿河の清水港にたどり着くが、そこで新政府軍に拿捕《だほ》され、乗組員は全滅してしまう。二隻を失った榎本艦隊が仙台松島湾に集結したのは、九月中旬のことだった。

旧幕府陸軍、会津藩と連合し、栗原付近で新政府軍を破る

閏四月三日、大鳥圭介率いる旧幕府脱走陸軍は、会津藩領の五十里に入った。本陣で応対した会津藩家老の萱野権兵衛は、軍を国境に入れるのは迷惑だと主張したが、五十里の北の田島までという約束で、大鳥らの受け入れを許可した。

五日、田島に向かう大鳥を出迎えたのは、会津藩若年寄の山川大蔵《おおくら》だった。まだ二十三歳の若者で、慶応二年に幕府の使節に随行してヨーロッパに渡った逸材として知られていた。大鳥も、「余、一見その共に語るべきを知りたれば、百事打ち合わせ大に力を得たり」（『南柯紀行』）と、山川との出会いを嬉しそうに記録している。

同日、田島に入った旧幕府軍は、そこで十日間ほど兵士を休養させる。その間に軍の陣容が整えられ、総督大島、副総督の山川以下、次のような編成がなされた。

第一大隊　四百五十名
　伝習隊　隊長・秋月登之助
　　参謀・松井九郎、工藤衛守
第二大隊　三百五十名
　伝習隊　隊長・大川正次郎、沼間慎次郎
第三大隊　三百名
　御料兵　隊長・加藤平内
　七連隊　隊長・山瀬主馬、天野電四郎
第四大隊　二百名
　草風隊　隊長・天野花蔭、村上求馬
　純義隊　隊長・渡辺綱之助
（『南柯紀行』）

右のうち、秋月登之助・松井九郎・工藤衛守・渡辺綱之助の四人は会津藩士で、そのほかは旧幕臣だった。大島とともにフランス式兵学を学んでいた沼間慎次郎（守一）は、会津におもむいて兵士の調練にあたっていたが、大島らが会津に到着したことを知って田島までやってきた。伝習第二大隊の隊長は、宇都宮で本多幸七郎が負傷したあとは大川正次郎がつとめていたが、大川自身の推薦もあり、この沼間も隊長に就任することになった。

田島で休息した彼らは、そこを本拠地として、ふたたび北関東へ出陣する。大鳥の采配によって、三斗小屋《さんと》に第一大隊、白河口に純義隊、塩原口に草風隊が派遣され、藤原口には閏四月十四日に山川大蔵指揮の第三大隊、十五日には大鳥みずからが第二大隊を率いて出陣した。

この藤原口では、以後、数次にわたって旧幕府軍と新政府軍の戦闘が展開されることになる。その端緒となったのは、十九日の栗原《くりばら》付近での衝突だった。当時、藤原口には会津藩の朱雀士中二番隊八十名（隊長・田中蔵人）が出張しており、同隊には付近の猟師五十名を集めて組織した猟師隊も付属していた。これを柄倉《からくら》の山中に陣取らせ、旧幕府軍第三大隊の一小隊が、その南の栗原に進軍する。

一方、新政府軍の土佐藩兵四小隊、彦根藩兵二小隊は、同日早朝、柄倉の北の小佐越《こさごえ》を奪取するために今市を出発していた。午前八時ごろ、栗原に至った同軍を旧幕府軍が攻撃し、戦闘が開始された。双方、樹木や物陰に身を隠しながら、撃ち合いを続けるが、やがて旧幕府軍が押されて退却を始めた。土佐四番小隊長の谷神兵衛、七番小隊長の山地忠七らは、勢いに乗じて追撃に出る。

しかし、これは旧幕府軍の仕掛けた罠だった。柄倉まで進んだ新政府軍に対し、左手の山中から田中蔵人の朱雀隊が猛攻をかける。とくに鉄砲の専門集団である猟師隊の狙撃は、新政府軍を悩ませた。さらに第三大隊の予備隊も投入され、ついに新政府軍は敗走せざるをえなかった。旧幕府軍の作戦はみごとに成功したのだ。

午前十一時ごろ、大桑まで後退した新政府軍には、午後二時ごろになって援軍が到着する。土佐藩の四小隊だが、旧幕府軍はこれと無理な戦闘にはおよばず、兵を引き揚げている。後方に大きな戦力を備えている新政府軍に対し、深追いは危険とみたのだろう。

この日の戦いによる、旧幕府軍の戦死者は二名、負傷者は十一名で、新政府軍のほうは戦死者二名、負傷者四名であったという。損害からみれば、互角あるいは旧幕府軍の劣勢のようだが、実態はそうではなく、どちらかといえば旧幕府軍の優勢勝ちといっていい戦闘だった。

旧幕府・会津藩連合軍、今市攻略に失敗する

栗原付近の戦果に気をよくした大鳥圭介は、旧幕府軍の第二大隊と第三大隊を小佐越に集結させ、そこを拠点として今市の奪取を計画する。その作戦は、今市西関門を第二大隊の主力が攻め、東関門を第二大隊の一小隊と貫義隊が攻撃、小百《こひゃく》、高百《こうひゃく》の押さえとして第三大隊の御料兵をおくというものだった。

閏四月二十一日早朝、今市攻撃隊は小佐越を出発したが、本来、東西の関門を攻める二隊は、時刻を定めて同時に攻撃を開始することになっていたはずだ。そうでなければ挟撃の意味がない。しかし、東関門攻撃隊のほうが早く今市に到着してしまい、功をあせった兵士たちは、西関門攻撃隊の到着を

待たずに攻撃を始めてしまった。

今市に布陣していた新政府軍は、土佐藩兵五百名ほどであったが、早朝であったため、そのほとんどは戦闘に入れる状態ではなかった。敵の突然の襲撃に狼狽する彼らの様子が、「皆々、不意にて、いまだ朝飯前の者もあり、寝ているもあり、草鞋などはいたり、またははかぬもあり、大いに驚きて、まず支度のできたほうはとりあえず繰り出し、同宿下木戸にてくい止めんと撃ち合い争う」（平賀嘉久治『日光附近戦争及雑書記』）などと記録されている。

当日は小笠原謙吉を隊長とする三番小隊が、当番で警戒にあたっていたが、不意に押し寄せた旧幕府軍の猛攻に防戦一方を強いられる。しかし、やがて宮崎合介の五番小隊、吉松速之助の八番小隊、美正《びしょう》貫一郎の断金隊が準備を整えて戦闘に参加、さらに谷神兵衛の四番小隊半隊が加わると、戦況は逆転することになる。

山川大蔵が率いていた東関門攻撃隊のうち、貫義隊というのは旧幕臣の松平兵庫頭を長とする隊で、大鳥圭介の旧幕府陸軍と、このころ行動をともにしていた。ところが、これは、「その兵士、怯懦《きょうだ》にして用いるにたらず」（『南柯紀行』）と、のちに大鳥に酷評される兵で、まったく戦力にならなかった。頼みの伝習隊も、わずか一小隊だけでは、勢いを盛り返した土佐藩兵を制することはできない。ついに東関門の攻略をあきらめ、日光街道を東に退却する。

一方、今市西関門攻撃隊は、まだ大谷《だいや》川を渡る以前に開戦を告げる銃声を聞いた。あわてて川を渡り、日光街道に出ると、大川正次郎の一小隊を七里村に残し、沼間慎次郎が二小隊を率いて西関門へ向かった。この方面の土佐藩兵は、山田喜久馬の九番小隊と、二川元助《ふたかわもとすけ》の十番小隊だけだったので、沼間は一度は関門内突入に成功する。洋式戦術に長けているだけでなく、勇気と行動力にあふれた指揮官でもある沼間のみごとな戦いぶりだった。

しかし、こちらへも四番小隊半隊、金子寛十郎の斉武隊、日比虎作《ひびとらさく》の一番小隊、谷口伝八の十二番小隊が救援に駆けつけたため、やむなく退却せざるをえなかった。沼間らが西関門に到着したときには、すでに東関門における戦闘の銃声はやんでいたというので、山川らは撃退されたあとだったのだろう。完全な作戦の失敗だった。

大川正次郎の一隊を七里村に残したのは、日光に布陣する彦根藩兵に背後を突かれることを恐れ、その備えとして大事な兵力を割いたわけだが、結果的に彦根兵の攻撃はなかった。大川隊の布陣は無駄になり、彼らはむなしく小佐越の本陣まで帰営する。

この戦いによって、旧幕府軍は二十四名もの戦死者と、数十名の負傷者を出したという。新政府軍の戦死者が三名、負傷者十二名であったのにくらべると、その損害の大きさがわかる。旧幕府軍の敗因は、大鳥の指揮のまずさにあったといわざるをえないが、それは本人もよくわかっていたようだ。のちに次のように反省している。

右の戦争、敗績せしは戦の罪にあらず。我輩、謀略の至らざる所より起こりたるなり。そのゆえは、第二大隊をあまり分かちすぎて、その勢を殺《そ》ぎしにあり。（中略）兵隊分割の害は泰西の兵書にも深く戒むる所にして、かねて銘記せざりしにはあらざれども、やむをえざる次第にて敗を取ること失策なり。けだし余、今ここにこれを記すものは敗れたるを恨むにあらず。略の至らざるを恥じて、後事のいましめとなすのみ。（『南柯紀行』）

潔さという点では、大鳥ほどの名将はいなかっただろう。

旧幕府・会津藩連合軍、板室の戦いに敗れる

大鳥圭介が指揮する伝習第二大隊が今市で苦戦しているころ、第一大隊四百五十名は、那須山中の三斗小屋から板室《いたむろ》に進出していた。会津藩士秋月登之助に率いられたこの隊は、閏四月中旬に三斗小屋に派遣されていたものだ。

その目的は、奥州街道の要衝である大田原を奪取することにあったという。斥候からの報告を受けた新政府軍は、これを討伐するため、四月二十日に大田原に集結した。軍の内訳は、薩摩藩一小隊（隊長・川村純義）、長州藩一小隊（隊長・楢崎頼三）、大垣藩一小隊（隊長・長屋益之進）、忍藩一小隊で、二百名ほどの軍勢だった。

彼らは、二十一日午前四時ごろに大田原を出発し、午前八時ごろ塩野崎に至っている。ここで午前十時ごろ、伝習第一大隊の兵百余名と遭遇したため、一斉射撃をおこなったところ、敵は板室方面に

逃げ去った。新政府軍は深追いはせず、この日はそのまま塩野崎に宿陣する。

翌二十二日午前八時ごろ、塩野崎を発った新政府軍は、午前十時ごろ、油井で少数の敵兵を発見したので、これを攻撃する。ところが、那珂川をはさんだ油井の対岸の阿久戸村には、伝習第一大隊が待ち構えていた。岸壁の上からいっせいに射撃され、新政府軍は狼狽する。

川村純義　国立国会図書館「近代日本の肖像」より

薩摩の智将川村純義は、事態を打開するため、密かに迂回部隊を組織して川を渡らせ、敵の背後を突かせた。これが成功し、第一大隊兵百三十名はあわてて板室へ退却する。そのまま新政府軍は追撃に入るが、板室には第一大隊が本拠をおいていた。迎え撃つ伝習兵と、激しい銃撃戦が展開される。
そこで川村は、ふたたび迂回部隊を使い、敵の側面にまわらせた。第一大隊の西側面は険しい高地になっており、まさか、この方向から攻められるとは思ってもいなかったのだろう。頭上から銃弾が降りそそぎ、第一大隊の兵士たちは混乱した。午後三時ごろ、ついに三斗小屋方面へ退却を余儀なくされる。
この板室の戦いでは、新政府軍は五名の負傷者があっただけだったが、旧幕府軍は、第一大隊一番小隊長の小笠原新十郎以下十七名の戦死者を出した。規模の小さかったわりには、大きな損害を被った戦闘だった。

旧幕府・会津藩連合軍、日光の新政府軍を襲う

大鳥圭介は、閏四月二十一日の今市の戦いに敗れたのちも、小佐越に滞陣して反撃の機会を狙っていた。しかし、毎日降り続く雨のために大谷川が氾濫し、架けられていた橋がことごとく流されてしまった。そのために出陣できずにいたが、むなしく日々を送っていても仕方がないので、とりあえず本陣を前進させることに決した。

五月一日、今市から八キロの位置にある小百に本陣が移され、第二大隊が移動した。第三大隊をその東の大桑に派遣され、今市をうかがうには最適な布陣となっている。

同日、会津藩の青龍寄合二番隊長・原平太夫が小百の大鳥のもとにやってきて、彦根藩兵の守備する日光を攻撃したいと申し出た。日光を奪取することに、もはや戦略上の意味はなかったが、小部隊でならばと大鳥は許可を与える。部隊は、原の率いる青龍隊八十名に、浅田惟季を長とする伝習隊四十名と大砲一門を加え、吉沢鎌五郎を指揮官として編成された。

この軍は、正午ごろに小百を出発し、途中の龍門寺で原隊に大砲を付して陣取らせ、二時ごろ、浅田隊は大谷川の河原まで進出した。すると、河原には、彦根藩兵が大砲三門を備えて布陣しているこ

とがわかった。おりからの濃霧のため、自分たちの姿が発見されにくいことを利用して、浅田隊は銃撃を開始する。指揮官の吉沢鎌五郎は、まだ十九歳の若者だったが、十五名の兵を引き連れて、川の浅瀬を渡って突撃し、敵の堡塁を占領した。

河原の彦根藩兵は、わずかの兵力しかなかったうえに、突然の襲撃に狼狽して反撃もままならない。そのうちに、日光から彦根藩の救援部隊二百名が到着するが、これに対しては、龍門寺においた原平太夫隊の大砲が火を噴いた。炸裂する榴散弾のために、救援部隊は堡塁に近寄ることができない。やがて彼らは今来た方向に退却を始める。

浅田隊は、これを追って日光の横宿まで進軍するが、すでに薄暮となっており、日没による不利を恐れて追撃をあきらめた。帰途、敵の営舎を焼き払い、大砲を破壊して、小銃などは戦利品として持ち帰っている。

旧幕府軍の快勝であったが、両軍とも負傷者を一名ずつ出したにすぎない小規模な戦闘だった。

旧幕府・会津藩連合軍、大田原城を攻撃する

閏四月二十二日の板室の戦いで、旧幕府・会津藩連合軍は敗れたが、板室の先の大田原を奪取することは、依然として重要課題であった。そのため兵力を増強して、再度、大田原の攻略が試みられる。新たに加えられたのは、会津藩原田主馬の朱雀足軽三番隊、同じく有賀左司馬《さじま》の青龍足軽四番隊、飯

野脱藩の森要三隊など合計二百名で、これらが秋月登之助の伝習第一大隊四百名とともに、五月二日早朝、百村から大田原へ向けて出陣した。出発にあたり、軍は二手に分けられ、秋月の伝習隊が石林を通過する中央道を進み、原田の会津藩隊ほかが関谷を経由する迂回道を進む。

午後二時ごろ、秋月隊が石林に至ったとき、同所を守備していた大田原藩兵と衝突した。守備兵は六十名にすぎなかったが、大軍の秋月隊と必死の銃撃戦を展開する。しかし、もともと兵数に差がありすぎたうえ、大田原藩兵の持つ鉄砲は、みな火縄銃であった。これが、おりからの雨のために火薬に点火できず、使用不能となってしまう。ついに、多くの死傷者を出して大田原城へ退却する。

迂回の原田隊と合流した秋月隊は、城へ迫り、大手門を激しく攻めた。大田原藩兵も迎撃するが、やがて押されて、藩兵はみな城中に逃げ込んだ。追撃する秋月・原田隊は、まず三の丸を陥れ、その上に建つ二の丸、本丸をうかがう。すると、白壁の土塀のところどころに設置された銃眼から、鉄砲の狙撃が開始された。『大田原勝清家記』には、この射撃によって、「賊軍隊長にもこれあるべく、床木に掛かり軍扇にて指揮つかまつり候士一人撃ち留め、そのほか戦士体の者十人ほども撃ち斃し候」などと記されている。しかし、肝心の旧幕府軍のほうでは死傷者の記録がないため、事実かどうかはわからない。一方の大田原藩のほうでは、大田原鉄之進ら七名が戦死、四名の負傷者を出している。

落城まで、あと一歩というところまで追い詰めた旧幕府軍だったが、戦況が膠着しつつあった午後五時ごろ、これ以上の戦闘は無意味との判断で、兵を引き揚げている。というのは、もともと大田原城は白河口の要衝として重視されていたが、この前日の五月一日に、すでに白河城は陥落してしまっていた。旧幕府軍にとって大田原城は、わずか一日の差で戦略的効果を失ってしまったのだ。

旧幕府・会津藩連合軍、ふたたび今市攻略に失敗する

五月五日、大鳥圭介の旧幕府軍は軍議を開き、再度の今市攻撃を決定した。閏四月二十一日の戦闘では、軍を分割しすぎたことが敗因となったため、今回は、それを踏まえた戦略が求められた。軍議の席上、伝習第二大隊長の沼間慎次郎は、「先に我が兵、前後より挟み撃ちて度を失し、ついに功を奏せず。今また我が兵の進襲するを聞かば、敵兵必ず軍を分かって備えん。ゆえに彼が意表に出て、全軍、森友口の一面を激しく攻撃せば、必勝疑いなし」（浅田惟季『北戦日誌』）と主張した。これが採用され、全軍で森友から今市東関門を攻めることに決定する。

陣容は、第二大隊（隊長・沼間慎次郎）二百五十名、第三大隊（隊長・加藤平内、米田桂次郎）三百五十名、会津藩朱雀士中二番隊（隊長・田中蔵人）八十名、同朱雀寄合三番隊（隊長・城取新九郎）八十名などで、合計七百六十名ほどの兵力となった。今回は大鳥みずから軍を率いて、五月六日早朝に小百を出発する。

午前八時ごろ、全軍は森友に到着。そこを拠点として、第三大隊を中央から、また田中隊を左翼に、城取隊を右翼に、それぞれ展開させながら今市東関門へ進軍させた。大鳥と副総督の山川大蔵は、第二大隊とともに、予備軍として森友に残っている。

一方の今市守備の土佐藩軍では、六百名の兵を四方向に分散していたため、東関門を守っていたのは一番小隊（隊長・日比虎作）、十番小隊（二川元助）、十一番小隊（平尾左金吾）の三隊だけだった。旧幕府軍の激しい銃撃が開始されると、あわてて防戦態勢に入る。やがて、十二番小隊（谷口伝八）、五番小隊（宮崎台介）の半隊が駆けつけるが、苦戦は続いた。つまり、この時点までは、旧幕府軍の戦略は成功していたのだった。

しかし、そのうちに、日光に布陣していた新政府軍の彦根藩兵二小隊が、開戦を知って今市西関門に応援にやってきた。総督板垣退助は、これに西関門の守備を託し、七番小隊（山地忠七）、八番小隊（吉松速之助）の半隊、断金隊（美正貫一郎）を東関門へ救援に向かわせる。このとき、吉松隊と断金隊は南へ迂回して進み、千本杉の裏から敵の側面を突いた。さらに、北面を守備していた三番小隊（小笠原謙吉）、四番小隊（谷神兵衛）、砲兵隊（北村長兵衛）からも救援隊が送られ、土佐藩軍の劣勢はしだいに挽回された。

旧幕府軍のほうでも、正午ごろには、森友で待機していた第二大隊を送り込み、総督の大鳥のもとにはわずか二十名の護衛を残すのみとなっていた。投入された第二大隊の副隊長大川正次郎と滝川充太郎は、太刀をふるって兵士を突撃させるが、杉並木のあいだで展開される銃撃戦で、旧幕府軍は多くの兵士が斃される。

第二大隊には、遊軍隊という隊が付属していたが、これは元新選組の永倉新八らが組織した靖共隊が改称されたものだ。その遊軍隊の幹部で、やはり元新選組の矢田賢之助も、このとき壮絶な戦死を遂げている。「敵は砲火をひらき銃丸を雨霰とそそぎかける。士官取締矢田賢之助は大杉の陰にかくれて隊士を指揮するうち一弾に眼の下を射られて即死した」（永倉新八『新撰組顛末記』）。永倉は、銃弾を避けながら矢田の遺体に近づき、その首を斬り落として戦闘を続けたという。

午後四時ごろ、決定的な戦況の変化があった。森友においていた旧幕府軍の本陣を、南方から攻撃する新たな部隊があったのだ。これは、宇都宮から来援した土佐藩十五番小隊（隊長・横田祐造）、砲兵隊（分隊長・西山栄）らで、板垣がその到着を待ち兼ねていたものだった。背後を突かれた大鳥、山川らは、たまらずに本陣を捨てて逃げ出した。敗兵をまとめる余裕などはない。数人の兵とともに、命からがら小佐越まで退却する。

戦闘は完全な敗北で、旧幕府軍の損害は甚大だった。伝習隊頭取の高木銓之助、吉沢鎌五郎ら二十三名の戦死者と、七連隊長の米田桂次郎ら百名もの負傷者を出している。なかでも高木銓之助は、大鳥とともに横浜でフランス式陸軍伝習を受けた同僚で、吉沢鎌五郎は、江戸脱走以来の幾多の戦闘で勇名をはせた若者だった。彼らを失った大鳥の精神的なショックも大きかったことだろう。

この日の敗戦の様子は、地元の記録にも次のようにある。「戦場取り調べ候ところ、東軍勢の首、二十五切り取り、脇本陣岸屋幸七宅の前へさらし置くなり。下木戸外または土橋、伯父ケ森、大谷橋、在道の田の中あたりに首のなき胴ばかりが四十七これあるよし。敵味方はしかとあいわからずそうらえども、多くは東軍方のよし申すなり」（『日光附近戦争及雑書記』）。

　これに対する新政府軍の損害は、戦死者四名、負傷者三十余名であったという。まさに旧幕府軍の完敗だった。

旧幕府・会津藩連合軍、藤原口の新政府軍を撃退する

　二度にわたる今市攻略に失敗した旧幕府・会津藩連合軍は、宇都宮への進出を断念せざるをえなかった。大鳥圭介は、五月初旬から七月下旬までのあいだ、藤原に本陣をおき、白河口の戦況推移を見守ることになる。

　一方の新政府軍では、これまで藤原口で戦ってきた土佐藩兵が白河口に配置転換されており、五月中旬、代わりに赴任したのは肥前佐賀藩兵だった。薩長土肥の一角を担うこの佐賀藩は、強兵で知られており、とくに最新兵器のアームストロング砲一門を所持していることは、旧幕府軍にとっての脅威となっていた。

　両軍が衝突したのは、六月二十五日早朝のことだった。旧幕府軍の前線陣地は高徳《たかとく》におかれていたが、守備兵は伝習第二大隊の一部でしかない。佐賀藩の鍋島鷹之助隊四百八十名、鍋島監物隊三百四十名、援軍の宇都宮藩兵四百三十名が押し寄せ、簡単に撃破されている。正午ごろ、第二線陣地の大原まで後退した伝習兵は、そこを守備していた伝習第二大隊本隊および御料兵と合流して敵を

迎え撃つ。

しかし、鍋島鷹之助隊のアームストロング砲が火を噴き、大原に構築してあった胸壁も破壊されてしまう。結局、この大原も手放し、旧幕府軍は藤原方面へ敗走するほかなかった。おりからの雨と日没のため、新政府軍は追撃をせず、小佐越付近に兵を引き揚げている。

この日、大鳥は、軍議のために五十里まで出張していて不在だった。大原の戦いの知らせを聞いて、急ぎ帰陣してみると、戦闘に敗れた自軍の兵士が続々と退却してくるのに出くわした。留守をまかせておいた諸隊長の不甲斐なさを嘆く大鳥だったが、気を取り直して、明朝にも来襲するであろう敵軍への対応を協議する。この晩は、藤原前方の小原に徹夜で胸壁をつくらせ、翌日の決戦に備えた。

六月二十六日午前八時ごろ、小佐越を出発したのは佐賀藩の鍋島鷹之助隊と、宇都宮藩兵のみだった。鍋島監物隊が参戦しなかったのは、前日の雨で弾薬、被服が濡れてしまい、使用できなくなったからだというが、あるいは指揮系統の乱れがあったのかもしれない。ともあれ、前日の半分程度の兵力で、彼らはこの日の戦闘にのぞむことになる。

鬼怒川の両岸に沿って佐賀・宇都宮兵は進み、右岸に位置する小原《おばら》の旧幕府軍陣地を襲った。小原では、主力は伝習第二大隊で、朝までかかって築いた胸壁を草風隊四十名に守らせていた。午前十時ごろ、まず左岸を行く佐賀兵の銃撃が始まると、伝習隊は応戦するものの、無理な攻撃には転じない。それをいいことに、佐賀兵は旧幕陣営に深入りする。そのとき、木陰の胸壁から一斉射撃があびせられた。これが旧幕府軍の作戦だった。「これまでよくも進み来し押しの強き者かな、鉄砲玉の馳走いたす」（『日光附近戦争及雑書記』）といって、高笑いしながら銃撃する兵士もあったという。奇襲を受けた佐賀兵は狼狽するばかりだった。

右岸のほうでも両軍の銃撃戦が続けられたが、正午ごろ、大鳥は予備の伝習半小隊を、浅田惟季に率いさせて投入する。この増援隊に兵士たちは勇気づけられた。みな抜刀して、掛け声とともに胸壁を飛び出し、敵に斬りかかった。こうなると、さすがの佐賀兵も持ちこたえることはできない。ついに鍋島鷹之助は全軍に退却を命じ、武器弾薬を捨てて敗走するのだった。頼みのアームストロング砲も、退却のときには不便なばかりで、砲身と片方の車輪だけを持ち帰るという情けない有様だった。

敗れた新政府軍の損害は、戦死者が佐賀、宇都宮を合わせて十六名、負傷者が二十数名あったという。会津藩藤原御用所から若松へ提出された報告書によれば、「賊兵大敗軍、短兵にて七人、その余、鉄砲にて十七、八人打ち取り」（『会津戊辰戦史』）とも記録されている。この、白兵戦によって斃されたと思われる七名の者は、首を斬り取られ、旧幕府軍の藤原本陣前に晒された。のちにこれは宇都宮藩が回収し、報恩寺（宇都宮市西原）に埋葬している。

旧幕府軍のほうでは、戦闘には快勝したものの、草風隊隊長の村上求馬が戦死していた。同隊士の須藤久三郎と合わせて戦死者が二名、負傷者が十五名という損害だった。一カ月後の七月下旬、大鳥の率いる旧幕府軍は藤原を去り、いよいよ会津若松に入ることになる。

新政府軍、三斗小屋に進撃する

会津戦争も大詰めを迎えた八月二十日、新政府軍は、白河口の黒羽藩兵に対して、「館林人数と合併し、急速、三斗小屋より会津へ進撃これあるべきの旨、御沙汰候こと」という命令を下した。黒羽藩（一万八千石）、館林藩（六万石）の両藩は、すぐさま出陣の準備を整え、二十二日には白河を出発する。軍勢は、黒羽藩四小隊と館林藩三小隊で、約二百名の兵力だった。全軍は二つに分けられ、黒羽藩二小隊と館林藩二小隊を右縦隊、そのほかを左縦隊として、二道から三斗小屋に向けて進軍した。

これを迎え撃つ会津軍のほうは、青龍寄合二番隊（隊長・原平太夫）と青龍足軽四番隊（隊長・有賀左司馬）で、約二百名が三斗小屋付近に駐屯していた。二十三日、まず新政府軍右縦隊が三斗小屋に到着し、守備の青龍隊兵と戦闘となる。これは、右縦隊のうちの一隊を敵の背後に迂回させて撃退することができた。しかし、別ルートで三斗小屋に向かった左縦隊のほうは、途中の池田での戦闘で思わぬ苦戦を強いられ、黒羽藩一番小隊長・益子四郎が胸に銃弾を受けて戦死を遂げる。まだ二十二歳の若き指揮官だった。どうにか青龍隊兵を退けると、この日は沼ケ原に露営、翌二十四日になって三斗小屋に入っている。

二十六日、新政府軍は、三斗小屋の先の中峠まで兵を進めた。ここで五十名の青龍隊と衝突するが、兵を三手に分けて攻略に成功する。『黒羽藩記』に「三面合撃してこれを破り、賊長を斃す」とあるように、この日の戦いで原平太夫と有賀左司馬の両青龍隊長が戦死している。二人とも、大鳥圭介の旧幕府軍とともに藤原口で戦い、勇名をはせた隊長だった。

新政府軍は、さらに野際まで追撃し、そこで二百名の青龍隊と激戦を展開する。激しい銃撃戦のすえに四名の戦死者を出し、この方面の犠牲者は八名を数えることとなったが、ついに敵は野際村に放火して敗走した。すでに日没となっていたため、深追いはせず、この日は三斗小屋まで兵を引き揚げる。

勝利の黒羽・館林藩隊は、このあと日光口の新政府軍に合流して、会津へと向かっている。

会津藩・凌霜隊連合軍、横川に敗れ、藤原口を撤退する

藤原口の旧幕府・会津藩軍は、八月二十二日に山川大蔵が会津若松に去ったため、残された兵力は、会津遊撃隊（隊長・唐木助之進）八十名、凌霜隊（隊長・朝比奈茂吉）四十六名のみとなっていた。凌霜隊というのは、郡上《ぐじょう》藩の脱走兵による部隊だったが、その実は、新政府軍に恭順した郡上藩が、万一、旧幕府軍が勝利したときに備えて密命を与えて送り出したものだった。

一方、新政府軍は、二十一日に日光口の諸藩隊に対して、藤原口への進軍を命令した。それを受けて、佐賀（三百名）、宇都宮（四百二十四名）、安芸（四百十九名）、人吉（六十六名）、中津（百四十五名）、今治（百三十八名）の各藩が兵を進めている。先鋒となったのは芸州藩隊で、二十五日午前四時ごろ、

中三依《なかみより》を出発し、午前九時ごろに上三依に到着。さらに横川近くまで進軍すると、胸壁を築造中の敵兵と遭遇した。

これを攻撃して、横川まで追い詰めるが、会津藩・凌霜隊兵は、地の利を生かして抗戦する。戦闘は午後七時ごろまで続けられたが、決着がつかない。やがて、地形の悪さのために、芸州藩の大砲の車輪が壊れてしまう。これ以上の戦闘は無理とみた芸州藩隊は、兵を引き揚げざるをえなかった。芸州藩の『浅野長勲家記』には、「賊徒死傷許多これあり、弊藩死二人、傷十九人」と記録されている。

雪辱を期す芸州藩隊は、二十八日午前六時、宇都宮藩隊の応援を得てふたたび横川へ出兵した。宇都宮藩隊は正面から進み、芸州藩隊は左右の山に兵を配した。この山上から大砲を撃ち下ろすと、会津藩軍も大砲で応戦する。しかし、兵力、火力にまさる新政府軍の前に、ついに会津藩軍は退却を余儀なくされる。敵の拠点とされないように横川村を焼き、山王峠から糸沢を経て間道を通って敗走した。

新政府軍も糸沢までは追撃したが、地理不案内であるため、それ以上進むことはできず、この日は糸沢に宿陣することになった。現地には、まもなく大田原・佐賀の両藩隊も到着、合流している。

こうして、旧幕府軍勢力は藤原口から姿を消した。この方面の戦闘は終わりを告げ、新政府軍は国境を越えて、一路、会津城下をめざすのだった。

水戸藩諸生党、水戸城攻略に失敗する

幕末の水戸藩では、天狗党（勤王派）と諸生党（佐幕派）の争いが激しく続けられた。慶応元年（一八六五）二月には、武田耕雲斎、藤田小四郎をはじめとする天狗党が、三百五十二名も断罪に処せられている。以後、市川三左衛門らの諸生党が藩の実権を握ったが、王政復古がなると形勢は逆転し、慶応四年三月に市川らは会津に向けて脱走した。

旧幕府・会津軍に加わった諸生党と、新政府軍に参加した天狗党は、抗争の舞台を戊辰戦争に移したのだった。しかし、九月二十二日の会津落城によって、よりどころのなくなった諸生党は、田島から脱出して水戸へ向かった。これには、越後長岡藩兵や旧幕臣、新選組などの者も行動を共にしており、総勢五百名ほどにもなっていた。

行軍途中の九月二十六日、彼らは大田原藩領の石林に一泊し、翌二十七日の朝は片府田《かたふた》で朝食をとっている。すると、新政府軍の大田原・彦根・阿波の三藩兵が彼らを取り囲み、突然に攻撃を仕掛ける。急襲を受けた諸生党は、すぐさま反撃に転じつつ、佐良土《さらど》のほうへ退いた。しかし、佐良土には黒羽藩兵が待機しており、これと戦闘となる。数名の犠牲者を出して、ようやく窮地を切り抜けた諸生党は、急ぎ目的地の水戸をめざした。

十月一日、水戸に到着した彼らは、午前四時ごろ、水戸城内に突入した。三の丸に立て籠もり、水戸藩兵と交戦するが、松岡、守山の両藩兵が増援され、苦戦を強いられた。ついに二日夜、守城をあきらめて脱出し、銚子方面へ向かう。このとき諸生党と行動を共にしていた元新選組隊士の稗田利八

水戸城三の丸の空堀　水戸市

は、「われわれ一同で水府城下へ乗込んで、軍資金を占領し、あの城下で一戦起こそうというのです。どうも無謀な話ですが、当時はこれが成功するものと信じていた」（子母沢寛『新選組物語』）と、のちに回想している。

この稗田らの旧幕府兵百十名は、結局、四日に銚子で降伏する。水戸藩と無関係な彼らの罪は、不問に付された。諸生党約百名は逃亡を続けるが、六日、松山村で追討軍に攻撃され、首謀者二十六名が討ち取られる。市川三左衛門は逃げ延びたものの、翌年二月に東京で捕らえられ、磔刑に処せられた。こうして、幕末水戸藩の、抗争に明け暮れた歴史が終わった。

第六章　飯山の戦い

「正保城絵図」に描かれた飯山城　飯山の戦いの舞台となった　国立公文書館蔵

衝鋒隊、会津若松を出陣する

三月九日に梁田の戦いで敗れた古屋佐久左衛門を総督とする旧幕歩兵隊は、二十二日に会津若松に入って休陣すると、二十五日には「衝鋒隊」（「衝鉾隊」とも）を名乗って越後方面へ向けて出陣する。総員は七百余名で、前軍を頭並隊長の今井信郎と副隊長の天野新太郎、中軍を副隊長の永井蠖伸斎、同じく前田兵衛、後軍を隊長の内田庄司と軍監の木村大作が率いていた。

一行は阿賀川を舟行して、二十七日に旧幕府の陣屋がある水原に入り、二十九日には新発田城に今井信郎、永井蠖伸斎、前田兵衛がおもむき、「国家のため、天下のため、大奸を誅除し、君冤を雪がんと欲する間、速やかに向背を定め返答致すべき旨」（『衝鋒隊戦争略記』）を述べ、立場を明確にするよう求めた。新発田の藩論は勤王に統一されてはいたが、七百もの兵力の前に反発することもできず、数日の猶予を願い出てその場をしのいでいる。

その後、衝鋒隊は新発田から翌々四月一日には新潟に達し、永井と前田は村上藩に「我と同盟を結び奸徒掃蕩（討）のため同一行動を執るか、しからざれば銃火の間に雌雄を決せん」（『衝鋒隊戦史』）と恫喝した。村上藩も即答することはできず、永井らは猶予を与えて帰陣する。

同様に、衝鋒隊は村松、長岡、椎谷藩などにも働きかけ、四月四日には桑名藩の飛地である柏崎の陣屋で、内田庄司、木村大作らがこれらの諸藩と談合し、同盟を結ぶことに成功した。これは政治的判断ではなく、あくまでも兵火を避けるための偽装同盟ではあったが、のちに新発田、村上、村松、長岡の藩が奥羽越列藩同盟に参加したことを考えると、その布石となったとすることもできる。

同盟成立後、新潟に駐留していた衝鋒隊は、八日に前軍、九日に中軍と後軍が南下を開始し、十一日には寺泊から与板城下に入ると、ここでも和戦の選択を迫った。条件は同盟加入か武器兵糧の供出、さもなくば交戦というもので、与板藩は彦根藩井伊家の支藩であって、すでに宗家とともに勤王を藩論としていたが、やはり戦火を恐れて七千両を献じて許しを得ている。

さらに南下を続ける衝鋒隊は十七日に柏崎を経て、二十日には高田に入った。高田藩―五万石は藩論が割れてはいたが、多くの藩がそうであったように、親幕派の多くは江戸詰めの藩士で、国元では政策的に反幕派の藩士が多かった。余談だが、高田藩の江戸詰め藩士たちは藩主の榊原政敬《まさたか》の姓から「榊」を「神」と「木」に分解し、「神木隊」と称して彰義隊とともに上野戦争に参戦し、ついに箱館戦争までを戦うことになる。

衝鋒隊の進入に対して高田藩も反発することはできず、あらかじめ用意してあった新井《あらい》の宿舎に案内した。それは「高田藩のごときは重臣竹田勘太夫、川上藤太郎の両氏を派遣して、（中略）ほとんど至れり尽くせりの歓待をもって迎え、かつ同盟の意志あるを表明せるより、（中略）楠山兼三郎、松田昌次郎の両名を高田会議所に使して、二十日正式の同盟を結び――」（『衝鋒隊戦史』）というほどの扱いで、さらに藩兵をも後続させるというものだった。もちろん高田藩の真意は同盟にはなく、ただ衝鋒隊と戦火を交えることなく領地から退出させることにあり、城下を避けて新井に宿舎を用意し

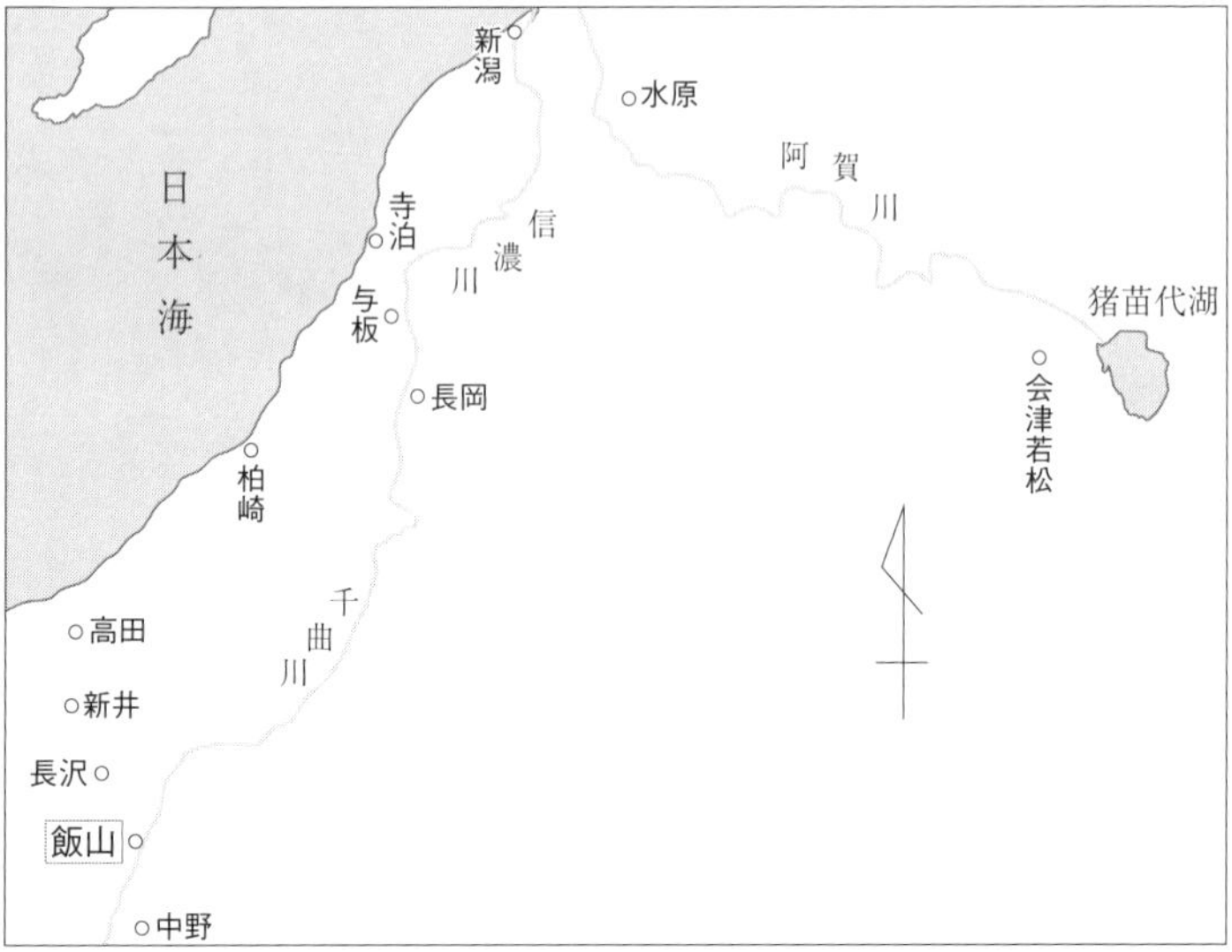

図7-1　飯山の戦い関連略図（1）

ていたのも、新政府軍にとがめられないようにとの配慮によっていた。

このように、北越諸藩との同盟に成功した衝鋒隊は、二十四日、信州路を飯山に向けて出立する。すでに衝鋒隊の南下戦略をつかんでいた飯山藩では、進発を知ると家臣の坂本雄兵衛と黒田直右衛門を長沢村まで差し向けて城下まで案内し、宿舎として上町の真宗寺を提供した。さらに同盟についてもみずから加盟を申し出て、少数ながら藩兵も付属させた。もちろん、これもわずか二万石の飯山藩が戦火から逃れるための偽装にすぎない。

いったん飯山に入った衝鋒隊は、その日のうちに前軍が総督の古屋佐久左衛門とともに新井宿へ戻り、城下には中軍と後軍が残留することになる。彼らは安田の渡し場から静間、蓮《はちす》、腰巻、さらには中野の東方五キロの替佐《かえさ》と今井にも兵を配置し、飯山から中野に至る千曲川の西岸を押さえた。敵の渡河を牽制するとともに、高田・飯山藩兵の援軍を得て、中野陣屋の接収をはかろうとしていたのである。

衝鋒隊、飯山の戦いに敗れる

四月十九日、松代《まつしろ》藩は飯山藩からの応援依頼を受けて、先鋒として二小隊と大砲隊を出動させ、二十日には六小隊と狙撃隊、遊軍隊、奇兵隊などの中軍を派遣した。二十一日には衝鋒隊が飯山から中野陣屋に向かうとの情報を得て、二十二日に先鋒隊は中野、中軍は小布施へと進んだ。このとき、飯山藩からの使者が前言をひるがえし、援軍の派遣を謝絶してきた。これによって、松代藩は飯山藩ともども衝鋒隊を討伐することを決している。飯山藩は高田藩の対応から、抵抗せずに歓待の姿勢を見せれば衝鋒隊が武力を行使しないことを知り、自藩をひとつの通過地点として、彼らを中野陣屋に進発させようとしていたのだった。

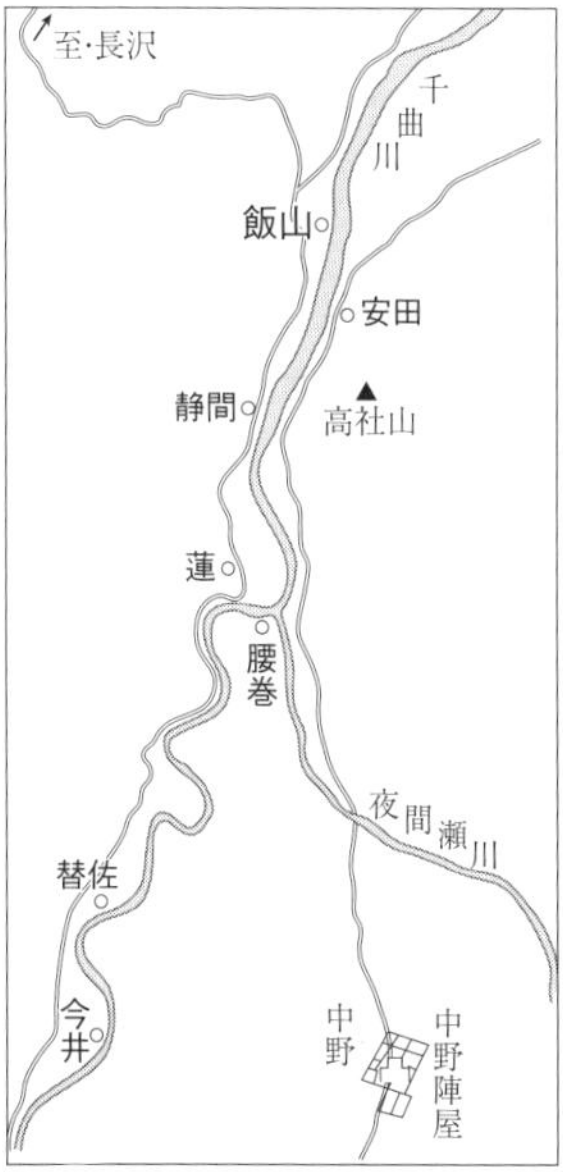

図7-2　飯山の戦い関連略図（2）

ところが新政府軍は、すでに二十一日には須坂・松代・岩村田・上田・小諸・松本・田野口・高島・高遠・飯田の信州十藩と、中野陣屋を守備する尾張藩に出動命令を下していた。彼らは着々と飯山方面に進軍し、二十四日には先着していた松代藩兵が、千曲川東岸の安田、西岸の腰巻、さらに飯山への本道に布陣する。これに尾張藩兵が加わり、二十五日には上田と須坂の藩兵も合流して、山地を迂回して安田に向かう。これらの総兵力は千名ほどで、数門の砲が備えられていた。

彼らのうち、安田南方の高社山に布陣した部隊の篝火は衝鋒隊に目撃されていたが、これまで北越諸藩や飯山藩が無抵抗に同盟していたことから、衝鋒隊にはそれが敵か味方かの判断を下しかねていた。そのため二十五日の未明、飯山藩兵を嚮導として、中軍頭取の秋山繁松らが安田の渡し場から船を漕ぎ進んだところ、対岸の堤防に潜んでいた松代藩兵がいっせいに銃撃をおこなった。「見る見る一行は射殺され、あるいは水に溺れて死し、たちまち大部分を撃たれて命からがら岸辺に引き返したる――」(『衝鋒隊戦史』)という有様だった。

ここに飯山の戦いは開始された。衝鋒隊後軍の内田庄司と木村大作はただちに兵を率いて真宗寺を出動し、河原に散開して対岸の敵に応撃した。松代藩の記録である『真田幸民家記』には、この千曲川をはさんでの戦いが次のように記録されている。

河西の賊軍これを見、飯山河原の堤下に鱗次し我軍を打発す。我二番隊、川を隔てこれを烈撃す。賊軍多く、我兵寡し、かつ賊は堤下に伏し、あるいは人家に隠れ、あるいは積薪の内にあり、もって我を狙撃す。我兵山により疎松枯杉を楯となすにすぎず、彼我得喪、問わずして知るべし。しかれども我諸隊ひとしく進みで殊死激戦す。また大砲を連発し勢いを張る。

安田に布陣していた松代と尾張の兵はほぼ四百名と思われ、河原に散開した衝鋒隊より人数は多かったはずだが、実戦経験の豊富な衝鋒隊の前に苦戦したらしい。『衝鋒隊戦史』にも以下のようにある。

内田庄司、木村大作を真先に、開濶地《かいかつ》を驀進して千曲川の堤防に散開し、山も崩れよとばかりに約半時の間銃火を交換せしが、松代の兵は右方の山腹に砲列を敷き、すでに発砲の準備整いたる状況なれば、蒼惶《そうこう》目標をここに移して一斉射撃を強行せしめしに、無惨なるか敵はいまだ一発も発せざるに砲手は早々全滅し、我れを苦しめんとはかれる唯一の武器も大破を蒙りて用をなさず、幸いに一同危難を脱れ得たる――

松代藩の大砲は木島神社のある高台の玉ノ森に据えられていたものと思われ、対岸からの迎撃で全滅したとは考えにくい。現に松代藩の記録では、この戦いで一名の死者と二名の負傷者を出しているが、大砲隊からは司令官一名が負傷したにとどまっている。

衝鋒隊は梁田の戦いで大砲を失っており、永井蠖伸斎と前田兵衛の中軍は飯山城に走って大砲を借り、これに対抗しようとした。しかし、彼らが城の手前数百メートルまで達したとき、大手橋の櫓から銃撃があびせられた。同盟を装っていた飯山藩が、新政府軍の攻勢を知って離反したのだった。

永井らの怒りは凄まじかった。「たとえ金城鉄壁なりとも抜かで置くべきか」（『衝鋒隊戦史』）と、城を攻め立てる。『衝鋒隊戦争略記』によると、この戦いの最中に新井から進軍してきた今井信郎の前軍が城下に到着し、中軍に代わって城攻めをおこなったという。

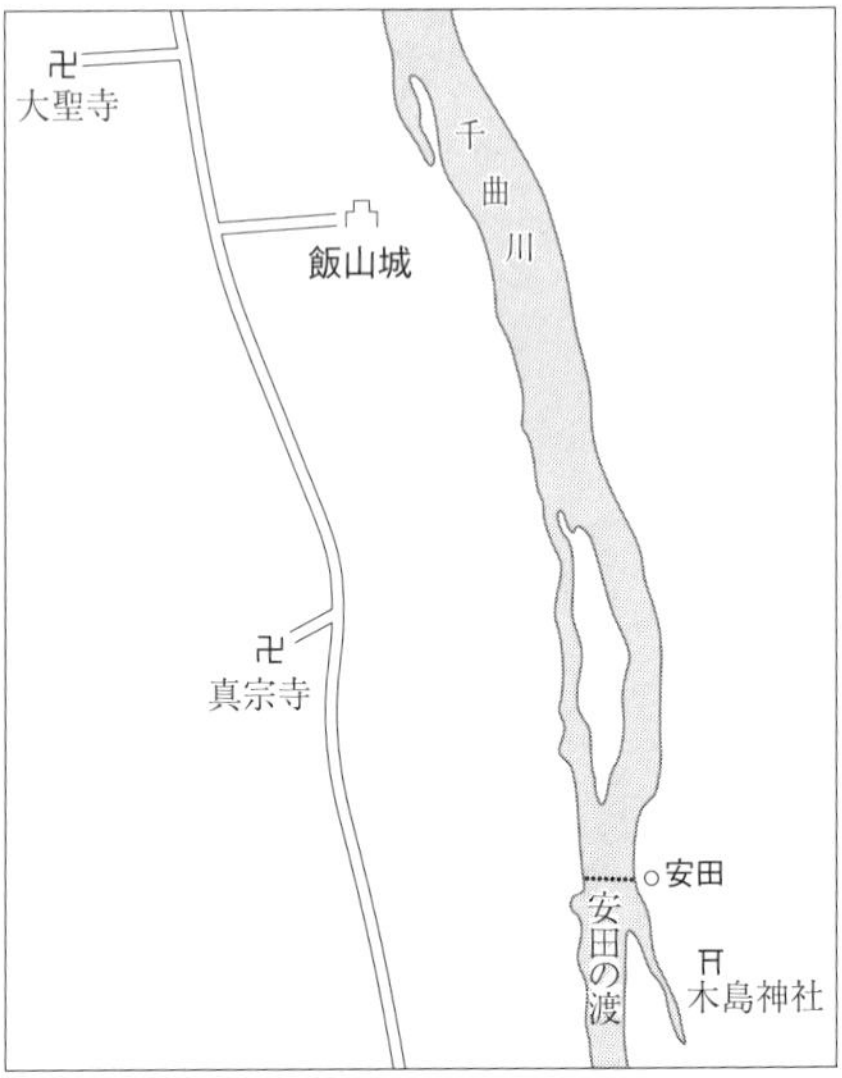

図7-3　飯山の戦い関連略図（3）

そのころ安田の敵と交戦していた後軍は、千曲川西岸と本道から進軍してきた松代と岩村田の藩兵にも脅かされ、ついに中軍とともに城下西の大聖寺方面へ撤退を始めた。時刻は正午ごろのこととされる。前軍は「降るがごとき弾丸をものともせず、塀を乗り越え、柵門を破りて城内に乱入し、果ては士屋敷に跳（躍）り込み、当たるを幸い薙ぎ倒し――」と攻め立てたが、背後から迫る敵のために攻撃を断念し、大聖寺方面の友軍に合流した。

安田の渡し場では、衝鋒隊が西岸に船を集めていたため、兵士が泳ぎ渡って確保し、渡河を開始する。そのころには本道の軍も到着し、ともに飯山城へと向かった。

もはや衝鋒隊に勝ち目はなく、新井の司令部より退却命令が出されていた。これによって前軍と後軍は後退を始めたが、最初に飯山藩の攻撃を受けた中軍は夜襲を計画して踏みとどまった。しかし、再三の撤退命令によって、夜襲を断念して退却したのは午後六時ごろだったという。

中軍と後軍は信州国境の富倉に引き揚げ、二十六日午前三時に新井へ帰着した。ところが、高田会議所で楠山兼三郎が高田藩の竹田勘太郎らに飯山戦争の次第を語り、出兵を求めても、酒肴を勧めるだけで実のある話をしない。しかも、帰陣の途中では「四方を伺うに市民騒ぎ立て、所々に甲冑を着たる兵、奔走するを見る」（『衝鋒隊戦争略記』）という状況で、不審に思った楠山は総督の古屋に進言して、軍を高田東方にある旧幕府の川浦陣屋に移動させた。殿《しんがり》として猿橋に宿陣していた前軍にもこれを伝え、彼らは正午すぎに川浦で合流を果たすことになる。

高田藩の翻意は明らかだった。善後策が協議され、高田城への夜襲、城中の焼き討ち、陣屋での迎撃などの案が出されたが、どれとも決することはできなかった。今井信郎は不毛の議論に堪りかね、今夜にも敵の夜襲を受けたらどうするのだ、と大喝して迎撃に備えたというが、この危惧が数時間後に現実のものとなるのだった。

衝鋒隊、高田藩の夜襲に敗走する

四月二十六日午後八時ごろ、高田藩兵による砲撃が衝鋒隊の川浦陣屋に加えられた。

今井信郎の率いる前軍は、夜襲を警戒して兵糧弾薬を備えていたが、中軍と後軍の幹部はなお別室で善後策を検討しており、両軍の隊士たちは指揮官不在のまま混乱に陥った。幹部が駆けつけたときには、ほとんどの隊士が逃げ去っていたという。応戦したのは前軍だけであり、『衝鋒隊戦史』は「今井の率ゆる前軍はあらかじめかくあるべしと待ち設けたる事なれば、少しも騒がずただちに応戦の命を伝えてこれに当たり、幸いに本隊をして全滅の非運を免れしめ得たり」と述べている。

前軍の応戦中に総督の古屋佐久左衛門らの幹部も陣屋を脱したが、今井は古屋の姿を見失い、そのゆくえを求めて戦場を駆け巡ったのちに撤退した。

前軍を天野、前田等に委任して川浦の駅路を縦横に乗り廻し、散乱せる残兵を纏め徐々に引き上げ来たりしに、敵はなおも大砲小銃を連発して止まず、市民は所々に竹螺を吹いて竹槍を擁し、あるいは鋤鍬を振りて道を遮ぎり、歩行すこぶる危険なりしが、今井はついに乗馬を射られて徒歩となり、(中略)ようやく一方に血路を啓《ひら》き、生き捕れる村民二名を嚮導として松山方面に退却せしが――

(『衝鋒隊戦史』)

この夜襲で殿となった差図役頭取の林幸太郎は防戦中に負傷し、従兵ふたりと川浦陣屋に戻って陣屋に火を放ち、主従ともども切腹して果てた。これを見た同役並の宮原秋之助も従兵二名とともに自刃している。林は十七歳だった。雨中を敗走した衝鋒隊は大崎村に集合し、点呼をとると会津出陣時に七百名を数えた総員は五百名を割っていたという。飯山の戦いでの死傷者は四、五十名とされており、ほとんどが脱走による離脱者だった。その後、衝鋒隊は小千谷から酒屋まで撤退し、態勢を整えて越後の戦いに投じることになる。

なお、衝鋒隊の隊名については会津出陣に先立って名づけられたとされるが、今井信郎の自著『衝鋒隊戦争略記』には、敗走後の閏四月上旬に残兵を八小隊に再編し、そのときに命名したと記されている。

第七章　北越の戦い

北越の戦いを武田・上杉の戦いに見立てて描かれた『越後国信濃川武田上杉大合戦之図』
個人蔵

越後の隣国、上野は世直し一揆で揺れていた。越後の魚沼地方のほとんどを宰領していた会津藩は、三国街道の三国峠を越えて、それらの群衆が入ってくるのではないかと心配し、峠の警備を厳重にした。慶応四年（一八六八）四月の初めには、農兵を徴募し増派させた。警備中には世直し一揆の一員と思われるものを斬ったり、農兵同士の不慮の事件、小栗上野介忠順の遺臣十三名が亡命してきたのを応接したりした。

東山道先鋒総督府に属する上野巡察使の原保太郎（長州）・豊永貫一郎（土州）らに率いられた上州諸藩兵、約千五百名は、閏四月下旬、三国峠を越え、越後を侵犯し始めた。これに対し、会津藩小出島陣屋郡奉行町野主水らは兵を三国峠の越後側三宿《さんしゅく》に集結させ、これ以上、侵犯させない気配を見せた。その兵力は、農兵も含め約三百三十人といわれている。町野らは三国峠の大般若塚と権現社に木柵、堀切りをして西軍の進攻に備えた。

閏四月二十一日、大般若塚の前方に、西軍兵士が現れ、いきなり二、三発発砲した。その日、それで西軍兵士は姿を消したが、徴発されてきた農兵は驚愕したという。

同月二十四日未明、おりからの濃霧のなか、西軍は峠を登攀、進撃を開始した。佐野藩の砲撃を合図にいっせい射撃が始まり、町野ら会津藩兵、農兵らも応射し、山間は激しい銃撃音に包まれた。兵力も少なく、訓練のゆき届かない農兵をかかえた会津藩側は浮き足だった。

それを見た会津藩兵の若い兵士五人が、堡塁から飛び出して、白兵戦を挑もうと西軍兵士に肉薄した。次々と狙い撃ちで負傷するなか、少年の町野久吉のみが、敵陣に乗り込み、槍をふるって戦った。前橋藩の隊長八木始が拳銃で町野をようやく撃ち倒したという。このとき、会津藩士三名が戦死し、その首級は、上州側の永井宿に晒された。

会津藩兵は二居峠まで退き、浅貝・二居の宿場は焼かれた。その退却途中、西軍の別隊が小出島方面に進撃中であるという早飛脚に接したので、退路を断たれることを恐れた会津藩兵らは一気に小出島まで退却した。一方、西軍は南魚沼の六日町まで、無人の境がゆくごとく進出したが、別の越後口の征東軍が到来したことを知り、上野に帰還した。

雪峠の戦い――衝鉾隊の奮戦

小千谷の南六キロのところに雪峠というところがある。東頸城から山越えをし、中魚沼に入り、小千谷へ至らんとする途中の峠にあたっていた。そこを守っていたのは、会津藩兵と幕府脱走兵で組織した衝鉾隊であった。

雪峠の攻防戦は、その衝鉾隊を中心に展開されることになった。雪峠を守っていた衝鉾隊は一個中隊というから、約百五十名程度。砲門の数は不明だが、峠付近に砲陣地を築いていた。中隊頭前田兵衛に率いられていたが、指揮は衝鉾隊副隊長の今井信郎が直接、執ったという。本陣は峠にあり、前進陣地を麓に配し、巧みな陣地を構築して西軍を待ち構えていた。

一方、新井、川浦を経て、小千谷に向かおうとしていた東山道先鋒総督府軍に属する信州諸藩兵、約千五百名は、雪峠にさしかかろうとしていた。高田藩兵を先鋒に尾張・松代・松本・飯田等の諸藩兵が狭い山道をひしめき合いながら進んできた。

午前九時ごろ、松代藩の斥候に衝鋒隊が襲いかかり、一人を斬殺、一人生け捕り、ほかは逃亡し、その追撃の発砲から戦闘が始まった。衝鋒隊は雨中、ラッパを鳴らし、味方を鼓舞して迎え撃った。峠付近の砲は、西軍の進撃路に砲弾を放った。その砲音は、梅雨空に反響して、遠く長岡城下まで聞こえたという。

はじめ斥候兵によって峠付近で戦いが始まったが、その後、前進陣地である芋坂が激闘の舞台となった。付近の民家には火が放たれた。西軍諸藩もようやく陣を張り、大砲を据え、芋坂の東軍陣地に砲撃を加え始めると、衝鋒隊は雪峠に後退した。

午後四時ごろ、雪峠に左右から迂回した松代・高田藩兵が進出するに及んで、少ない兵力の衝鋒隊ほかの東軍兵士は不利を悟って、後退し、雪峠の戦いは終わった。三国峠の戦いが国境の上州寄りの戦いであったから、雪峠こそ、北越戊辰戦争の始まりの地であるという説がある。また、この雪峠の戦いは、とくに長岡藩に動揺を与え、河井継之助の指示に基づいて、藩境に派兵し、警戒態勢をとらせるに至った。

小出島戦争──小出市街戦

東山道先鋒総督府軍は、軍監岩村精一郎に率いられ、小千谷へ向かっていたが、途中、千手村《せんじゅ》（現十日町市）で、兵を二分した。本隊は岩村が率い雪峠を経て、小千谷へ向かうことになったが、もう一隊は右支隊として、薩摩の淵辺直右衛門、長州の白井小助が指揮し、会津藩の陣屋がある小出島へ向かうことになった。

閏四月二十四日、薩摩一小隊、長州二小隊、松代・飯山・尾張の各一小隊は信濃川を渡り、十日町に入り、八箇峠を通り、小出島へ向かった。途中、浦佐でまたその兵を二分し、半隊は小出島の後方に進出するため栃原峠を越えることになった。このとき、警戒のため空砲を放ちながら登攀したという。もう半隊は魚野川沿いに下り、小出島の町に入る手前で魚野川に合流する地点の佐梨川に至ったのが閏四月二十六日であった。

小出島の会津藩陣屋は、三国峠の敗報が伝えられ騒然としていた。二十六日午後五時ごろには、小千谷からの援兵約百二十名と山ノ内大学隊約五十名が到着した。同夜、陣屋で会津藩諸将の軍議が開かれ、町野主水・山ノ内大学隊は堀之内の西軍に対抗し、四日町口へ。井深宅右衛門隊は浦佐方面の西軍に対抗するため柳原口へ向かうことになった。小出島は会津藩領となって約百四十年。六十里越をして会津へ向かう要地にあたった。そのため、会津藩は市街戦をしてでも死守しようとしたのである。

その夜半に至り、会津藩軍事方より、市中に避難勧告が出され、街は騒然となった。胸壁には、餅つき用の臼を使い、船竿を横木にして銃座を構築して、来襲に備えたという。本陣を構えた林昌寺には日光大神君の旗をあげて、西軍を待ち構えたのである。

閏四月二十七日早朝、連日の雨は小降りとなった。堀之内方面から進軍してきた西軍兵を見つけ、合図の烽火が上げられた。それと同時に尾張藩兵の射撃が始まり、会津藩兵が応射した。

一方、浦佐から進軍していた西軍の別隊は、佐梨坂を下っていたころ、西北方向に銃声を聞いた。全軍は疾走して佐梨川河畔に至り、すぐさま散開し、対岸の会津藩井深隊と銃撃戦となった。渡河して市中へ入ろうとする西軍に対し、井深隊は激しく反撃したため、佐梨川を挟んで激戦となった。

薩摩藩の淵辺直右衛門は一隊を率いて、上流に迂回して渡河し、井深隊を横撃した。長州奇兵隊はその機を捉え、敵前渡河し、市中に入って白兵戦となった。井深隊隊士は建物、地形を利用して剣・槍を振るい、発砲したので、西軍は市中に放火しながら進撃した。長州藩奇兵隊五番隊長元森熊次郎は、抜刀して突撃した。そのため狙撃され、倒れたところを斬られ負傷し、後事を野村三千三に託し、五月七日没した。

会津藩に徴発され、市中を守っていた農兵は、あまりの激戦に逃散した。やがて会津藩側が退勢となり、西軍側は全滅の危機を脱し、六十里越方面へ脱出した。会津藩の町野・山ノ内隊は砲撃をし、西軍を阻止していたが、背後の市街で白兵戦が始まると形勢が逆転した。西軍は喊声をあげて魚野川に殺到し、おりからの豪雨による水勢に押されながらも渡渉した。各胸壁では斬り合いの白兵戦が展開されたが、会津藩兵は敗れ、六十里越方面へ走った。

会津藩兵が敗れた要因は、会津藩には正規兵が少なく、郡奉行配下の町野隊二十名が基幹となり、ほかは農兵を集めて編成されていた。井深隊にいたっても、別名を遊撃隊と名称をつけたように、浪人を新規採用した取り立て兵が多かった。だから、指揮者の井深宅右衛門が抜刀して、味方の奮戦を督励指揮したが、兵はいったん退却をはじめると止めることはできなかった。山ノ内大学隊は六十里越・八十里越の警備を担う山ノ内家代々の私兵が多かった。

戦闘は未明に始まり、正午におよんだ。市街戦のため焼失した家屋は、百六十八軒以上となったという。また流れ弾により、二名の民間人が死亡している。東・西両軍にも戦死者が多く、西軍ははじめ遺体を浦佐の普光寺に埋葬したが、のちに小千谷の船岡山に移葬した。また、会津藩兵の戦死者は、小出島の正円寺住職大龍和尚によって埋葬された。その後、小出町民有志によって合葬墓と懐旧碑が建立され、いまも祭祀をおこなっている。

鯨波の戦い――桑名藩の奮戦

越後柏崎に藩領五万石を領していた桑名藩では、藩主松平定敬を擁し、佐幕派家臣団が柏崎に籠もった。その兵力はおよそ三百六十名ほどであったが、幕末の騒擾以来の歴戦の勇士が多かった。兵を雷神・致人・神風の各隊に分け、大砲隊とともに若い優秀な指揮者を隊長にあてていた。

柏崎の南二キロに鯨波《くじらなみ》の要地がある。海岸と山地が重なったような断崖があり、柏崎の町に入るには必ず通らなければならない。また、鉢崎から鯨波に至る海岸部に沿った街道は、霊峰米山《よねやま》がせり出したようになっていて、難儀な道筋でもある。

桑名藩兵は会津藩、衝鉾隊、浮撃隊と水戸藩脱走兵の諸生党と協同して、鯨波とその周辺を守ることになった。このなかの諸生党があとで戦闘に参加したかどうか不明だが、このときの柏崎方面の東軍側はこの程度であり、鯨波付近の兵力はせいぜい、五、六百名であったであろう。立見鑑三郎（尚文・のちの陸軍大将）が指揮する雷神隊は、鯨波の婦人坂、松浦秀八の致人隊は広野嶺、町田老之丞の神風隊は大河内に堡塁を築いて守った。

一方、西軍の北陸道先鋒総督府軍、約二千五百名は、高田城下を発し、閏四月二十三日には柿崎を通り、同月二十七日には鯨波に肉薄したのである。先鋒は長州藩一小隊と砲二門、加賀藩一小隊と砲一門、高田藩一小隊に砲一門、薩摩藩四番小銃隊と砲三門であった。兵力はおよそ千人。各藩は争って進軍し、閏四月二十六日夜には鯨波の手前の青海川《おうみがわ》という集落にまで達していた。

その夜、桑名藩の立見鑑三郎は致人隊副長馬場三九郎、神風隊隊長町田老之丞と一緒に地元の案内人を立てて、大雨のなか近くの山に登って敵情を偵察した。点々と敵の夜営の火が灯っていたが、それははるか南のほうであり、三人はしきりにいぶかった。敵はまったく前進していないのである。また、おりからの暴風雨で遠望がきかなかったのかもしれないが、敵状を観察することができなかった。

桑名藩兵らは、各兵を埋伏しておき、敵が街道を突き進んでくれば袋のネズミのように討ち取ってしまうような布陣になっていたはずであった。西軍がそれを知って戦いを挑むとすれば、山中を迂回して攻撃をかける必要があったのだが、山中の味方の陣から敵兵と接触したという報は聞かなかったからである。

三人はこの状勢を怪しみ、見守りながら、暁を迎えたという。午前四時ごろ、鯨波方面で、にわかに喊声があがり、火が発するのが見えた。銃声も聞こえ、敵兵が襲撃してきたことを知った。まったく、意外な攻撃で、その前兆もなかったので驚いた。三人はころがるようにして山を下り、鯨波の味方の陣にたどりついた。三人は抜剣して、防戦している兵を叱咤激励したという。しかし、そのときには敗れる寸前で、かえって指揮者の三人がきたことにより後退が決断され、鯨波の集落を焼き、左右の山のなかへ逃げ込み防戦することとなった。

西軍のうちまっ先に攻撃をかけたのは、長府藩報国隊と薩摩兵であった。彼らは剽悍にも、敵の堡塁の前に身をさらし、次々と突撃をかけたのである。そのあとを高田・加賀・富山の各藩兵が続いた。

先鋒は、暴風雨のなか番神堂に肉迫した。このとき立見らが指揮に駆けつけ、左右の小山に桑名藩兵を後退させるとともに、近くの山に浮撃隊をあげ、深く入り込んだ西軍を横射した。これにはさすがの薩摩・長州藩兵もたまらず、撤退した。

薩摩・長州藩兵の撤退は、後続の加賀藩兵らが遮蔽物のない水田地帯を駆け抜けることができず、躊躇したためで、西軍の協同作戦にも問題があった。閏四月二十七日の鯨波の戦いの緒戦は、最初桑名藩兵が苦戦したが、弱冠二十三歳の立見鑑三郎の指揮のよろしきを得て、西軍を撃退して終了した。しかし、その夜、雪峠・小出島の戦闘の敗報が伝わると、柏崎で戦っては、背後を絶たれることを心配し、また、にわかに桑名藩兵らの戦意が失せたので、鯨波の戦場と柏崎から撤退することとなった。

翌二十八日払暁、衝鋒隊は妙法寺付近に、桑名藩兵は水戸諸生党とともに宮川に後退し、西軍の進攻に備えた。西軍諸藩兵は、同日、柏崎に入り、本営をおいた。入町にあたって、西軍は民家に向かっていっせい射撃を繰り返したので、住民に死傷するものがいた。

鯨波の戦いは、名将立見鑑三郎を歴史の舞台に登場させることになった。立見は弱冠二十三歳の好青年で、そのさっそうとした指揮ぶりで、北越戊辰戦争の華と謳われた。

片貝の戦い――会津藩の先制攻撃

会津藩兵が疾風のように駆けてきて、西軍に先制攻撃をかけた戦いがあった。慶応四年（一八六八）五月三日早朝に戦端が開かれた片貝《かたかい》の戦いである。片貝は小千谷の西北に位置し、かなりの町並みを持った町である。小千谷を攻略するには絶好の位置にあった。

その前日、小千谷の慈眼寺で、長岡藩軍事総督河井継之助と東山道先鋒総督府軍軍監岩村精一郎らとの談判がおこなわれた。会談で河井は、長岡藩の主張と両軍の調停役を申し出た。しかし、岩村らの返答は、「どちらに属するか、ただちに決めよ。もし保留ならば戦場で決着をつけよう」という理不尽なものであった。結局、談判は決裂状態のまま双方は別れた。

そのとき、会津藩兵の主力は与板城下にいた。五月一日、長岡藩家老河井継之助が小千谷へ談判にゆくという通牒が入った。すると会津藩の佐川官兵衛らは、全軍で小千谷を衝く作戦をたてた。その日のうちに鎮将隊・朱雀四番士中隊・朱雀二番寄合組隊・結義隊・砲兵隊などが勇んで出陣し、長駆し、長岡藩領の西をかすめ、進撃を開始したのであった。

河井継之助肖像

この作戦には大きな意図があった。それは談判の前後に戦闘が始まれば、少なくとも長岡藩を戦場に引き入れることができること。そして、もしも談判によって、長岡藩が西軍に属することになれば、ほかの越後諸藩も会津藩に向背し、越後各地の会津藩兵は孤立してしまう。これによって一気に戦線は蒲原《かんばら》、新潟に後退し、会津藩は窮地に立ってしまうので、これを阻止するために長岡藩を東軍側に引き込んでしまおうという意図が、片貝の戦いの目的であった。だから、戦場には長岡藩印である「五梯子」の肩章や小旗を捨てておくことを忘れなかったのである。

会津藩兵は五月二日夜、深沢村に到達した。そこで斥候兵を出し、渋海川《しぶみがわ》と山ひとつを隔てた片貝をうかがった。西軍はこのとき、まだ片貝へは派兵していなかった。敵兵がいないと知ると、素早く進軍し、片貝の町端、要地などに、農民・町民を使役して夜を徹し陣地をつくらせた。樹木を切り重ねて陣地をつくったという。また、小千谷をうかがう搦手に、金田百太郎《かねだひゃくたろう》隊、新遊撃隊を小千谷の南西の塚ノ山へ向かわせている。

この片貝進入を農民が西軍本営の小千谷へ注進した。軍監岩村精一郎は早速、これを撃破する作戦をたて、翌朝を期して戦いを仕掛けることにした。しかし、その作戦計画には薩摩・長州兵は入らず、高田・尾張・松代・飯田の諸藩兵をもって攻撃しようとしたのである。土佐出身で直属の兵を持たない軍監岩村が、いかに薩摩・長州の兵にはばかっていたかが知れよう。

小千谷の町を出ると平坦な小栗田原《こわだっぱら》という台地に出る。そこを高田・尾張・松代の藩兵が先鋒になって進んだ。岩村は中軍となり、尾張の一隊は西から迂回して攻めるはずになった。その両兵力はおよそ四、五百名くらいであった。

一方、待ちかまえている会津藩側からは西軍の動きはよく見えた。しかし銃が古く、弾が届かない。だが、戦意は上がっていた。「今日は初陣のことゆえ、天晴れにあい働き、武名を後世に残そう」(「若松記」)と、兵たちはたがいに誓い合ったという。会津藩朱雀隊などの正規兵が戦うのは初めてであった。西軍は銃撃しながら進んできた。それをできるだけ近くまで引き寄せ、いっせいに飛び出し、白兵戦となった。佐川官兵衛・萱野右兵衛らは声をかぎりに励まし、斬りたてた。この攻勢に西軍はたまらず後退したが、見通しのきく台地で射撃戦に転ずると、会津藩兵の攻勢はみるみる衰えた。銃撃戦になれば一進一退である。西に迂回していた双方の兵も薬師峠付近で遭遇し、戦闘となったが、これも勝敗がすぐ分かれるというような気配はなかった。

西軍は、小千谷本営に「援軍を請う」の一報を入れた。薩摩・長州藩兵はただちに出動し正午ごろ戦場に到着。薩摩・長州兵は右翼に進出し、射撃を開始したため、たまらず会津藩兵は後退した。これにより戦線は一気に西軍に有利となり、会津藩兵の敗走となった。

西軍の追撃は急だったので、会津藩兵は片貝の要地に築いた堡塁も維持できず、遠く脇野町まで後退し、片貝の戦いは終わった。戦いは激闘にもかかわらず、戦死者は両軍あわせても二十名に満たない。白兵戦をもって戦場の勝敗を決しようとしたからであろうか。

片貝の戦いは、会津藩兵が西軍の小千谷本営を衝くことにあったが、白兵戦を得意とする会津藩が、見通しのよい小栗田原を戦場にしてしまったことに問題があった。しかし、会津藩によって長岡藩印が戦場に散らされたことにより、ますます長岡藩が窮地に立たされたことは確かであった。

長岡藩の開戦——榎峠の占領

五月九日、先日来の暴風雨が収まり、長岡藩軍事総督河井継之助は、摂田屋《せったや》村の本陣から参謀役の花輪求馬・萩原要人《かねんど》・三間市之進《みつまいちのしん》らを引きつれ、長岡城へ向かった。城中にあらかじめ招集していた会津藩越後口総督一瀬要人をはじめ佐川官兵衛・萱野右兵衛・井深宅右衛門ら、桑名藩は家老山脇十左衛門をはじめ、立見鑑三郎・町田老之丞・松浦秀八ら、衝鉾隊は古屋佐久左衛門らが集まっていた。

そこで、軍議が始まり、明日を期して、藩境付近の要衝、榎峠を奪取し、西軍の進攻に先制攻撃をかける作戦案がまとまった。五月十日午前十時、長岡城下に集まった東軍兵士と摂田屋村本陣周辺に駐屯していた長岡藩兵は、南境に向かって三国街道を進撃していった。三国街道の本道を進むのは、長岡藩軍事掛萩原要人指揮の四小隊と砲二門、それに会津藩の朱雀四番士中隊と砲兵隊であった。

搦手にまわる一隊は途中別れ、東山山中に入り榎峠へ迫ることになった。この隊を指揮したのは長岡藩軍事掛川島億次郎で麾下に四小隊。ほかに会津・桑名・衝鉾隊・新遊撃隊が続いた。榎峠は三国街道の難所といわれ、信濃川の切りたった断崖上に峠道があった。長岡へゆく隘路であり、守るに易く、攻めにくい要地であった。五月三日、西軍は長岡藩との談判が不調に終わると、すかさず尾張・松代・上田の各藩兵を派遣して榎峠を占領した。そののち上田・尾張藩各一小隊を防備にあたらせていた。

長岡藩の萩原は初戦で、血気にはやっていたのだろう。勇猛にも狭く険しい榎峠道を、細長い隊列のまま突進した。榎峠の頂上付近には西軍がおり、激しく抵抗した。それに榎峠の片側は信濃川が眼下に見え、その対岸約五百メートル向こうには西軍の松代藩兵がいて、東軍兵士の隊列に横射をした。

東軍の街道部隊が攻めあぐんでいたとき、別隊が榎峠の峰つづきの高所から、攻撃を開始した。こ

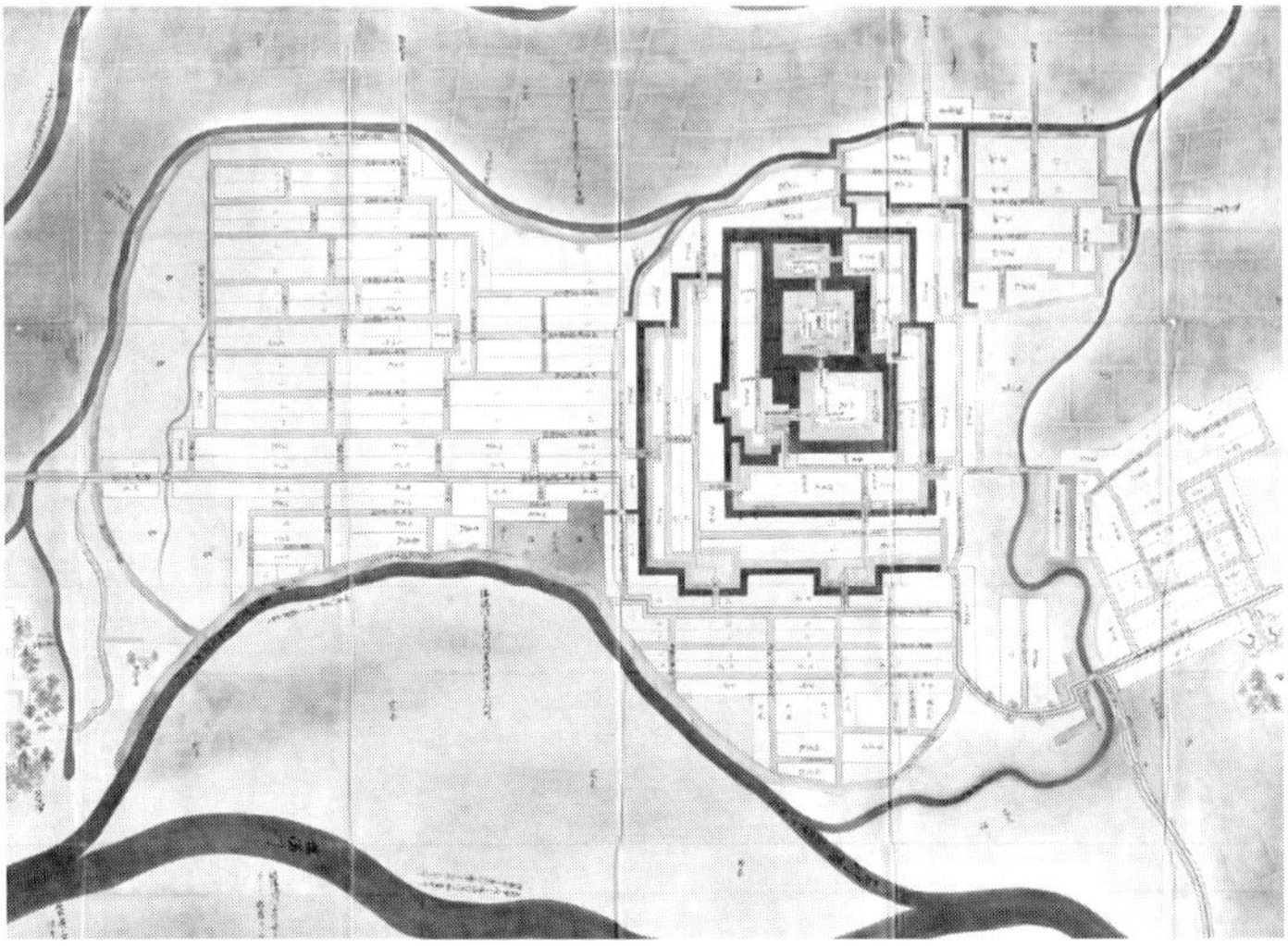

「正保城絵図」に描かれた長岡城　国立公文書館蔵

のため、西軍は夜になって、信濃川を渡河し対岸に逃れた。榎峠奪取は、会津・桑名藩・衝鉾隊と長岡藩が協同して、成功したものであった。河井ら東軍の将士は、ともに酒を飲み、かつ詩詠をし、緒戦の勝利を祝ったという。

朝日山争奪戦――東軍は朝日山を制する

五月十一日、おりからの朝霧のなか、信濃川を渡河、長岡藩領に入った西軍の精鋭、薩摩藩の外城《とじょう》隊と長州藩の奇兵隊はあらそうように榎峠に攻撃をかけた。にわかづくりの峠上の東軍陣地では、その攻勢に浮き足だった。

本格的な戦闘を長岡藩兵は初めて体験するものが多かったから、新式ライフル銃を連射しながら突撃してくる攻撃に恐怖を感じたのだろう。その恐怖心を振り払うかのように、西軍のいっせい射撃の合い間に刀をふりかざし、突撃をしようとしたものがいた。それを戦さに慣れた会津藩の佐川官兵衛が、両手をあげて阻止し、敵に狙撃されるのを防いだという。信濃川河原と榎峠のあいだでの銃撃戦は、たがいの側面にそびえる朝日山から砲撃されれば、ひとたまりもないことに両軍の指揮者が気がついた。それは東軍のほうがはやかったらしい。

午後二時ごろ、夕立のような激しい雨が降りだした。その雨を機に、東軍側の長岡藩槍隊と田中小文治隊、会津の鎮将隊、桑名の雷神隊が、榎峠を駆け下りて、敵前左側の浦柄《うらがら》村を横断して、朝日山に登った。それを見た西軍も、急きょ、奇兵隊の精兵を選んで、朝日山の登攀をおこなわせた。ちょうど、朝日山を北側と西側で競争するように登攀しながら戦闘がおこなわれたのである。

最初に頂上を制したのは、長岡藩の田中小文治隊であった。彼らは頂上に達すると反対側に行き、登ってくる西軍兵士を狙い撃ちにした。これには西軍兵士はたまらず、麓へ撤退した。東軍は朝日山の頂上付近を占領。しかし、すぐにでも西軍によって奪取されるかと不安がつのるような状態であった。そこで、東軍諸将は協議して、朝日山の要所に急きょ、陣地をつくることにした。ところが戦いの最中である。人夫となる農民は集まらなかった。逃げ隠れている付近の農民を徴発してきても、戦場での作業ははかどらなかったのである。

困った長岡藩の河井継之助は、寄せ場の囚人を「無罪放免、過分の報償」を条件に陣地づくりをさせた。銃弾が飛び交うなかで囚人たちは必死に樹を切り、土塁を築いたという。

朝日山の南麓付近にいた西軍兵士にとっても、頂上付近に東軍の砲座が据えられるのを望見すると、恐怖心が広がっていった。しかし、その砲座からの飛弾は少なかった。その理由は人夫に砲弾を背負わせて、山へ登っても、一人一発がせいいっぱい。それも一門数十発程度であった。東軍は苦労して、四斤砲を山上にあげ、数少ない砲弾を発射した。西軍参謀山県狂介（有朋）と仮参謀時山直八は、そんな状況から、早急に朝日山の奪取が必要であると考えた。長州藩出身の二人は、この戦争の破綻が、戦線に重大な影響を与えることを知っていた。だから、このまま西軍側が圧迫されていることを早く打開しなければならないと考えたわけである。そこで、山県と時山は五月十三日を期して、総攻撃をかけることにした。

十三日の朝は濃霧が発生した。山県は前日の夜、増援を求めに小千谷の本営に戻った。

時山は機を見るに敏な武将であった。萩の松下村塾で高杉晋作や久坂玄瑞とともに吉田松陰の門下生でもあった。そういう意味でも、時山は明治維新のエリートだったのである。勢い時山には責任感が強く、この濃霧が戦場をおおっているあいだに攻撃すべきだと判断した。時山は直属の奇兵隊の二番・五番・六番の三隊約二百人を引きつれ、陣地を飛び出し、朝日山へ攻め登ったのである。奇兵隊は地元の案内者に先導させ、空銃を自軍へ撃ち放ちながら、頂上付近をめざして登っていった。

しかし、誤算は西軍のほうに発生した。当初考えた登攀ルートを案内者が間違えたため、時山らは東軍の一番防備がほどこされている陣地の前にでてしまった。時山は左手に隊旗を持ち、右手に抜刀して進んだが、途中、方向を間違えたことを知った。「しまった」と思ったが、機を失することを恐れ、突撃することを命じたという。朝日が昇るにしたがい霧が晴れてきた。そこに西軍兵士が姿をあらわにして攻めてきたので、東軍兵士も射撃を開始した。そのなかでも隊長らしき人物を、桑名藩雷神隊隊士の三木重左衛門が狙撃した。

東軍側の陣地でも、濃霧で周囲が見えないなか、下方からの喊声・銃声が次第に近づいてくるので、緊張は限界に達していた。極度の緊張感のなか、すぐ近くまで迫った敵兵に攻撃をかけようと長岡藩槍隊隊長の安田多膳《たぜん》は「隊士に命じ、銃を捨て、槍をふるって突撃」（『長岡藩槍隊戦功記』）させようとした。

これを脇でみていた桑名藩の立見鑑三郎は、長岡藩勢の攻撃をやめさせ、「我は敵兵を数十人倒した。なお戦い、一人も生かして帰すな」と大声で霧のなかの敵兵にむかって叫んだという。東軍陣地まで迫っていた奇兵隊士らは、この大声にひるんだ。その機をのがさず、立見は全軍に突撃を命じ、いっせい射撃を繰り返しながら、山下の敵に向かって突撃していったのである。東軍の大勝利であった。時山直八の首は、ようやく部下がかき切って逃走した。山県狂介は、後援の兵を率いて、朝日山の戦場に急行したが、途中、時山の首級を携えてくる敗兵に遭い、戦機を失ったことを悟って後退した。

この朝日山の戦いは、西軍側の惨敗に終わった。そのうえ、長州側が抜け駆けをしたかたちで先発をしたので、薩摩側は後発となり、南麓をよじ登って多数の死傷者を出した。薩摩藩の淵辺直右衛門らは、長州側を非難した。この戦いでの両者の軋轢が、北越戊辰戦争のその後の戦闘に大きな影響をおよぼすことになった。

赤田・椎谷の戦い――二面作戦効を奏す

鯨波の戦いで敗れた東軍は、街道を東へ向かう途中、西山連峰の西麓、妙法寺、赤田《あかだ》・曽地《そち》村に屯集した。赤田村番兵所には、衝鉾隊・浮撃隊が駐留。その後方の要衝、妙法寺村超願寺には会津藩兵、光徳寺には桑名藩兵が宿陣した。その数六百余名という。

彼らは日の丸の旗をたて、付近の村々に集結していた。敗戦の痛手から悪事を働く兵がいたのである。とくに幕府歩兵の脱走兵が基幹となった衝鉾隊は、その軍服が赤色であったことから、「赤鬼」と越後の農民に恐れられた。彼らのなかには、江戸や大坂で徴募したやくざ者が含まれていた。

一方、日本海側の海岸道を、東軍の一部が放浪していた。水戸藩脱走の諸生党である。越後ではみずから柳組と称し、水戸藩兵であることをあかさなかった。その兵力は七、八百名といわれるが、定かでない。王政復古、戊辰戦争勃発にともない、天狗党が復権するなかで、かつて水戸藩中で天狗党を弾圧した諸生党が、報復を恐れ、越後に脱走してきたものであった。このとき、海岸付近にいた諸生党はおよそ二、三百名であろうか。彼らは首領の市川三左衛門、朝比奈弥三郎を代表にして椎谷藩の陣屋に乗り込む。強談判をし、椎谷藩を東軍に組み入れさせようと画策するが、陣屋はもぬけの殻

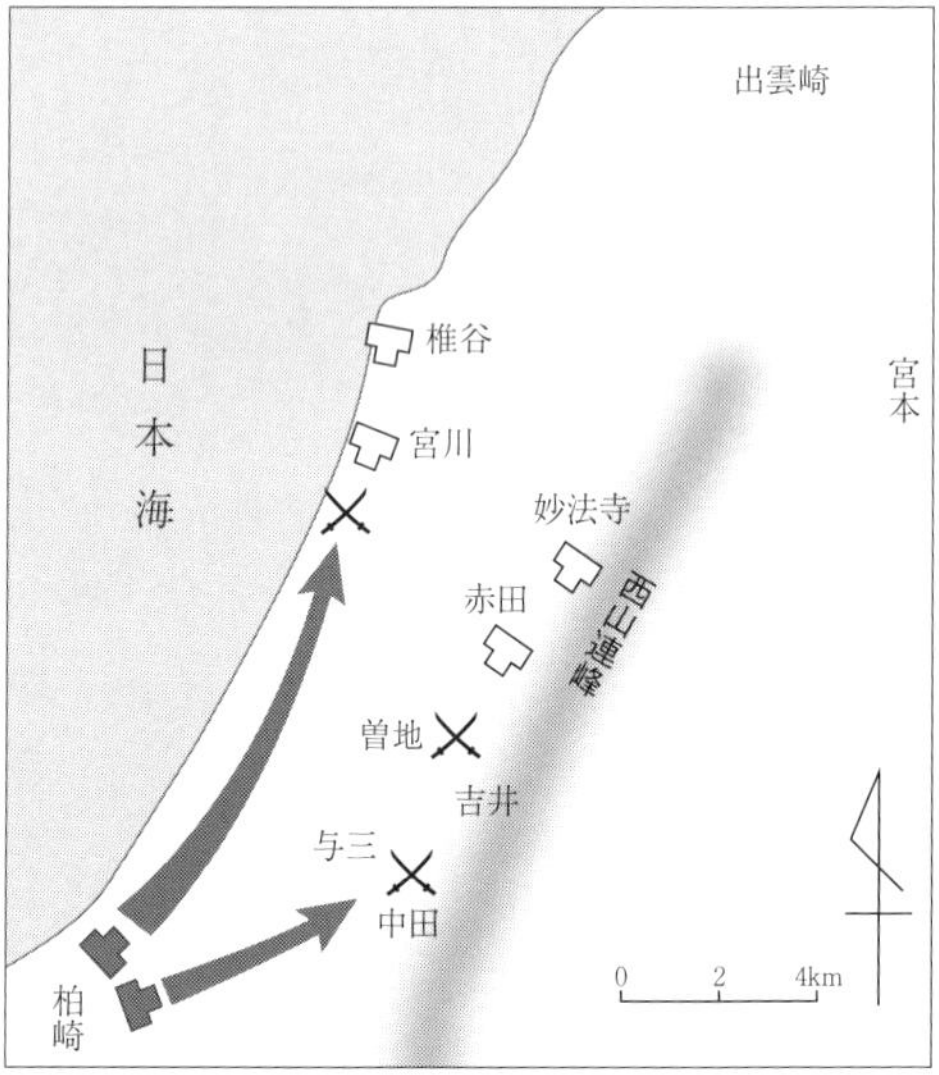

図８　赤田・椎谷の戦い関連略図

だったという。椎谷藩士馬場森之助らは、柏崎の西軍本営に救援を求めた。本営には鯨波戦に勝利し、兵を柏崎に進めていた北陸道先鋒総督府軍軍監三好軍太郎がいた。三好はこの報に接し、勇躍、攻撃を開始することにした。

　五月五日夜零時、三好軍太郎は加賀・富山・高田藩兵を指揮し、妙法寺村方面へ向かった。総兵力は八百余名。翌六日早朝、加賀藩兵と富山藩兵は二手に分かれ、赤田村へ向かった。加賀藩の先鋒小川仙之助隊は、中田村や與三《よぞう》村に籠もる東軍を撃破し、吉井村・曽地村へ向かい、たがいに決死の攻撃・防戦を繰り返した。激戦は午前八時から午後に入ったが、曽地村の東軍陣地は頑強に抵抗したのでなかなか抜けなかった。そこで、隊長小川仙之助は単身で突進したため、西軍兵も身をさらして前進した。東軍は後退を余儀なくされた。東軍は退却にあたって民家に放火したので、黒煙が天を焦がすようであったという。

　東軍は赤田村に会津・桑名・水戸・衝鉾隊・浮撃隊の全軍を集め、逆襲に転じた。このため、西軍は苦戦に陥ったが、もう一手の富山藩兵が赤田村での苦戦の報を受けて駆けつけ、双方、総力戦となった。双方とも砲門を開いて突撃を繰り返したが、ついに午後四時、兵力にまさる西軍が戦いに勝った。東軍は敗走し、妙法寺村から峠を越えて、宮本村に至り、そこで長岡藩にかけあい、全軍残らず長岡城下に収容された。このとき、衝鉾隊では中隊頭の平田恵太夫（別名平山均）が銃弾にあたって戦死した。平田が馬上から落ちたところを、隊士が首を斬ったという。

一方、同じ五月五日夜、椎谷に向かって進発した薩摩・長州藩の支隊は、六日早朝、椎谷の手前の宮川村に迫った。宮川には先の鯨波の戦いで敗走した水戸藩諸生党の大森弥左衛門の隊約六十名がいた。薩摩外城四番隊はこの大森隊と激戦。大森隊は九名の戦死者を出し潰走した。なにしろ、水戸藩兵が携えている銃は、新発銃という旧式の兵器で、しかも弾薬の持参が少なかった。また、戦意も乏しかった。

椎谷にいた水戸藩兵は大森隊を収容するとともに陣を張り迎撃したが、長州藩奇兵隊三番隊隊長堀潜太郎は砲五門をもって砲撃を加えながら、本道を突進したため、水戸藩兵はまたも潰走した。このとき、陣屋を含む民家約百軒の家屋が焼失したという。この戦いで薩摩藩兵が得た東軍側の首級は十余。長府藩報国隊は首級二十余、ほかに奇兵隊と合わせるとかなりの戦果となった。これにくらべ、薩摩藩兵の戦死者は一名であった。

この戦いは、西軍が両面作戦を同時に展開したところに作戦の妙があり、西軍の勝利につながった。

薬師峠・灰爪の戦い――水戸藩諸生党の戦闘

五月十三日夜、会津藩の井上哲作は、部下九名とともに、西山連峰（丘陵）の薬師峠を守っていた。薬師峠は長岡と柏崎を結ぶ街道とは別に、宿駅宮本村と海岸部の出雲崎方面を結ぶ最短距離上にあった。つまり、長岡街道上の西軍を側面から攻撃できる位置にあった。

赤田の合戦で東軍を撃破した西軍は、宮本村までくると薬師峠の東軍陣地が気になり、そこで敵兵を駆逐してから長岡方面に向かおうということになった。五月十四日朝、大雨のなか薩摩藩外城十番隊を先頭に急な山道を駆けあがるように登った。高田藩・加賀藩・長州藩兵らも別の山道を探し、三方から攻め登った。

峠の頂上付近に胸壁をつくって守っていた井上哲作らが、西軍兵を見つけ銃撃を開始した。しかし、十名程度で防ぎきれないと判断した井上らは、ひとまず退却することにした。西軍が攻めかねている隙に全員が、飛ぶようにして引き揚げたというが、逃げ癖がついてとどまることができず、西麓に待機していた兵もまき込んで、水戸藩兵が滞陣している灰爪村まで逃げてしまった。峠上に達した西軍兵は、さらにその東軍兵を追撃することに決し、海岸部へ向かって進撃をはじめた。

灰爪村には水戸藩田村臘助（本名・筧政布）隊、近くの市野坪村に堤兵衛（本名朝日奈弥太郎）隊がいた。人数はおよそ四百五十名ほどであった。そこへ、薬師峠から東軍の兵が逃げてきた。井上は田村に向かい、非情な提案をする。「我軍は負け戦ばかりである。こう負けてばかりいると人気もなくなるから、貴藩が奮発して、敵陣所に逆襲をかけてもらいたい」（『井上哲作戦争日記節略』）という。水戸藩はしぶしぶ引き受け、陣を払い、ひとまず市野坪村へ行き合兵し、灰爪村に引き返した。

そこはすでに西軍兵が小高い丘を占領していたので、水戸藩兵はこれを奪取しようと突撃を開始した。水戸藩兵は刀槍で戦い、ついに駆けあがって、一応、勝利した。しかし、やがて、小高い丘は増援の西軍兵にとり囲まれてしまった。砲撃が開始されると、水戸藩兵は弾雨にさらされることになった。戦死者は五十名以上となり、水戸藩兵は出雲崎方面へ脱出して、灰爪の激闘は終わった。

越後六藩の奥羽越列藩同盟の加盟――幻の北越同盟

五月三日の奥羽列藩同盟の調印は著名であるが、越後六藩（新発田・長岡・村上・村松・三根山・黒川の各藩）の加盟の経緯には謎が多い。『仙台戊辰史』によると、五月六日に加盟したことになっているが、その調印書・会議についての資料は発見・確認されていない。しかも、長岡藩を除く越後各藩が、奥羽列藩同盟の盟主の仙台藩などに盟約書を提出するのは、五月十六日以後のことであり、はたして積極的に盟約を結んだものかどうかは疑問である。

しかし、幕末、越後各藩は佐幕色を濃くする事情があった。越後には蒲原・魚沼に会津藩領が多くあり、小藩が群立する越後各藩は、会津藩に精神的に支配されている状態であった。会津藩領と接している新発田藩や村松藩は、郡方を中心に幕末、会津藩に治安などの干渉を受けた。その結果、会津藩のリードで慶応三年六月には、長岡城下の町会所で新発田・村松・長岡・会津などの各藩の代表が会議をおこなっている。同年九月十六、十七日には、与板藩を除く越後十藩と越後の所領を持つ会津・桑名藩など四藩、計十四藩の代表が新潟町の古町の鳥屋清次郎宅に集まり会議を開いている。そこで約定したことは、不測の事態に備え、各藩の連絡を密にしようということであった。翌年二月の水原での会議では、新潟港の管理を話し合うなどしているから、各藩の利害にかかわる話し合いが持たれた。このような動きは、幕末の政治事情からくるもので、越後各藩は次第に佐幕色を強めていったといえる。

さて、真下菊五郎著の『梁田戦蹟史』には四月四日、新潟町において、衝鉾隊長古屋佐久左衛門、長岡藩家老河井継之助らが主導し、越後各藩の代表を集め、北越同盟を結んだとある。当時、会津藩家老梶原平馬らも新潟におり、盟約を指導したと伝えられる。風聞かもしれないが、旧幕府脱走兵の衝鉾隊が町中にでて、乱暴をはたらき、河井継之助にたしなめられるという事実があり、案外、強弱関係によって脅迫的な連帯が図られたのかもしれない。しかし、それは各藩の内部に同調者があったから、締結できた盟約であったと考えられるのである。

信濃川渡河戦——長州藩奇兵隊の決断

朝日山・榎峠の戦線は、東軍が山地のなかの要地である峰々を占領して、西軍陣地を睥睨《へいげい》していた。東軍側の兵力や銃砲の質は、西軍にくらべ劣っていたが、陣地どりでは、完全に優位に立っていた。このとき、ようやく東山道先鋒総督府軍の指揮権を掌握した参謀山県狂介は、この劣勢を悲観したという。そのときの心境をつぎのように詠った。

仇《あだ》守るとりでのかがり影ふけて、
夏の身にしむ越の山風

先の朝日山の戦いで盟友時山直八を失った山県は、相当、こたえていたのであろう。そこで、山県参謀は別方面にあらたな作戦を展開し、朝日山・榎峠の膠着した戦線をどこかで打開しようとした。

山県有朋（狂介）　国立国会図書館「近代日本の肖像」より

直接長岡城へ攻撃をかける信濃川渡河の奇襲戦である。当時の兵の多くは、水に弱かった。泳ぐことを知らなかったのである。とくに大河の信濃川は大きかった。そこへ梅雨時の増水で、濁流が渦まいていた。そこを小舟で渡り、長岡城に奇襲をかけるなど不可能に近かった。

山県の考案とも、堀潜太郎・三好軍太郎の作戦案ともいわれているが、山県にはめずらしく、この作戦に固執した。東山道先鋒総督府軍本営の小千谷から、北陸道先鋒総督府軍本営の関原村の会議所まで長駆、馬をとばし、居合わせた諸将に作戦案を説明したという。なかでも長州藩の奇兵隊幹部は同調し、早速、渡河のための舟を集めることを手配したりした。

信濃川の左岸には舟がなかった。開戦にあたり、長岡藩兵が大・小船をくまなく回収していたのである。そこで、軍監三好軍太郎は、越後諸藩のなかで、早くから西軍側にくみしていた与板藩に舟の供出を求めた。与板藩は下流の城下から小川昌二郎らが苦労して小舟を運んだ。濁流の川べりを舟の縄を引いた人夫が、対岸の監視兵に気づかれないよう引き上げてきたのであろう。

ところが、この奇襲作戦に薩摩藩側から不満の声が上がった。「先の朝日山戦も長州藩の独断で先行した結果、失敗したではないか。この作戦は長州藩の暴挙だ」というのである。それに、渡河には兵力も少なく、失敗すれば越後戦線に重大な影響をおよぼすと主張した。

これには参謀山県も困惑し、柏崎本営まで急行し、薩摩藩の参謀黒田了介（清隆）に了解を求めた。山県は黒田に対面し、「この戦は長岡での勝敗が、天下の分れ目の関ヶ原になるだろう」と説明した。黒田は渡河作戦そのものには理解をしめしたが、あくまで両藩同時進攻を主張した。山県は、これ以上、薩摩・長州間の溝が深くなることを憂慮し、三好軍太郎に書を送った。「事情不可なるものあれば、必ずしも渡河を試みるにおよばず、余は別に長岡城攻略の手段を講ずるであろう」と伝えたのである。

それにもかかわらず、三好らは五月十八日の昼、予行演習をするかのように小規模な渡河を敢行するが、対岸の長岡藩兵に見つかって失敗した。それをみた薩摩藩側はなじった。しかし、三好軍太郎は戦機を考慮し、強行渡河戦を決断する。信濃川右岸には、長岡藩兵は六小隊、約三百名が警備していた。長い沿岸を守るには、兵の数が少なすぎた。対岸には西軍が増強されつつあり、砲撃・銃撃も次第にさかんになっていった。

同日、右岸堰堤《えんてい》上を視察した河井継之助は、対岸の動きを察知して、「いま一日、耐守せば、我に必ず敵を破るはかりごとあり」と警備の兵士に叫んでまわったという。この「はかりごと」とは、上流の右岸の前島村に待機している牧野図書大隊が、信濃川を渡河して小千谷の本営と本大島《もとおおじま》村の西軍陣地を衝く作戦をいうのであろう。

五月十九日払暁、本大島村の西軍砲陣地からの砲撃がにわかに激しくなった。この朝、濃霧が発生した。数尺先も霧のために見えぬほどであったというから、奇襲戦には格好の条件となった。長州藩奇兵隊の三番小隊と長府藩報国隊は、三好軍太郎・堀潜太郎・熊野直介らに率いられて、本大島村の渡し場から、七艘の小舟に乗り込み渡河戦に挑んだ。その兵力はおよそ百余名であった。彼らは決死の覚悟で舟に乗り込む。「濁流にのまれ死すか、敵の狙い撃ちで倒されるかいずれかだ。死す覚悟で長岡城をとろう」と、士官らは兵に告げたという。

兵士たちは、船頭もいない小舟の底に伏せて、信濃川の濁流へ舟を押し出したのである。川は大きく湾曲していたので、舟は流されたが対岸の寺島に着岸することができた。

長岡落城——信濃川渡河の奇襲戦

五月十九日の朝、寺島の堡塁を守っていたのは、長岡藩毛利幾右衛門隊の二十名ほどの老兵であった。小隊の警備は半数ずつの交替で、半隊が休息し、半隊が防戦するという毎日であった。彼らは十六日から始まった対岸敵陣地との砲・銃撃戦で疲れきっていた。

そこへ西軍兵士が朝霧のなかから現れ、横なぐりの銃撃をあびせたのである。兵士たちはあわてて銃を放ち、抜刀して斬り合おうとしたが、そのときは断然、西軍が優位となっていた。西軍は吶喊、発砲をしながら前進してきた。毛利隊はしばらく支えていたが、背後の民家に火がかかると城のほうへ向かって敗走した。毛利隊の南隣に位置していた長谷川五郎太夫隊、小島久馬右衛門隊も何事が起こったかと異常を悟ったが、霧のため同士討ちをさけるため撤退した。たった百名たらずの奇襲隊は、上陸地で二隊に分かれ、長岡城下に攻め込んでいった。

西軍の一隊は、中島の兵学所に向かい、そこで予備隊と戦った。長岡藩では十五歳から十八歳までの少年を集め、予備隊という名称の少年隊を編成していた。その数、百五十名くらいであった。隊長は倉沢竹右衛門。隊長と二人の小頭は四十歳近い年齢だった。

兵学所でしばらく攻防が続き、隊長の倉沢が負傷すると、少年隊士らは兵学所を焼き、神田口御門まで後退した。隊士らはたがいに励まし合い、門扉、松の根、畳類を盾として銃撃した。また、御門

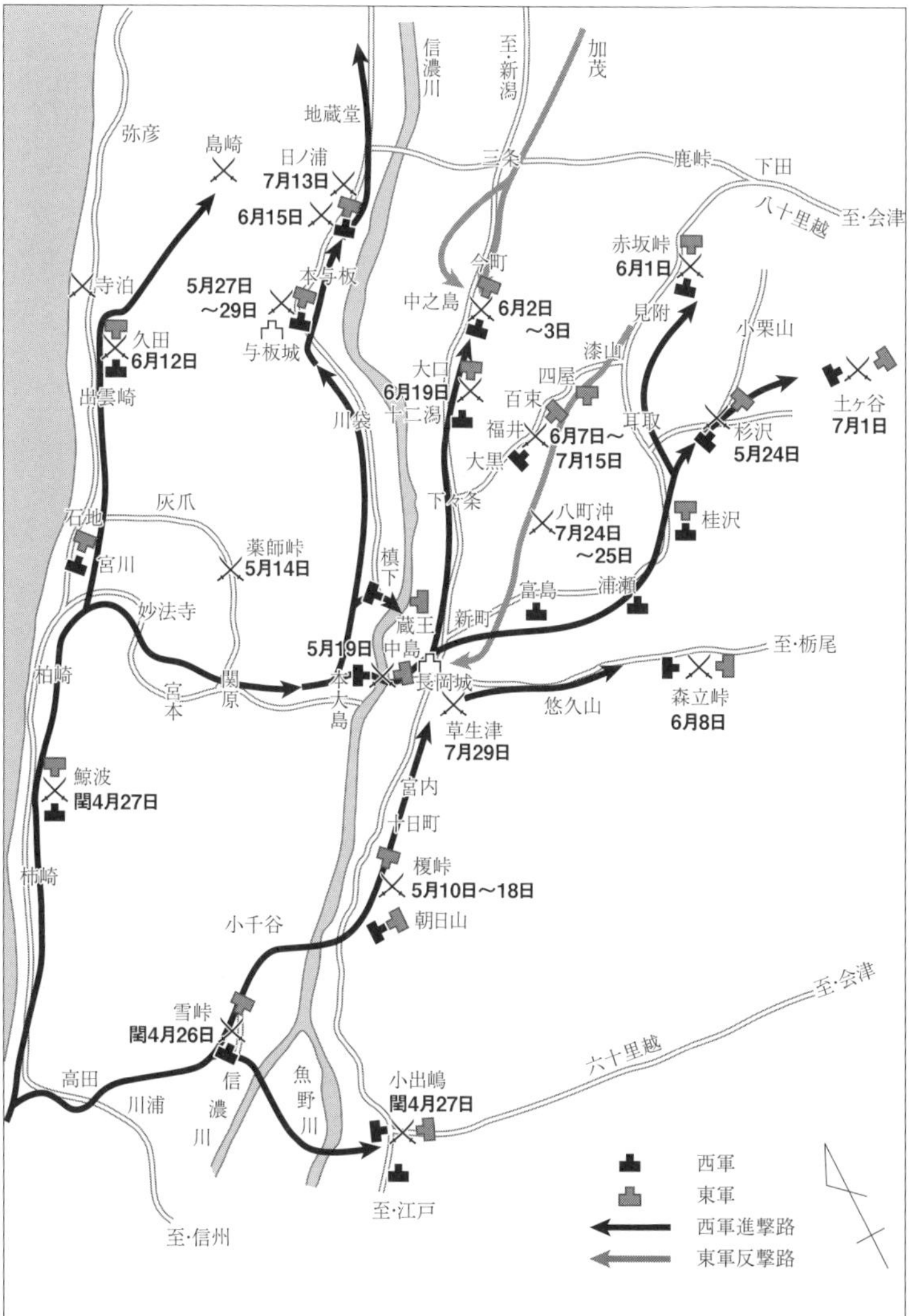

図9　長岡城攻防戦図　慶応4年（1868）閏4月26日〜7月29日までの主な戦闘地

の屋根に登って狙撃もした。もう一隊は直接、城下に向かい、途中、民家に次々と放火した。そのため、市中は逃げまどう人びとによって大混乱となった。

信濃川左岸の槇下村に屯集していた薩摩藩兵は、長州藩兵が渡河に成功したらしいことを察知した。隊長淵辺直右衛門に率いられた外城三番隊は、すぐさま、対岸の蔵王へ向かって上陸を開始した。薩摩藩兵は長州藩に対抗して、血気にはやったという。

蔵王付近を守っていた長岡藩兵は三小隊もいたが、そのうち半数は、寺島に敵が上陸したという報せで出動していった。残った兵は、対岸から小舟で次々と渡ってくる敵兵に射撃を加えた。小舟は空舟のように見えたが岸に到着すると、舟底に潜んでいた兵が上陸してきた。渡河してきた兵は橋頭堡を築いて攻撃してきた。長岡藩兵は不利を悟り、長岡城に籠城を決し、城内へ向かって敗走した。

長岡藩兵たちは、城を枕に討ち死にをする覚悟で、長岡城内に帰った。各隊は要所に配置され、堀を境に小銃戦を展開した。なかでもすさまじかったのは、神田口御門に薩摩藩が突撃をかけた場面であった。薩摩藩兵は遅れをとったと判断したのか、御門の前の道までくると、小銃隊を縦列に並べ、身をさらして突撃してきた。少年兵の鳴らす小太鼓の音が梅雨空にこだました。いっせい射撃を繰りかえしながら進む突撃戦に、守る側の長岡藩兵、とくに予備隊士は恐怖を感じたという。薩摩藩兵の黒い軍服の集団が最後に散開し、城門にたどりついたとき、予備隊士らは、その持ち場から脱兎のように逃げだした。

長岡藩兵たちは城内で、藩の重役たちの指示を仰いだ。城を枕に討ち死にを覚悟しての防戦である。ところが、家老牧野図書の指示は、「もはや、両殿様（老公雪堂、藩主忠訓《ただくに》）は立ち退き遊ばされ、各所に火の手が上がり候ては、防戦もできかね候につき、ひとまず立ち退きて戦いを致すほかなき」と答えた。つまり、主君は城を守ることに見切りをつけ退城、再び機会を狙って取り返そうというのである。藩兵らは、この指示に従い、次々と城を脱出し、城東の東山方面へ敗走した。

長岡城攻防戦の際に使用されたガトリング砲（複製）
写真提供：長岡市観光企画課

総督河井継之助は摂田屋村の本陣で、西軍進攻の報を聞くと、望月忠之丞らをつれ、ガトリング砲一門を一隊に引かせ救援に赴いた。城下に入り、内川橋の戦いを激励し、渡里町《わたりまち》口を視察したが、西軍の攻撃は激しかったので、大手門口にガトリング砲を据えてみずから操作して、反撃をしたという。その際、左肩に小銃弾が命中したので、彼は城中に入り、しばらく各隊に指示をしたのち城東の東山へのがれた。その際、城に火がかけられた。兵士たちは退城にあたって、万感胸に迫るものがあったという。城や城下から逃がれることを納得できず、硝薬蔵のなかに火を放ち、みずから爆死するものや、自分の屋敷内に踏みとどまって敵の銃弾をあび戦死する者もいた。

朝日山・榎峠の戦場の東軍兵士たちのもとには、長岡城の攻撃を知らせる伝騎が到着した。すぐさま、応援に赴く兵もいたが、川島・佐川らの指示にしたがい、その日の夜から翌朝にかけ、各隊は粛然と東山連峰へ退却した。

また、長岡城下を脱出してきた長岡藩兵や家族らは、悠久山《ゆうきゅうざん》に集結したのち、森立峠《もったてとうげ》を越え、栃尾へ落ち延びた。途中、森立峠で、黒煙を上げている長岡城をみて、涙を流したという。

加茂軍議――奥羽越列藩同盟軍越後口作戦会議

長岡落城後、東山連峰を越え会津方面へ向かう者、蒲原の加茂《かも》へ向かう者などの、長岡藩兵をはじめとする東軍兵士によって、山間の谷々が騒然となった。長岡落城によって落ち延びてきた者には、戦いに敗れた哀れさがあったが、朝日山などの戦場にあった者は、いまだ意気軒昂でさえあった。追尾してくるはずの西軍兵士と一戦を交えようとする者たちもおり、退却の途中、陣地・堡塁をつくろうとする隊も現れた。そうすると、ほかの兵士たちも踏みとどまらざるをえなくなり、栃尾、見附《みつけ》、下田村の山中に小規模だが、追尾してくる西軍と一戦を交えようと堡塁を造ったりしていた。

こんななか、奥羽越列藩同盟軍の応援兵が相次いで、越後に入ってきた。庄内・米沢・上山藩兵らである。そのうち庄内藩は五月二十二日、主将石原多門を先頭に火器隊・銃隊・大砲方などが歩武堂々と駒を進めてきた。彼らは水原軍議所に到着すると、会津・米沢の諸将と軍議し、米沢藩は長岡藩を応援し、会津藩は諸々一般、庄内藩は弥彦《やひこ》方面、日本海側の防備を担当することを決めた。
同日、加茂では東軍諸将の軍議が開かれた。これは五月十九日の長岡城落城後、会津・桑名・長岡・村松藩兵らが加茂に逃れてきており、その残兵を加茂で再編をしていた。そこへ応援の米沢藩の中条豊前、甘粕備後らが加茂に入ってきたので開かれた会議である。
このときは、会津藩越後口総督一瀬要人の主唱によって、列藩重臣の軍議が始まった。集まった重臣は、
米沢藩……中条豊前、甘粕備後、倉崎七左衛門ら
会津藩……一瀬要人、西郷源五郎、山田陽次郎、秋月悌次郎ら
長岡藩……河井継之助、花輪求馬、村松忠治右衛門ら
桑名藩……金子権太左衛門、小寺新吾左衛門、松浦秀八、立見鑑三郎ら
村松藩……森重内《もりじゅうない》、田中勘解由ら
村上藩……水谷孫兵治ら
上山藩……祝段兵衛ら
であった。軍議は、奥羽越列藩同盟軍越後口の主将に米沢藩の中条豊前とすることを会津藩の一瀬が発議したが、中条は固辞した。また、長岡藩の河井継之助は長岡城の取り返しを主張する発言を繰り返したので、この日の軍議は何も決まらなかったという。翌二十三日、米沢藩の甘粕備後が東軍の作

戦案を提案した。一説にこの作戦案は、長岡藩の河井継之助の立案になるともいう。（『河井継之助傳』）

第一軍は米沢および会津・衝鋒隊を合して、長岡口へ進撃し、見附を占領すべし、中条豊前が総指揮をする。長岡・村松の兵も、この軍に属する。第二軍は会津・桑名・上ノ山の兵で組織し与板口に赴き、まず三条より地蔵堂に進軍して与板城を攻略する。この指揮は一瀬要人がとる。第三軍は出雲崎口へ。会津・庄内・山形・三根山の各藩兵とそれに水戸藩諸生党が担当、というふうに決まった。この進軍手配には諸説があって、各藩兵の配置は定かでないところが多いが、東軍が協同作戦を展開しようとしたところが、きわめて重要な意義をもつものであった。

このころ、東軍側は見附口に二千名、与板口は千二百四十名、出雲崎口は千二百八十名ほかに九百余名以上の長岡藩兵がおり、総兵力は五千名近くになっていた。

奥羽越列藩同盟の各藩は、この作戦案に基づき、五月二十四日ころより行動を起こした。第一軍は長岡方面へ向かい、栃尾口の杉沢・文納・人面で戦闘が開始された。そして、赤坂峠の戦いが惹起した。見附の北方、小栗山・指出でも戦いが始まった。第二軍は、信濃川の川西で戦闘を開始した。金ガ崎・与板の戦いである。同時に海岸部でも戦いが始まり、戦いは一気に中越後《なかえちご》全体を戦火につつんでしまった。

越後の農民も徴兵されたり、すすんで両軍の戦兵になるものもでたりした。越後の博徒観音寺久左衛門の一家が東軍側に属したのに対し、蒲原魚沼の草莽層が勤王色を鮮明にし、西軍側についた。農民や町人が自発的に集って、居之隊・金革隊・北辰隊などを編成し、戦線に加わってきた。越後には斎藤赤城をはじめとする国学者がおり、その影響を受けたものが多かった。また、両軍各藩の軍夫になり、犠牲になったものもでた。

この加茂会議で、東軍諸藩は、越後における奥羽越列藩同盟軍として、新政府軍である西軍に対抗する協同作戦案をまとめたのである。

寺泊海戦――越後における唯一の海戦

越後の戦場支援のため派遣された薩摩藩の軍艦乾行丸（一六四トン・備砲六門）と長州藩の軍艦丁卯丸（一二三六トン・備砲四門）が、出雲崎港に入ったのは、慶応四年（一八六八）五月二十四日のことであった。出雲崎は旧幕府領の代官所があり、佐幕派が押さえていたが、西軍の進攻にともない、加賀・高田藩兵が警備していた。

その警備の両藩から、北隣の寺泊港に旧幕府海軍の順動丸（四〇五トン）が入港していることを知らされた乾行丸と丁卯丸の乗組員は、勇躍、海戦を挑もうとする。二艦は攻撃のため出港した。外洋にでたところ、檣《ほばしら》に上赤・下白の東軍旗章の軍艦が寺泊港からでてきた。二艦はただちに攻撃態勢に入った。

一方、旧幕府海軍の順動丸は、寺泊港に停泊していたところ、二十四日正午ごろ、白地に日の丸の旗章を掲げた軍艦が二隻、次第に陸に近づいてくるのを見つけた。日の丸の旗章であったため味方と思い、出迎えのため出港したが、その二艦は順動丸の行く手をさえぎり、はさみ撃ちにして砲撃を開始した。順動丸は搭載していた大砲で三発、乾行丸にあびせたが、二艦は順動丸の船首などに砲弾を命中させた。もともと順動丸は砲艦ではなかったので、形勢の不利を悟り、船首を転回させて陸地へむかって逃げ、海岸の浅瀬に乗りあげた。

一説には、燃料の石炭が不足していて使用できず、薪での航行だったため、馬力が出ず自沈しようと逃走したともいう。乗り組んでいた一柳幾馬・雑賀孫六郎ら乗組員約百五十人は、積んでいた小舟に乗ったり、海中に飛び込んだりして船外に脱出し、弥彦方面へ敗走した（『寺泊町史』）。

越後における海戦は、これが唯一のものであった。この海戦を陸地で見ていた東軍側にわかに動揺が広がった。あっけない敗戦もさることながら、浅瀬に乗りあげた順動丸を拿捕しようと、二艦が陸地に向かって砲撃を開始したためである。そのうち、丁卯丸は兵員を上陸させようと海岸近くまで船体を寄せてきた。結局、岩礁が多く接岸できず、出雲崎港へ向かった。これは、出雲崎港から兵員を派遣して分捕ろうとしたためだといわれている。

残った乾行丸は、順動丸に東軍兵士を近づけさせないため、激しい砲撃を繰り返した。砲撃は二十五日夜まで続いた。その間、丁卯丸からの連絡により、出雲崎に駐屯していた加賀・高田・与板藩兵は、順動丸の分捕りに出かけた。海岸通りを加賀藩、山道は高田・与板藩兵と分かれて進撃し、順動丸が眼下に見える地点まで進んだところで、しばらく各藩兵が眺めていたら、順動丸は大爆発を起こし、船体が破裂してしまった。このため、順動丸の分捕り作戦は中止となった。加賀藩兵らは遠眼鏡で偵察したら、陸地に多くの人がいたので、進軍を差し控えたという。それは、寺泊の住民が高地へ登って戦いを見物していたものであった。

なぜ、順動丸が大爆発を起こしたのかは不明である。陸地にいた会津藩の佐藤織之進隊や水戸諸生党、越後博徒隊の観音寺久左衛門ら配下の東軍兵は、砲撃と順動丸の大爆発によって寺泊を引き上げ、弥彦方面へ去った。その戦いの最中の二十五日昼、薩摩藩兵の一部が乾行丸から上陸し、寺泊市街に入り、御一新の布告書を張り出している。

布告書にいう。

寺泊浦之儀、会津、桑名の逆賊を引き入れ、皇化に服さざる。御一新の御徳政を妨ぐ候儀、不届至極に候。なかんずく賊船を繋ぎ置き、諸所出没いたし候段、重畳の罪科のがれがたく候。よって、官軍艦を差し向けられ、賊船を一時に焼き打ち候。向後村民共、過《あやまち》を改め、賊徒を防ぎ退け候へば、前罪をゆるすべし。左なくは再度不日に来りて、玉石共に焚亡すべし。浦中之者共、きっとこの旨心得べくこと。

但し、観音寺休右《(ママ)》衛門輩、賊徒相親み、手先きと成り候罪、はなはだにくむべき之所業に付、村中之者共、すみやかに彼者を斬首御詫び申しあぐべく者也。

天朝　軍監

これを見た市中の人々は、親類縁者のなかに東軍側の徴募に応じ戦さに加わった者がいないか、思わず首をすくめたという。

与板城攻防戦——与板藩の孤立

越後与板藩（井伊直安、二万石）の旗幟は、勤王色をあきらかにしていた。それは本藩彦根の幕末の政治事情によるものであろう。近辺の諸藩が会津藩の影響によって、佐幕色を強めるのと対照的に、与板藩だけは越後各藩が協議を重ねる場にも出席しなかった。

しかし、与板藩が孤立化を深めるなかで、何も手を打たなかったわけではなかった。家老松下源左衛門は、早くから隣藩の長岡藩家老河井継之助・山本帯刀らと接触して、与板藩の事情を説明していた。ところが、頼みの長岡藩が東軍側に属し、開戦したことによって、越後の真っただなかで孤立無援の状態におかれてしまったのである。慶応四年（一八六八）五月二十四日、長岡落城で加茂に屯集した東軍側兵士、それに奥羽越列藩同盟の約に従い、越後に派兵してきた諸藩兵らは、反撃のため、いっせいに加茂を出発し、各戦線に散開していった。このうち、与板城攻略を目的とした東軍の一軍が三条に達したのは、翌二十五日のことであった。総指揮官は会津藩の佐川官兵衛で、約二千名の総兵力であった。

この報に接した与板藩中は、大騒ぎとなり、とりあえず小野八郎左衛門ら四十名と夫卒を、警衛のため北方の金ガ崎に派兵し、近くの願念寺に駐屯させた。金ガ崎は与板藩領外の長岡藩領地で、名前のとおり信濃川のなかにそそりたつ岬で、要害にもなった。その金ガ崎も、現在は鉄道の敷設、用水工事、信濃川の改修などによって、まったくおもかげをなくしている。翌二十六日、与板藩兵は塩之《しおの》入《いり》峠へも派兵し、警備を厳しくした。そして、金ガ崎・塩之入・与板城を中心として、与板城攻防戦が始まる。

そんななか、越後の農民が自発的に組織した勤王派の一隊の代表が、与板城を訪問し、応援することを表明した。のちに居之隊といわれた越後の草莽志士の集まりであった。与板藩家中は彼らに感謝している。このころ、与板城への西軍兵の応援は一兵もおらず、与板城下は悲愴感にあふれていたという。

一方、東軍側は会津・桑名・村上・水戸の各諸藩兵、衝鋒隊、それに観音寺久左衛門指揮の越後博徒隊、計二千名が与板城に攻めかかろうとしていた。それに対し、与板藩は二百五十余名の藩総兵力と、徴募に応じた十五歳から六十歳までの市民数百名、そのうち採用した六十五名を振り分け五隊編成とした。ほかに砲二門があった。

城下には東軍進攻の流言が飛びかい、市民は一喜一憂のときをすごしていたという。与板藩は長岡や関原の西軍会議所、柏崎の本営へ使いを出し、救援を懇請したが、なかなか出兵してくれなかった。

これは、西軍に余裕の兵力がなかったことにもよるが、与板藩の動向を疑っていたためともいわれている。

そんななか、五月二十六日夜半から翌朝にかけて、西軍先鋒、飯山藩二小隊の百四十一名が城下に入った。その際は深夜にもかかわらず、市民が祭礼の灯籠に火をともし、歓呼の声を上げて出迎えたという。翌二十七日から、続々と西軍の応援兵が城下に入り、戦闘の始まった領内要地へ出兵していった。

一方、二十七日、信濃川を渡り、大河津《おおこうず》村を経て進撃してきた東軍は二手に分かれた。信濃川土手上に金ガ崎へ向かったのは会津・村上藩兵で、金ガ崎の西の山手の間道を会津・桑名藩兵が進撃した。与板藩家老松下源左衛門は、そのとき、金ガ崎の手前まで与板藩兵の主力を率いて進撃してきており、この情勢を見て、先制攻撃を加えることが得策と考えた。そこで、金ガ崎警備の小野隊に「敵にあえば、我より先制の攻撃をすべし」と指令した。

東軍の斥候が金ガ崎の前谷を渡るのを見て、与板藩兵がいっせい射撃を開始して、一連の与板城攻防戦が始まった。これに対し、東軍先鋒会津藩片桐喜八隊はひるまず散開して応戦。無二無三に突撃をしたので、与板藩兵は退却した。そして、松下源左衛門の主力と激突したが、いくさ慣れした会津藩兵に凱歌《がいか》が挙がり、与板藩兵は敗走した。

間道を進んだ会津・桑名藩兵も、水戸藩諸生党市川三左衛門らの兵の応援を得て、各要地に籠もる与板藩の警備陣地を次々と突破していった。このとき救援にきた長府藩報国隊隊長勝原《しょうばら》国介は、敗走してくる与板藩兵を叱咤激励し指揮していたが、そこを桑名藩致人隊副長の馬場三九郎が斬り伏した。このとき、勝原は猛進してくる馬場を見つけ、短銃で三発狙撃したが、弾は馬場の身体にあたらず、馬場は大声をあげて勝原の頭と拳を斬ったという。飯山藩の『飯山藩士従軍日誌』によれば、「展望すれば遥か遠くまで、山谷をうずめた東軍が、旗を振り、鬨の声を挙げて怒濤の如く進撃」してきたとある。

急きょ応援に駆けつけた長州・薩摩・富山・飯山藩兵は戦場で協議し、防戦しつつ後退することに決して、本与板まで退き、日没になり戦いがやんだ。

五月二十八日払暁、東軍は前日の勝利に気をよくし、あらたに加わった村上藩兵を先鋒に、会津・桑名・水戸藩兵が与板城をとろうと攻撃を開始した。同時に西軍も反撃のため午前五時を期して、先鋒に与板、次鋒に長州藩奇兵一番隊、薩摩藩二番遊撃隊という順に出撃を開始した。途中、信濃川土手沿いの農道で、両先鋒は激突した。長州、薩摩藩が砲四門で撃ちかけ、元込めのスペンサー銃でいっせい射撃をしたので、村上藩兵はたまらず敗走し、後続の東軍兵も総崩れとなった。

ところが、桑名藩雷神隊士二十名が西軍の背後に攻撃をかけたため、不意を衝かれた西軍はまたも大混乱となった。そこをすかさず、会津藩兵が逆襲をかけた。両軍、抜刀接戦、銃把をとって殴り合い、旗は空を舞い、阿鼻叫喚の激闘が現出したが、ついに西軍の総崩れの敗走となった。敗走する西軍兵は与板城の手前、兜巾堂《ときんどう》口に踏みとどまったが、破竹の勢いで前進してくる東軍兵をとめることができなかった。もはや落城も時間の問題とみられたころ、突然、与板城に火がかかった。黒煙とともに炎上する与板城は、夕空に映えて美しかったという。これを見た西軍兵は与板落城を悟り、いっせいに与板城下から逃れはじめた。このとき与板城に火をかけた人物は、いまもってわからないという。

そのとき、あらたに応援の松代・高田・加賀藩兵が駆けつけ、城や市街の消火をするとともに反撃にでた。市街および周辺の要地で二十八日から二十九日まで、両軍は激戦した。西軍は与板城の危急に増援部隊をつぎつぎと投入した。須坂・飯山・尾張藩兵などである。このため、与板城外の山地（西山連峰）でも戦いが始まった。六月一日の剣ヶ峰の戦いや六月二日の海岸部の出雲崎方面の戦いである。

六月十二日には、海岸にあった与板領の久田《くった》・方丈山に東軍側に強襲をかけ、失敗。同月二十四日にも同様に強襲をしたが、またも失敗する。この久田の戦いは、庄内藩の石原多門を主将にして、久田に籠もる加賀・松代藩兵を攻めたものであった。周辺の陣地で西軍側の善戦が続き、与板城下は西軍が維持することができた。七月二十五日にも、東軍は与板城に攻撃をかけたが、奪取するに至らなかった。

島崎の戦い――観音寺久左衛門のこと

和島村島崎で五月二十八日、東軍と西軍が衝突し、東軍側が勝利を収めた戦いがあった。このときの主役は弱冠二十三歳の桑名藩の立見鑑三郎と、越後一の侠客・観音寺久左衛門である。観音寺久左衛門は本名を松宮雄次郎といい、その手下四十七名を率いて、裏金の陣笠に猩々《しょうじょう》緋《ひ》の陣羽織を着て督戦したので、その戦う姿が注目をあびた。

この戦いは、西軍が与板と出雲崎の中間地点である島崎の占領を企てたことによって始まった。高田藩二小隊、加賀藩一小隊は砲一門とともに島崎に進撃し占領した。島崎の北端に陣地を築いていると、東方五、六百メートル離れている北野から銃撃された。そこで応戦して、これを掃討することに決め、高田藩一小隊を残し、迂回して攻撃をすることになった。

北野にいたのは、会津藩の一瀬要人と桑名藩の立見鑑三郎の一隊であった。たちまち両軍の銃・砲撃で戦場と化し、迂回隊を派遣した西軍側がやや優勢かと見えたとき、突如、島崎の西方から大きく迂回してきた東軍の一隊が突撃してきたのである。背後から不意を衝かれる形となった高田藩一小隊は敗走した。襲撃したのは、観音寺久左衛門とその配下四十七名、会津藩渡部英次郎《わたなべえいじろう》らが率いる結義隊、そして庄内藩兵らであった。とくに観音寺の博徒隊の伍長には、水戸藩脱走の剣客斎藤新之助と村上藩脱藩の浪士遠藤海蔵《かいぞう》が指揮し、たくましく戦った。このため、迂回していた西軍兵も砲を捨てて出雲崎方面に逃走した。

作家子母沢寛は、このとき活躍した越後一の侠客観音寺久左衛門のことを、その著『よろず覚え帳』のなかで紹介している。博徒兵たちが自発的に東軍に味方し、活躍したことは案外、知られていない。

ほかの戦場でのことであるが、博徒兵は女装をし、田植えの手伝いをする風体をして、西軍をやりすごして、その背後から襲ったこともあった。

こののち、六月二日にも西軍側の攻撃により、二度目の島崎の戦いがおこなわれたが、またも西軍側の惨敗に終わった。

赤坂峠の戦い――村松藩兵の奮戦

長岡落城後、続々と援軍が到着する東軍側にくらべ、西軍側はまるで息切れでもしたかのようにその歩みをとめた。北陸道先鋒総督府軍と東山道先鋒総督府軍の応援兵を合わせても、四千名を少し超える程度では、広い平野と険しい山地で戦うには、兵力が少なすぎたと見るべきであろうか。

下田と見附の山境に、赤坂峠がある。ゆるやかな一本道の峠で見晴らしもよく、左右の山も近い。そこをようやく占領した西軍側は、松代藩兵を中心に防備をしていた。その赤坂峠へ会津藩青龍三番士中組、米沢・長岡・村松の各藩兵と衝鉾隊が戦いを仕掛けたのが、赤坂峠の戦いである。

赤坂峠には松代藩の精鋭、六番狙撃隊と四番小隊、それに砲隊がいた。南麓の文納《ぶんのう》村には加賀藩兵、杉沢・堀溝村には薩摩・長州藩兵がいた。東軍側は峠の正面を衝く本道隊のほか、左右を衝く二隊、計三隊を編成しての作戦となった。

六月一日午前八時、峠の正面に向かった隊が射撃突撃して、攻撃は始まった。両軍はたがいに砲を前に出して、砲戦を展開させた。そして、しばらくすると白兵突撃を繰り返した。とくに村松藩兵の突撃は、悲愴感さえ漂っていたという。それは、先の五月十九日の長岡城の戦いに村松藩が長岡城下で警備した際、「村松藩が裏切った」という流言が戦場に流れたことによる。その雪辱を果たすために、村松藩兵は先鋒となり、見晴らしのよい峠道を突撃したのである。次々と狙撃されるなか、隊頭の奥畑伝兵衛は敵陣に乗り込み、縦横無尽に斬り合いをして、壮烈な戦死を遂げた。

一方、西方の山中を迂回して、赤坂峠の南麓に位置する堀溝に突入した東軍の一隊があった。峠道での戦いが終わったあとだったので、杉沢・文納村から駆けつけた薩摩・長州藩兵の挟撃にあって苦闘の末、山中に逃げた。この戦いで、東軍側は五十名以上の戦死者を出したが、記録では会津藩一名、長岡藩二名、米沢藩四名、村松藩七名の十五名であるが、そのほかは幕府脱走の衝鋒隊士であろう。

今町の戦い――河井継之助の陽動作戦

五月二十九日、長岡藩総督河井継之助は、加茂の本営前で、諸隊長・使番・諸役人に対して演説をおこなった。「今町は西軍主力が集中するところなり。今町を破れば見附の西軍兵はおのずから破れるであろう。見附が我が手に属せば、栃尾の西軍兵もまた支える術を失うであろう。栃尾が我が軍に帰せば、そこは我が藩の領地である。我が軍がたとえ、速やかに長岡城を回復しなくとも、栃尾の地に冬営し、厳冬積雪の際、城下に突進し、彼らを撃てば必ず勝利は我が軍に帰す」と。

今町は、南蒲原郡の交通の要衝であった。街道が交錯していたので、西軍の補給地となっていた。そこを、河井継之助は長岡藩兵を主力とする小勢で、長駆、突進して衝こうというのである。そして、それは長岡城奪還の布石となると河井は力説した。この作戦を聞いて、いやが応でも諸隊長らは興奮したという。

翌三十日、長岡落城後、散り散りになっていた隊士を再編成しなおした各隊は、本営前に集合し、出発した。総督河井継之助は白馬にまたがり、日の丸の軍扇をかざしていたという。このとき、隊士には金五両が支給されていたので、三条に到着すると、一同は思い思いにこの世のかぎりを楽しんだ。河井継之助の今町攻略は全軍を三隊に分かち、相前後して攻撃し、迂回した主力が敵の本営を衝く陽動作戦であった。

そのころ、今町の西軍軍勢の配備というと、三条に至る本道の坂井口には、高田藩が二小隊と上田藩兵の半隊。刈谷田川沿いに北向して三条に至る安田口には、尾張藩兵一小隊。刈谷田川左岸の中之島には高田藩兵一小隊と越後勤皇党で組織した農兵がいたにすぎなかった。

これに対し、東軍側は本道の坂井口を攻撃する牽制隊には、長岡藩大隊長山本帯刀に指揮された長岡藩兵三小隊と会津・桑名両藩兵と衝鉾隊一隊に砲四門。安田口には総督河井継之助がみずから指揮をし、長岡藩兵四小隊、会津藩の精鋭の佐川官兵衛が率いた朱雀四番士中組。衝鉾隊隊長古屋佐久左衛門率いる一中隊と、副長今井信郎指揮の一小隊。それに長岡藩の砲二門と会津藩の市岡大砲隊であった。ほかに別働隊として、米沢藩兵・村松藩兵・砲二門が敵の右翼をうかがうという布陣であった。この配置から見れば、東軍の精鋭が榎峠・朝日山戦以来、久しぶりに協同して戦うという態勢になった。

六月二日朝、山本帯刀指揮の牽制隊は三条を進発し、本道を坂井口に向かって進撃を開始した。高田藩隊長設楽宰助《しがらきさいすけ》は坂井口の本道を守っていた。堡塁を道路上の各所に築き、斥候を派遣して敵情を探っていた。六月二日朝、にわかに斥候より敵兵が進撃してくるとしらされた。そこで警備を厳重にしていたところ、正午、旗をなびかせ、小鼓を鳴らして東軍軍勢が進撃してくるのがみえた。そこで設楽は大砲を道路上に引き出し、砲戦を開始した。

東軍側も砲を前面にたてて砲撃を開始し、西軍守備兵の後方にどんどん砲弾を落としたのである。これは、西軍を威嚇する目的であったといわれている。このため、今町の名刹永閑寺が砲火で焼失した。この時点では、なかなか突進してこない東軍兵に、設楽と高田藩兵は不思議にも思わず、一所懸命に防戦をしている。坂井口には西軍応援兵も駆けつけ始めた。

一方、東軍側主力は搦手ともいうべき刈谷田川沿いを遡上して、今町に向かっており、安田口に到達したのが正午すぎであった。先頭には、裸体に黒具足をつけた長岡藩士三間銑之助が立っていた。刈谷田川の堤上、通称源助坂の西軍の堡塁に長岡藩兵らは襲いかかった。守る尾張藩兵も必死に防戦した。隊長高橋民部は兵を励まして奮戦した。

これを見た対岸の高田藩兵が応援して発砲。その十字砲火のなかを長岡藩兵は刀をふるって突撃し、背後を衝いたので、尾張藩兵らはついに退いた。そこへ、応援の薩摩の淵辺直右衛門、長府藩報国隊軍監熊野直介らが馬に乗って一隊を指揮し、救援に駆けつけてきた。淵辺の叱咤激励で再び西軍は勢いを盛り返し、防戦した。

長岡藩兵らは堤上に立ち往生し、埋伏するより仕方がない状況に陥った。河井継之助・佐川官兵衛の両将は銃戦をやめさせ、兵を五十歩ないし百歩ずつ急走させて、伏してはまた立ちあがり走り、敵の堡塁に近づく戦闘方法に変えた。

このとき、長岡藩銃士隊隊長斎田轍は銃丸にあたってたおれた。従士が介錯し、従僕が首を運んだ。これを見た河井継之助は、諸隊を励まし「斎田は死せり、諸君！　なんぞ死せざる」と叫んだという。この声に励まされて、次々と敵の堡塁に飛び込み、奮戦して、東軍側が勝利することになった。この激闘で、長府藩軍監熊野直介も戦死した。熊野はなかなかの人物で、戊辰戦争を生き抜けば、元勲にもなっただろうといわれた。

安田口は破れ、東軍兵士は次々と市街に入ったが、坂井口はまだ西軍が防戦していた。そこで東軍は、町民、農民をかり集め、彼らに畳を背負わせ、背進させて先鋒と一緒に進撃した。そのとき、安田口で火の手が上ったので、攻撃が急転回となり、坂井口ではようやく突破し、今町市街に入ることができた。別働隊先鋒の長岡藩槍隊は刈谷田川を敵前渡河し、中之島村に入って西軍を撃破している。西軍は潰走し、長岡方面へ兵を引き上げた。このとき、中之島村の西軍陣地に木砲があり、長州藩兵の指示によって、最大許容量の火薬で霰弾を発射したが、砲身が破裂してしまったという。

長岡城下の西軍会議所は、この敗戦を聞き、兵器弾薬類を信濃川の川西へ避難させるとともに、栃尾、見附の兵も引き上げた。これによって、戦線は一気に長岡城下近くに迫った。この陽動作戦は見事に功を奏した。

河井継之助は白馬に乗り、戦場を駆けまわった。河井は放火で焼ける家々の前にたたずむ住民に対し、「戦争に勝利の際は必ず復興させる」と叫びまわったという。勝利の勢いで、長岡城に迫ろうというものが多かったが、河井継之助は「勝利を誇らず、負戦を憂えず」といい、追撃の策を退けたという。この戦いで、民衆は多大な被害を受けた。

大口の戦い――米沢藩兵の緒戦

中之島村の東軍本営を、六月七日払暁に出発した米沢藩兵二百余名と長岡藩の大川市左衛門隊は、街道を南下し、長岡城下へ向かった。奥羽越列藩同盟の盟約により、攻撃の主導権は米沢藩に移っていた。米沢藩にとっては本格的な戦闘の始まりであった。その米沢藩の古典的な軍装に合せるように、長岡藩の刀隊がついていった。

途中、大口村の入り口で西軍の射撃を受けた。米沢藩は三十目和銃隊を先頭に散開しながら、街道と畦道の細道を並走するように前進し、村の入り口の数町前に肉迫し、いっせい射撃を敢行した。火縄銃の放つ轟音と発射煙が戦場をおおった。米沢藩兵は鎧や、兜を着用しているものもいた。さすがに騎馬武者はいなかったが、徒歩で立ち止まり、鉄砲を構え、そして射撃した。弾の詰め替えや立ち射ち、膝射ちをする米沢藩兵は、敵陣からの狙撃でバタバタと撃ち倒されたのである。

米沢藩の進撃は、大口村手前でピタリと止まった。伝令が中之島村の東軍本営に走った。援軍の要請である。正午ごろ、会津藩朱雀四番士中組と砲兵隊が駆けつけ、鬨の声をあげて進軍すると、大口村の敵兵は、猿橋川を渡って対岸の十二潟村に逃走した。米沢藩兵も立ち直り、猿橋川の土手に張りつくようにして、十二潟《じゅうにがた》村の堡塁にいる西軍兵と銃撃戦を展開した。会津藩は一小隊を残し、上流から渡河しようとしたが、そこも銃撃が激しく躊躇していると、突然、川に飛び込んだ兵士がいた。その兵士は、長岡藩刀隊士の田中小太郎という若者であった。しかし、対岸に泳ぎ渡ったとき、銃弾にあたり水没してしまった。

対岸に応援の砲兵が現れ、東軍兵が潜む大口村に次々と四斤砲弾を撃ち込んで、農家を破砕し、火災を発生させた。長岡藩総督河井継之助も弾雨のなか応援に駆けつけ、自藩の刀隊士を力づけたが、ついに退勢を立て直すことができなかった。

米沢藩兵は近代戦になれず、しかも携帯の銃器が古く、東軍兵力の主軸になれなかった。会津藩はこの戦いで砲兵隊司令の原幾馬が戦死した。長岡藩兵は、米沢藩兵の古典的な戦いぶりにあきれかえったという。

森立峠の戦い――長岡藩兵の要衝奪取戦

森立峠は東山山脈の稜線上にあり、長岡城下が見渡せた。栃尾へゆく最短の道程上にある峠であった。長岡落城以来、長州・飯田・高田・松代・加賀藩兵らが守衛していたが、山頂に近いという地理的条件もあって、三小隊程度の兵力であった。その森立峠の西軍陣地に六月八日、東軍は攻撃を加えた。長岡藩兵が主力で、指揮は軍事掛の川島億次郎がとった。長岡藩の四小隊は、川島に率いられて、一之貝《いちのがい》から進撃し、森立峠へ向かった。その日、朝から雨が降り、山道はすべり、火薬を濡らさぬように、樹林草叢をかきわけて森立峠に迫った。

一方、衝鋒隊と村松藩の二小隊は軽井沢から森立峠をうかがい、会津藩兵は東の山麓から森立峠を攻撃した。東軍は三方から森立峠に迫っていった。川島ら長岡藩兵は、当初、太陽を背に東南の稜線から攻める予定であったが、あいにく雨が降っていた。それで彼らは崖のような斜面を登った。峠付近は本道・間道が交叉しており、所々に西軍の堡塁があった。

決して攻め登るほうから銃撃をしてはならないという約定であったが、血気にはやった一部の兵が、山上に向かって射撃した。森立峠の奪取戦は予備の弾薬を持たず、軽装で突撃して白兵戦に持ちこもうという作戦であったので、この射撃は攻めるほうにとって誤算であった。堡塁にいた敵の見張りが応射し、一時に銃声が山間に鳴り響いた。「敵兵、おおいに驚き、蹶起して防禦の術を尽し、発砲すること最も烈し、我軍やむを得ず、これに応じ、勇進激励」したという。

西軍は不意の攻撃に慌てふためき、隊長は西麓の成願寺村の西軍陣地に伝令を走らせた。追いつめられた西軍兵は開き直り、猛然と応戦した。長岡藩兵らは突撃を繰りかえし、ほとんど堡塁を奪うまでになったが、西軍の松代藩兵、富山藩兵が麓から駆け登ってきたので、その挟撃を恐れ、午後五時、川島の判断で兵を栃尾へ引きあげた。

大黒・川辺の戦い――千坂総督の総攻め作戦

東軍は六月十三日、再び加茂で軍議をおこない、あらためて米沢藩家老千坂太郎左衛門を総督、同藩甘粕備後を参謀とした。そして、翌十四日午前四時を期して、大黒《だいこく》・筒場《つつば》・十二潟・川辺《かわべ》村を守衛する西軍に対し、「総攻め」をかけることに決した。

東軍としては、米沢藩を中心に会津・長岡・村松の各藩兵と衝鉾隊が協同して、越後戦線を有利に展開しようとする作戦であった。ややもすると堡塁に籠もって、銃・砲撃戦をしていたのであるが、次第に補強されてゆく西軍の情勢を農民などの通報で知ったので、先手に打撃を与えたかった。しかも、米沢藩は奥羽越列藩同盟の越後方面の旗頭としても、このあたりで示威を示しておく必要があったのである。

その米沢藩が指導した作戦が「総攻め」であった。米沢藩陣地の大砲の四、五発の連射を合図に、いっせい攻撃を開始する。混戦が予想されるので、同士討ちをさけるために合い言葉は風と日。振り旗は丸くふったら、横一文字で応えるというものであった。しかし、混戦の際、はたして合い言葉、振り旗の効果があったかどうかわからない。

十四日午前四時、雨のなか、号砲を合図にいっせいに東軍兵は前進を開始した。戦場のほとんどは深い泥田である。兵士は腰まで埋まりながらの進撃である。途中、深田にはまり、重い軍装のため身動きのできない兵士もでた。西軍の各陣地・堡塁は、初めその進撃に気がつかなかったが、近づいてきた東軍兵士の姿をみつけると、狙撃を開始した。

東軍兵士の銃器は、ほとんど前装式銃装備であったから、装填した一発を撃つと、そのあとは突撃よりほかはなかった。とくに米沢藩兵は老齢、年少の兵が多く、それも甲冑をつけており、また、雨に弱い火縄銃を持ったものもいた。応戦しようにも、火縄が雨と泥田で消えていた。しかし、勇敢にも東軍兵士は、次々と西軍堡塁までたどりつき、突撃し白兵戦に持ちこんでいった。

東軍左翼の長岡・会津藩兵が、最初に高田藩兵の守備する大黒の堡塁に突入した。高田藩兵はその勢いに恐怖し、隣の薩摩藩兵の堡塁に逃げ込んだ。堡塁を守っていた薩摩藩外城十番隊士たちもひるまず応戦したが、倒されても倒されても飛び込んでくる長岡藩兵に恐れをなし、ひとまず、筒場方面へ退却したという。しかし、物量と兵器にまさる十番隊が、堡塁を占領し、疲れをいやし油断している長岡藩兵に襲いかかり、大黒の堡塁をとり返した。この大黒堡塁の争奪戦だけで、長岡藩兵は七名、会津藩青龍三番士中組木本隊で二名、衝鋒隊で六名が戦死した。一方、薩摩藩兵は十一名が戦死した。

筒場、十二潟の西軍堡塁には米沢藩兵が襲撃している。米沢藩の『越後戦争日誌』によれば、総勢十三隊のうち十二隊を動員し、隊士を励まし、弾雨のなか勇戦したとある。しかし、西軍堡塁からの銃撃が激しく前進できず、米沢藩兵は後退する。戦死者は二名でた。

東軍右翼は衝鋒隊が担当し、猿橋川を渡り、川辺村の薩摩藩兵の堡塁に突撃した。衝鋒隊は旧幕府歩兵の赤い軍服を着ていたから余計に目立った。そこを狙撃され、十八名も戦死者を出して撤退した（『衝鋒隊戦史』）。

米沢藩の総攻め指揮振りは単調で、主に自藩が担当した中央突破ができなかった。西軍陣地の中央には薩摩・長州・加賀・田野口藩兵がおり、攻めてきた米沢藩兵を防いだ。東軍は結局、正面を突破できず、しかも、堡塁を襲っての白兵戦にならなかったので、西軍は余力の兵を、両翼に援兵することができたのである。

この戦いの結末は、両軍に影響した。東軍側では米沢藩の責任が問われることになった。越後方面の戦争指導を担当する米沢藩が無残な敗戦をしてしまったのである。西軍側では、大黒堡塁での戦いで、高田藩兵の狼狽ぶりが長州藩兵の応援を不充分にし、薩摩藩の犠牲を多数出したという理由で、高田藩の隊長前田門之丞が切腹した。戦場での薩摩・長州両落の不和が顕在化し、そのあいだに立った高田藩が責任をとったという、あと味の悪い戦いであった。

福島奇襲戦——八町沖の渡渉

越後平野の中原ともいうべき南蒲原の平野部で、越後戦線は膠着化の様相が現れていた。川・道・深田を境に両軍は堡塁を築いて、砲撃や銃撃戦を展開していた。

そんななか、奇抜な作戦がおこなわれた。八町沖という難所を渡り、敵の背後へ出て挟撃しようというのである。これはのちの、長岡城奪還の八町沖渡河戦にきわめて類似した戦闘であった。ただ、小規模な兵力と上陸地点が敵中深くというわけではなく、しかも挟撃に失敗するという結果を出してしまったので、戦史上の評価は低い。

六月二十二日午前二時、長岡藩軍事掛花輪求馬に率いられた四小隊と米沢藩二小隊、若干の会津藩兵は、長岡藩士須藤岩之助・武三四郎らを案内役にして、四ツ屋《よつや》村から八町沖に入り、潜行して福島村に上陸した。この夜、雨は蕭条《しょうじょう》と降っていた。あるところは小舟で沼を渡り、葦をかき分けて進軍したが、その渡渉は困難だったという。その数およそ三百名弱。

福島村に上陸すると、篝火を焚く農民がいた。長岡藩兵らは、彼らに西軍陣地を尋ねた。すると案外、近くに富山藩の陣地があるのがわかった。先鋒の池田、大川両隊は不意を襲い、大いにこれを敗った。後続の篠原伊左衛門隊は宮下村まで、大川市左衛門隊は亀貝村まで進出して、西軍の逆襲に備えた。長岡藩兵と米沢藩兵らは敵陣深く潜入した。そのうち、会津藩の佐川隊の十名ばかりは闇夜のなか抜刀し進撃した。彼らは樹木や家壁を盾にして防戦する西軍兵になかなか手こずり、負傷者をふやしたという。長岡・米沢藩兵も同様な抵抗を受けた。

上陸地点と思われる方向で、火が上がるのを見た東軍側はいっせいに総攻撃に移った。『河井継之助傳』などには、「全軍狂喜して曰く、我が事成れり進めよ進めよ」と励まし、太鼓を鳴らし、喊声をあげ、砲撃のなかを進撃したとある。しかし、思いのほか西軍側陣地は頑強に、しかも猛烈に反撃した。その反撃は尋常ではなく、最新の銃で連続発射しながら反撃するため、東軍側の兵はたじろぎ前進できなかった。そのため、八町沖を潜行して敵陣深く入った襲撃隊を孤立させてしまうのである。

一方、襲撃隊の一部は城下に迫り、稲葉・永田村に達する隊もあったが、後続が続かず、また西軍の逆襲に遭い、撤退した。襲撃隊の主力は、大黒の西軍兵の背後に出るが、泥沼、深田に独立している大黒の堡塁をなかなか奪うことができず、かえって、自分たちが孤立してしまう。

花輪ら襲撃隊の主力は全滅を覚悟するが、福井村方面から救援にむかった長岡藩軍事掛三間市之進が一隊を率いて血路を開き、襲撃隊一同を誘導し、全滅をかろうじて免がれた。この戦いで、詩人の堀口大学（一八九二〜一九八一）の祖父・堀口良次右衛門も戦死した。

一方、襲撃隊の一部の長岡城下へ迫った兵たちの奮戦が見事であった。会津藩の記録『旧事集録』によれば、佐川隊の兵士が襲撃すると、西軍兵はあわてて「裸にて走り、方角を失い、川に溺れるもの多数で、数十級の首と刀十八振、金二千両」を分捕ったという。その際、分捕った弾薬を火中に投じたため、「烟炎は天を張り、その轟音は五、六里に響いた」とある。

永田村に達した長岡藩士加藤一作らは、たった五名で西軍の反撃を防ぎ、その勇猛さを激賞されている。篠原東一や三間銑之助が抜刀し、西軍兵士の間を駆け抜けて斬りまくったという。

しかし、後軍が続かず、夜明けとともに東軍は虎口から脱出し、戦いは一局地戦で決してしまった。この戦いで、西軍側は上田藩一名、長府藩一名、長州藩一名、加賀藩四名、薩摩藩三名の計十名が戦死し、一方、東軍側は会津藩五名、米沢藩二名、新発田藩二名、長岡藩十名、計十九名が戦死した。この戦いは小規模であったが、のちの長岡城奪還の八町沖渡河戦を河井継之助が企だてるにあたって、大いに参考になったと思われる。

また、この日の朝、この戦いに呼応して、東山山中、半蔵金《はんぞうがね》でも激戦がおこなわれた。長岡藩の四小隊と米沢・会津藩兵が協同して、尾張藩兵の陣地を強襲した。そこへ、長州・松代・松本藩兵が応援に駆けつけ激戦となった。しかし、東軍側は弾薬が欠乏したのと、協同作戦が思うようにならず撤退した。このとき、退軍の号令を聞いて、恐怖におののいた兵が、長岡藩で逸材といわれた指揮者の九里孫次郎を斬ってしまった。

土ケ谷の戦い――西軍の攻勢

七月に入ると、西軍の援兵は続々と越後に到着した。これまで西軍側は東軍の攻勢に押され気味で、常に守りに徹していたが、七月一日を期し、攻勢に転じた。まず、東軍側の守備兵力が少ないと見た東山山中の東軍陣地に攻勢をかけることとなった。

浦瀬村にいた長州藩一小隊、松代藩二小隊、大垣・高田藩のそれぞれ一小隊は土ケ谷口へ。森立峠の長州・加賀・飯田の各一小隊は荷頃口へ。半蔵金口へは、長州・尾張・松本・松代藩兵各一コ小隊が三方から栃尾町へ向かって進軍を開始した。

土ケ谷には、長岡藩鬼頭六左衛門指揮の一小隊と米沢藩兵がいた。西南の山上には小島・槙隊が陣地をつくっていた。そこへ、西軍兵が鬼頭隊の前面に散開突撃してきたので、山上から挟撃して西軍兵を攻撃したが、砲二門を持つ西軍兵は強く、ついに土ケ谷が奪われたうえに、小島・槙隊も迂回して背後に出没した西軍兵に驚き、散乱敗走してしまった。

また、荷頃口には会津・村松藩の各一小隊が守衛。その側に長岡藩柿本・渡辺の二小隊、仙台藩一小隊が掩護していた。そこへ西軍が鋭く突撃してきたので、迎撃をした。本道を衝く西軍兵に対し、側面より長岡藩兵が挟撃したので、はじめは東軍側が有利かと思われたが、半蔵金から山越えをしてきた西軍兵が、長岡藩兵の横腹を衝くと、東軍側は総崩れとなって、栃尾付近まで後退した。

長岡藩はこの戦いの報せを聞き、大隊長稲垣主税、軍事掛川島億次郎らを派遣して防戦につとめた結果、ようやく栃尾への進入を防ぐことができた。しかし、西軍は山中の高台に堡塁を築き、これ以後、小規模な山岳戦が展開することとなった。

翌日また、長岡・米沢藩は協同して、大黒に攻撃をかけた。長岡藩兵は白布の頭巾をかぶり、抜刀突進して戦った。米沢藩兵は決戦隊と称し、深田を膝を没して疾駆突撃した。その結果、西軍側には損害がほとんどないにもかかわらず、長岡藩兵七名の戦死、米沢藩兵に至っては五十二名の戦死者を出した。

河井継之助の作戦――長岡城攻略

七月十七日、奥羽越列藩同盟軍は全軍に軍令を発し、必勝を期すこととした。その日の夜、長岡藩総督河井継之助は栃尾の長岡藩仮本営に配下の大隊長・軍事掛、会津・桑名藩の諸将を集め、作戦会議を開いた。その席で河井は、「来る七月二十日の夜をもって八町沖を強行渡河し、長岡城を奪還する」作戦を提案した。そのとき、居合わせた諸将は思わず身震いをしたという。

八町沖は長岡城東北方向に位置し、城下に住む者なら、どういうところか知っていた。大蛇や怪魚が住み、昼も薄暗くなるほどの背丈の葦が繁茂する沼であった。底なしといわれるところもあり、普段から人が寄りつかない沼であったのである。そこを押し渡って、長岡城下へ攻め込み、長岡城を奪還しようと河井継之助はいう。諸将はその提案に戦慄し、感動したのである。

この夜、決定した長岡城攻略の作戦計画はつぎのようなものであった。十九日昼から夕方にかけて米沢・仙台・会津藩などの平野部に展開している兵士と、山岳地帯を警備している長岡藩兵の陣替えをする。長岡藩兵は見附町の南方、漆山村に集結し、夕暮れと同時に行動を開始し、四ツ屋村から八町沖を渡り、たとえ、敵の番兵に見とがめられても、また途中、福島・大黒の敵の諸塁から発砲されても、構わず直進し、対岸の宮下村付近に上陸して長岡城下に突入するというものであった。

この作戦は、八町沖を少数の長岡藩兵が渡り、深く敵陣に潜行する奇襲戦を担当し、それに呼応して米沢藩兵が、奇襲による勝利を戦略的勝利に結びつけようとした協同作戦であった。このため、夜半に至って米沢藩参謀斎藤主計《かずえ》が招かれ、綿密な計画案が練りあげられた。

十九日は大暴風雨となった。そのため陣替えは、敵に気づかれることなく終了した。翌二十日は前日の大風雨が嘘のように晴れあがった。しかし、見附南方から八町沖を見渡すと、一大湖ができていて、とても渡河できる状況ではなかった。そこで、河井継之助は作戦を二十四日夜に延期することを決断し、各隊長に伝達した。ところが、肝心の米沢藩陣地には伝わらず、一日緊張を解かなかった兵士は、中止の報を夕刻知って憤激したものもいたという。

長岡城の奪還――八町沖渡渉戦

まさに、乾坤一擲の戦いが始まろうとしていた。七月二十四日正午、河井継之助は本陣で諸隊長に軍令を伝えるとともに、兵士には肴代として、金二朱を配るよう命じた。

軍令書には、長岡城奪還の心得と進軍の手配が記されていた。やがて、全兵士に弾薬方から弾丸百発から百五十発が渡された。同時に青竹一本、ほかに餅が配られ、それは一日分の食糧としたものだったが、どうせ戦死するのだからと、兵士たちは二朱で買った酒とともに身を軽くしようと食べてしまうものもいた。出撃までのあいだ、兵士たちはたがいに別盃を交わし、しばし歓談をして過ごしたという。

午後六時、太鼓が打ち鳴らされ、見附の長岡藩本陣前に長岡藩兵十七小隊、約六百九十余名が集合整列した。総督・大隊長からの諸注意のほか、それぞれ装備を確認し合って出発を待った。そして、午後七時「進め」の号令とともに、提灯《ちょうちん》・松明《たいまつ》を捨てた各隊が粛然と出発していった。

夜半、八町沖の北端、四ツ屋村に到着した。各隊は旗を巻き、鼓を衣で包み、静かに八町沖に入っていった。八町沖には前日来、前哨兵たちが付近の農民を動員して簡単な渡渉路をつくっていた。水が深いところは稲舟を繋ぎ、浅いところは青竹に、白木綿の布をつけて道標とした。そこを一列となり、葦などをかき分けて進んだ。渡渉は苦闘の連続であったという。途中、満月に近い月が雲間から見え隠れするようになった。そのつど、兵士たちは息を潜め、立ちすくんだという。八町沖の南北の長さは、およそ四キロ。そのなかを、二キロにもわたる長蛇の軍列ができた。

翌二十五日午前四時ごろ、上陸予定地点の富島村の前方に各隊が集まった。突進の機会を狙っていたのである。まず、軍法により、先陣の大川市左衛門隊が秘かに上陸を開始した。先頭を進む前哨兵の鬼頭熊次郎は、ライフル銃を背負っていたが、抜刀して西軍の堡塁に近づいていった。そのあとを

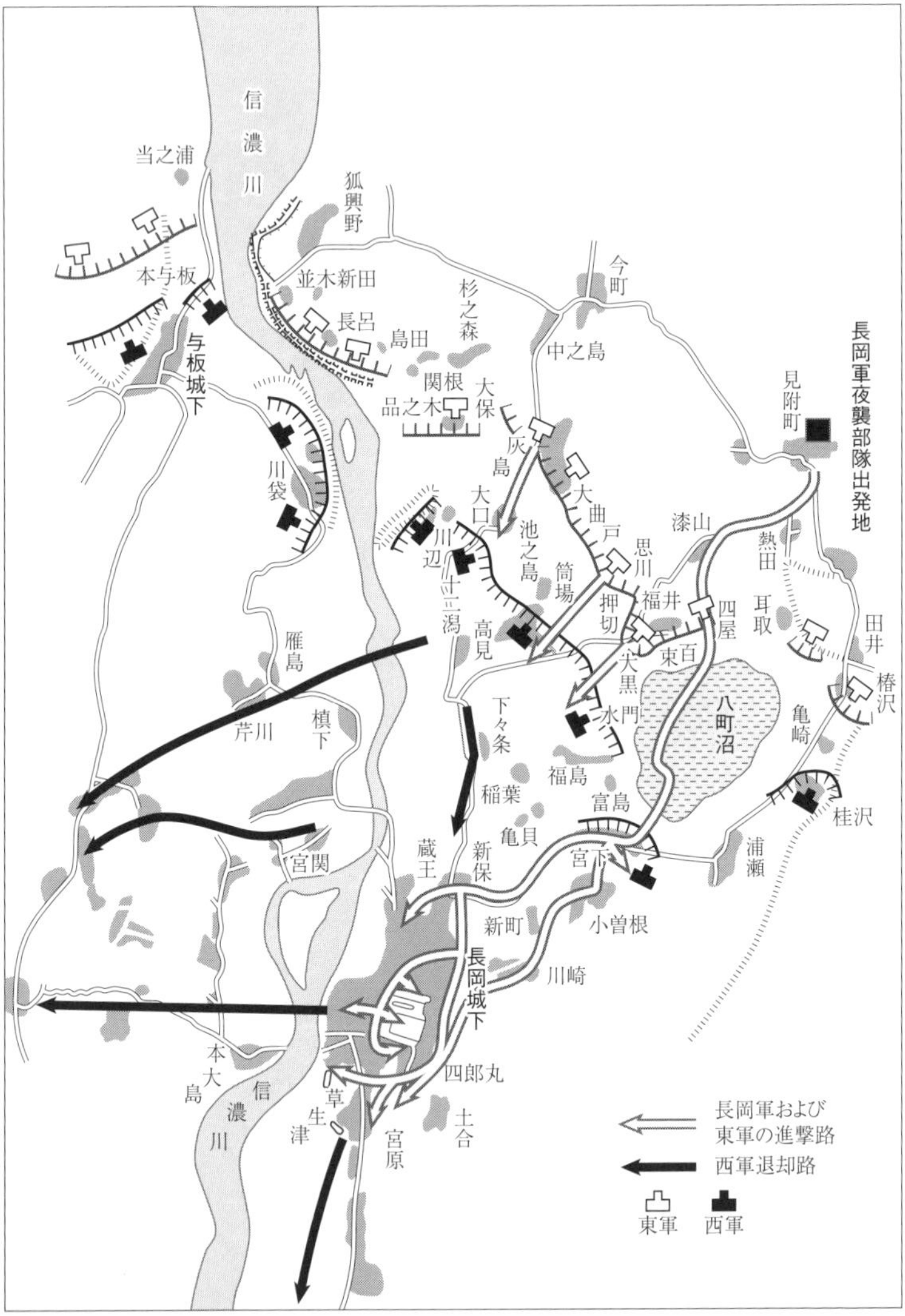

信濃川
当之浦
本与板
与板城下
狐興野
並木新田
長呂
島田
杉之森
今町
中之島
関根
品之木
大保
灰島
大口
川袋
川辺
池之島
大曲戸
筒場
思川
漆山
熱田
見附町
長岡軍夜襲部隊出発地
十二潟
高見
押切
福井
四屋
耳取
田井
雁島
東百
大黒
水門
八町沼
椿沢
亀崎
芹川
槙下
下々条
稲葉
福島
富島
桂沢
宮関
蔵王
新保
亀貝
宮下
浦瀬
新町
小曽根
川崎
長岡城下
本大島
信濃川
四郎丸
草生津
宮原
土合
長岡軍および東軍の進撃路
西軍退却路
東軍
西軍

図10　長岡城奪還図

長岡藩兵が一団となって追走した。

薩摩藩の哨戒兵が篝火のなかを突進してきた兵士を見つけ、「敵あり」と絶叫して発砲した。その初弾は、熊次郎の胸で破裂した。その発砲を機に、先鋒の大川・千本木林吉の両隊はいっせいに鼓を打ち鳴らし、喊声をあげて突進した。斬り合う喚声と銃声が交錯した。近くの農家に火が放たれた。この火と騒ぎを見聞し、東山連峰の要所では大きなのろしと小さなのろしが上がり、それと同時に越後平野の最前線の各陣地からはいっせいに砲声・銃声が轟いた。このとき、長岡藩の四斤旋条砲は二門で三時間に六百発も撃ったという。

上陸地点では先鋒の千本木隊を残置し、逃走する西軍兵を追走して長岡城下に向かった。二陣の稲垣林四郎・篠原伊左衛門の二隊は蔵王・石内村へ向かった。彼らは疾風のように駆け抜けると同時に、沿道の農家に火を放った。村の入り口では必ず銃列をしき、いっせい射撃をしてから突進した。その後、銃を背負い抜刀して突進する者、銃に剣をつけて突進する者などが乱戦のなかに飛び込んでいった。彼らは一様に「死ねや死ぬや」と叫んでいたと、『槍隊戦功実録記』にある。

上陸地点の富島村の堡塁を守っていたのは、薩摩藩十三番隊であった。軍監牧野正之進は兵を励まして防戦したが、長岡藩兵の白刃に斬り結ばれて卒倒した。さすがの薩摩藩兵も、指揮者が倒れると浮き足立って敗走した。

長岡藩の隊長篠原伊左衛門は、江戸の斎藤弥九郎門下の神道無念流の達人であった。彼は一隊を率い、松代藩兵の籠もる石内村極楽寺に攻撃をかけた。堡塁に飛び上がり、得意の刀剣をふるい斬りまくった。ところが極楽寺に入り、そのなかに捨ててあった金飾りをした燦爛たる一刀を、ふと手にとって見とれたとき被弾して倒れたという。

花輪求馬が指揮した渡辺進・望月忠之丞の両隊は、亀貝村（富島村の隣村）に上陸したのち、永田村を経て、栖吉川を遡上し、東神田から長岡城下に入った。その後、長岡城の町口御門に到達し戦い、長岡城内に入った。同時に小島久馬右衛門・奥山七郎左衛門の両隊は、渡辺・望月の両隊のあとを追い、途中で神田口御門に殺到し、長岡城内に入った。

河井継之助一行らの本陣も長岡城に入った。先の戦いで荒れ果てている城内には、西軍兵はいなく、意外な感での入城であったという。ちょうど朝日が昇ってきて、河井継之助ら一行にいく筋かの光をあてた。そのとき、河井は近い神田口御門からの入城をためらい、わざわざ町口御門から入城し、大手門に達したという。その途中、河井ははらはらと涙を流したと伝えられる。

新町口の戦い――河井継之助負傷

長岡城下にいた西軍兵は薩摩・長州・松代・加賀藩兵であったが、その主力は長州藩干城隊、同奇兵隊、長府藩の報国隊のおよそ百七、八十名であった。それらが東北方向から敗走してくる薩摩藩兵らとともに雪崩をうつように信濃川の渡し場へ逃げる者、三国街道沿いに榎峠へ向かう者などが錯綜して混乱した。

参謀山県狂介は、神田町の宿陣を飛び出し、南をさして逃走し、平地の南端である妙見村で、舟を求めて信濃川を渡り、小千谷の本営に逃れた。会津征討越後口総督府参謀西園寺公望は、長岡城下神田町の絹屋五兵衛宅にいた。彼は草生津《くそうず》渡しに逃げ、信濃川を渡って難を逃れた。長州藩の前原一誠や多数の西軍兵士も長岡城下から脱出した。しかし、舟が足りず、とり残されるものも多くいた。

長岡藩の小島・奥山の両隊は、進軍手配により、それら敗残兵を追撃し、信濃川を渡河して本大島村へ進む予定になっていたが、兵力不足と前夜来の疲労で、草生津渡しまできて追撃をやめた。

一方、押切《おしきり》口ではいっせいに東軍側の総攻撃が始まった。しかし、主力の米沢藩兵は砲・銃撃をさかんにするが、突撃しようとしなかった。長岡藩兵の攻撃計画に不信感を募らせていたのである。これを見た長岡藩の重役たちは、米沢藩の諸将に出撃を懇請して回ったという。

押切口方面に展開していた西軍は、長岡城下への逆襲戦を企てる。半分は前線の維持にあたり、もう半分は長岡城下へ急行しようというのである。とくに薩摩藩は、外城兵・番兵を中心に「薩摩武士の意地を守る」といいあい、一団となって城下に急行した。長岡城下の入り口、城岡付近で、長岡藩の防衛の堡塁に突きあたった。そこで銃列をしき、連発銃を腰だめで構えながら突撃を開始したのである。

長岡藩はこの逆襲を予想し、三間市之進を指揮者とし、鬼頭六左衛門・小野田伊織・稲垣林四郎、

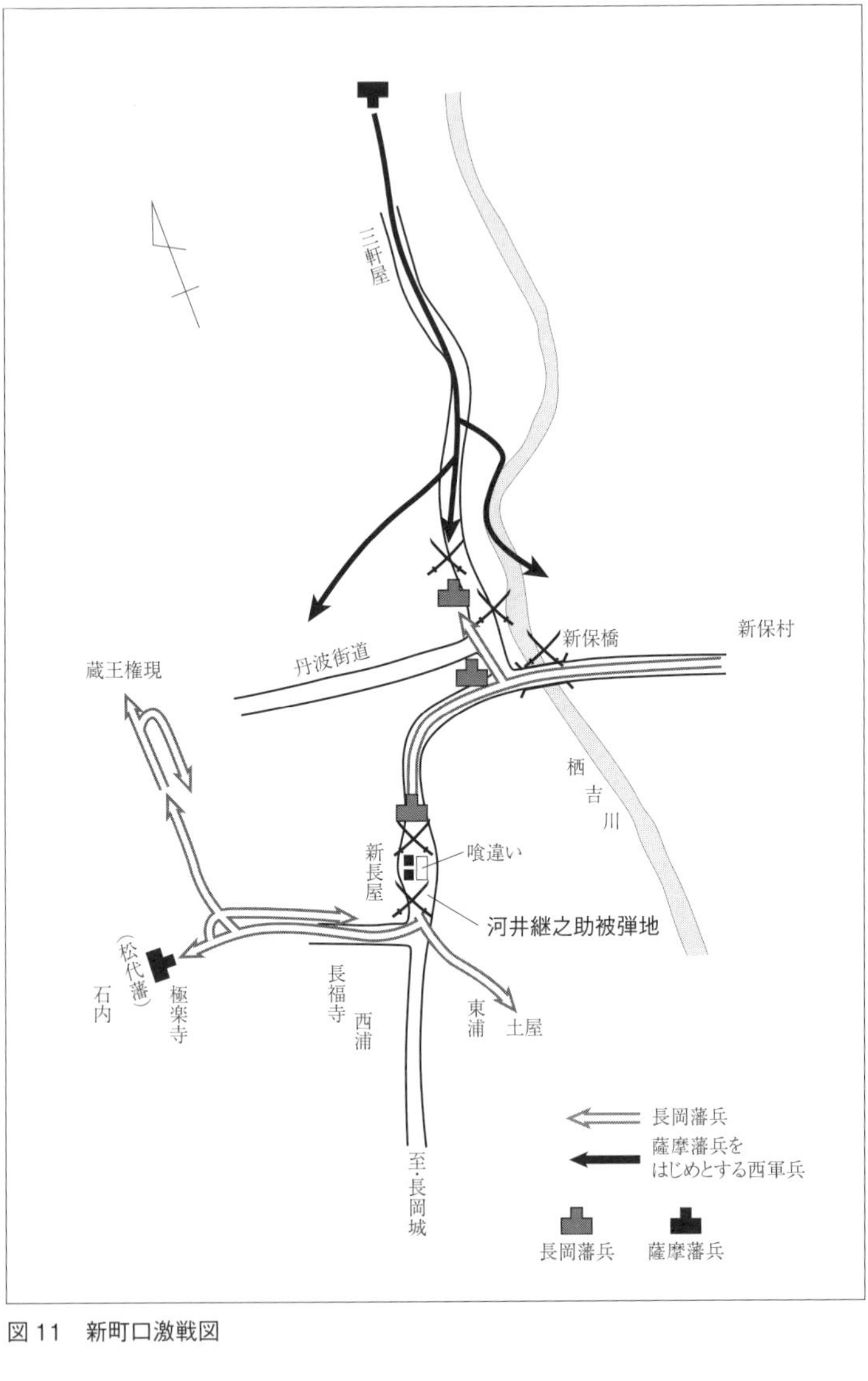
三軒屋
新保橋
新保村
丹波街道
蔵王権現
栖
吉
川
新長屋
喰違い
河井継之助被弾地
（松代藩）
石内
極楽寺
長福寺
西浦
東浦
土屋
至・長岡城
長岡藩兵
薩摩藩兵を
はじめとする西軍兵
長岡藩兵
薩摩藩兵

図 11　新町口激戦図

それに戦死した篠原伊左衛門の各隊を城岡付近に配置していたが、猛烈な薩摩藩兵らの攻撃をそこで防ぐ。城岡・新町口の激闘は午前十時ころに始まり、午後三時ごろまで続くのである。長岡城の奪還に成功した長岡藩兵の多くは城内にいた。焼け落ちた城門や櫓は無残なものだったという。河井継之助は、わずかに残っていた三の丸役所の一部を本陣とした。

押切口にいた西軍兵は、はるか後方の八町沖南端に上がった火の手や、長岡城下方向の火災を遠望して、不安の念を抱いた。前面の東軍兵が激しい銃撃・砲撃をすることにも気になっていた。そこへ、伝令が各藩の陣地を触れまわり、「城下に賊が忍び込み、病院などで使っている長岡の女・子どもが敵に呼応して、城下に火をかけた。至急、応援を頼む」と叫んだ。ようやく事態がのみこめた薩摩藩兵を中心に、反撃態勢を整えることになった。

長岡城下へ救援に赴く兵が、隊列を組んで次々と進発した。彼らは「城を取り戻そうぞ」と叫びながら戦場に飛びこんでいったという。しかし、薩摩藩外城二番隊の右半隊のように、長岡藩の防塁は突破したが、取り巻かれて苦戦するものも多かった。敵中深く突入した薩摩藩兵らは、見え隠れする影にむかって敵兵・住民の区別なく、銃撃した。薩摩藩兵らの反撃を支えたのは、長岡藩軍事掛三間市之進が指揮する隊であった。彼らは急造の防塁をつくり、必死で防いだ。しかし、いくつかの防塁は突破され、次第に支えることが困難となり、本陣へ救援を求めることとなった。城内の本陣に、新町口から援兵を求める伝騎がしきりに駆け込んできた。草生津の渡し場、石内村でも激戦が続いていたのである。

だが、城内に入った兵力は少なく、前夜来の激戦で疲労がはなはだしかった。河井は、米沢藩兵が必ず前線を突破して城下に入ってくることを期待していた。長岡藩の各隊長も、「間もなく日暮れになろうとしているのに、米沢藩の一兵たりとも見えないのはどうしたわけか」と不満を述べた。

総督河井継之助は新町口の危機を知り、城内を出て、兵を集め、新町口に向かった。その途中、河井は負傷してしまう。『河井継之助傳』に、外山脩造がこのときの模様を語っている。「河井さんも左側の雁木から右側に移ろうとして、往来におでになったところへ、思いがけなく丸が飛んできて、河井さんの左足の膝下にあたった。二歩、三歩ヨロヨロとして、ほとばしる鮮血と一緒にお倒れになりました」とある。外山は従者で終生、河井継之助を師と仰いだ人物で、戦後、慶應義塾に学び、関西経済界の大立者となった。

負傷した河井継之助を城内に連れてゆき、焼け残っている土蔵に入れたが、そこにも弾丸がブスブスとあたったため、夕刻、城東の四郎丸《しろうまる》村昌福寺へ連れてゆき、負傷の手当をすることになった。

押切口では米沢藩が軍議していた。白昼の攻撃は犠牲者を出すという隊頭たちを前に、米沢藩総督千坂太郎左衛門らは断固として、盟約に背くことはならんと午後から総攻撃を開始した。しかし、装備が重く鈍重な米沢藩兵士は、西軍の狙撃にあって、ばたばたと倒された。その数七十九名という。数時間の犠牲としては戊辰戦史上、もっとも苛烈であったかもしれない。

結局、米沢藩兵が新町口に姿を現したのは、二十五日夕刻であった。ようやく長岡藩兵には安堵の感が見え、挟撃された薩摩藩兵らは、ついに信濃川まで逃れて、川西へ逃走した。しかし、河井継之助の負傷は、全軍の士気を著しく低下させた。

長岡再落城——長岡藩兵が力尽きる

長岡城の奪還には成功したが、そのかわり総督河井継之助の負傷により、長岡藩兵の士気がにわかに落ちた。河井継之助の作戦案によれば、追撃戦をかなりおこなえば、西軍は柏崎・高田までも逃走するだろうということだった。総督府参謀の西園寺公望もようやく関原村の本営にとどまったが、制止する者がいなかったら柏崎まで遁走しただろうと戦後、述懐している。力が尽きた長岡藩兵は、草生津堤（信濃川右岸）や城内・城下に坐り込んだのである。

奪還三日目の二十七日には、三国街道沿いの十日町村が、西軍兵の進入により放火された。この報せで、東軍諸将は軍議し、南境へ派兵することを決めた。すぐさま出兵したのは、長岡藩の花輪彦左衛門隊など数隊にすぎない。ほかは兵員の損耗を憂い、休息を要求した。

一方、山県参謀は西軍各藩の二十八小隊余りの兵を、榎峠の麓の村、妙見に集結させた。その兵に小千谷本営から軍事方・会計方が出張し、弾薬や食糧を補給した。そして七月二十九日、朝霧のなか千二百名を超える西軍兵は三手に分かれ、山手、街道、信濃川べりを通って、堡塁をつくって防御しようとしていた長岡藩兵らに次々と襲いかかっていった。

三国街道上に浄土川が交錯していたが、そこでの両軍の戦いで花輪彦左衛門が戦死すると、長岡藩兵たちは長岡城をめざして退却した。米沢藩兵も、同様に敗走した。三国街道上の太田川との交錯地や摂田屋村、宮原村の喰い違いなどでも激戦が展開されたが、結局、精鋭の兵、新式銃、兵力にまさった西軍側が一方的な勝利を収めた。山の手側を進んだ西軍兵も、青稲の田んぼのなかを走り、東山側から長岡城に近づいた。川の手から回った西軍兵は、草生津で長岡藩兵を撃破して城内に入り放火した。

長岡城内の長岡藩本陣にいたのは、大隊長の牧野図書・稲垣主税らであった。牧野は情勢を判断し、長岡城で籠城戦をするより、友藩会津をさして落ち、再起をかけようと判断した。正午、弾薬方の指示で、分捕品の大砲・小銃弾・火薬箱に火が放たれた。その破裂音は、城内外で斬り結んでいる両軍兵士を驚かせた。長岡藩兵たちは城を脱出し、見附をめざして潰走した。

新潟港陥落——米沢藩総督色部長門の死

七月二十一日、越後の柏崎港には、薩摩藩の摂津丸、筑前藩の大鵬丸、柳河藩の千別丸、長州藩の丁卯丸、加賀藩の錫懐丸などの西軍軍艦が次々と入港した。これにより、会津征討越後口総督府は、長州藩士山田市之丞、薩摩藩士本田弥右衛門を海軍参謀に任命した。同時に小千谷談判以来、不遇をかこっていた岩村精一郎を総督府軍監とした。越後に登場した軍艦に兵員を乗せ、新たに一軍を編成し新作戦を展開しようとしたのである。その総指揮はちょうど、柏崎にいた黒田了介（清隆）参謀が執ることとなった。

当時、越後戦線は長岡城・与板城付近で膠着化しつつあり、期日を決め、いっせいに総攻撃を加える必要があった。その総攻撃にもっとも効果を上げる一作戦案が、兵員を海上輸送し、東軍の背後を襲おうとするものであった。『岩村高俊事蹟』によれば、このときの任命には「軍艦に乗り組み、海路新潟に赴き、新発田藩の手引きで、東軍の背後を襲う」と知らされたとある。新発田藩がそのときまで賊軍に属しているのは、賊兵の脅迫によるもので、一日も早く東軍を討伐してほしいとも記している。

黒田清隆　国立国会図書館「近代日本の肖像」より

越後口の全戦線の総攻撃日は七月二十五日と決定した。柏崎付近に駐屯していた西軍兵は急きょ、柏崎に集合させられ、軍監岩村精一郎の指揮で各艦に乗り組みを命じられた。二十三日午後四時、摂津・大鵬・千別・丁卯・錫懐・万年の六艦は出港し、佐渡の小木港を経由して、新潟の近く松ケ崎へ向かった。そして二十五日早暁、松ケ崎上陸が敢行された。上陸部隊の指揮は山田市之丞が担当し、出港前にあらかじめ戦闘部署を決定していた。

薩摩・長州・安芸藩兵、計四百三十名と大砲二門で編成された一隊は、島見浜・太夫浜の両村の間の海浜に上陸し、新発田藩兵の誘導で直ちに新発田へ進入する、薩摩・長州・秋月藩兵、計二百九十名と砲三門の一隊は松ケ崎に上陸して前進する、そのほか、徴兵百八十五名と明石藩兵は島見浜に上陸したのち、予備兵として戦況に備える。また、朽木藩兵五十名は兵糧の炊き出しをするというふうに決められた。

二十五日早朝、軍艦から小舟に乗り移った西軍兵は続々と上陸した。松ケ崎では出会った庄内藩士を長州藩兵が討ちとった。太夫浜では新発田藩の一分隊が出迎え、新発田城まで誘導した。当時、新潟近辺の東軍勢力は、沼垂《ぬったり》に新発田藩兵約二百名、新潟には仙台藩兵約百五十名、会津藩兵約二百名、米沢藩兵約六百名、庄内藩兵約二百名がいたという。そのほか、五泉《ごせん》陣屋から町農兵約四十名、関屋方面には旧幕府の歩兵約二百名がいたといわれている。これらは新潟港警備を担当し、奥羽越列藩同盟軍の補給基地として、重要な任務を担っていたのである。その総督は米沢藩士色部長門であり、本陣を光林寺においていた。

西軍の上陸の報せをうけ、米沢・仙台・会津・新発田藩兵が迎撃のため出張し、白山浦《はくさんうら》・大川前《おおかわまえ》・新津屋小路《にいつやこうじ》などに台場（堡塁）を築いた。本所ケ原では、西軍の先鋒の出没にともない銃撃戦がおこなわれたが、奇妙なことに、友軍の新発田藩が空砲を射つので驚いた。東軍側は初めは冗談だと思ったとある。退勢となり、各藩兵は新潟に引き上げた。しかし、新発田藩兵約二百名はそのまま居残り、西軍に投降し、案内役を買って出た。

翌二十六日夜から、西軍の新潟攻撃は開始された。阿賀野川を渡り、沼垂に入り、信濃川沿岸に至り、対岸の東軍と銃撃戦となった。二十七日からは砲撃も加わり、西軍の砲弾が市中に落下し爆発したので、大混乱に陥り市民は先を争って裏山へ逃げたという。新潟海岸には西軍軍艦五隻があらわれ、陸にむかって砲撃を開始した。

七月二十九日早朝から、西軍は信濃川を渡河し、新潟に総攻撃をかけ、各要所を破った。随所で白兵戦となり、放火され焼失した家屋は約五百戸におよんだ。西軍は進んで町会所を占領し、そこの入り口に「長州本陣干城隊」の張り紙をした。

これより先、色部総督は光林寺前の橋上に部下一同を集合させて、速やかに各人の才覚によって帰藩するよう解散命令を下した。このとき、兵糧として握り飯二つと二朱金二枚を渡したという。しかし、なかにはとどまって血戦をしたものもいた。色部は隊頭桐生源蔵ら二十四、五名とともに小間使いをしていた桶屋の倅の案内で、脱出をはかることになった。しかし、案内方向を桶屋の倅が間違えて、関屋の喰い違いにでてしまった。そこへ、薩摩・長州藩兵が駆けつけ、激戦となった。色部はエドワード・スネルから買ったピストルで応戦した。ときには先頭となって戦ったという。色部長門は進退きわまり立ちとどまったところを、右の肩先から左胸にかけて撃ち抜かれて倒れた。再起不能を悟った色部は、その場に座り自刃した。色部の死によって、この戦いは終わった。

村上落城――村上占領

村上藩（五万石・内藤信民）は、奥羽越列藩同盟に加盟し、越後の戦いに出兵していた。長岡・新潟陥落の報に、派遣していた兵を村上城へ引き上げるとともに、城下に通ずる平林口・岩船口の守備を固めていた。しかも、隣の新発田藩が西軍側に帰順し、その先鋒として多勢の軍の案内役になり村上城に迫ってきた。状況から判断すれば、勝敗の帰趨はすでに決まっているといってもよかった。

八月十一日午前七時、西軍は新発田・越前藩兵を先鋒に村上城の攻撃を開始した。砲撃を加え、民家に火を放って進軍を始めたのである。ところが村上藩内は、ここに至っても藩論が二分し、主戦・恭順の両派が去就をめぐって激しい議論をしていた。また、市中も混乱し、避難する者もあったが、この日まで頑張って家財道具などを疎開しない者も多かった。しかし十一日、ついに早朝から庄内へ引き上げが伝達されたことから、大混乱に陥った。

藩兵一同が城外桜馬場の大銀杏の下に集められ、最後の評定がおこなわれた。評定の場では、いわゆる忠義派と恭順派が争い、恭順派の代表江坂衛守《えさかえもり》を若手藩士が斬ろうとしたとき、家老最年少の鳥居三十郎が制して、「帰順せんとする者には、その思うに任せ、あくまで抗戦せんとする者は、村上城下の決戦を避けて戦場を羽越国境に求め、みずからがこれを指揮する」という裁断を下した。そして、鳥居は約二百名の藩兵とほかに女性と子どもを従えて村上を退去した。村上藩の名分を守り、村上城を救うために鳥居三十郎は城を捨てたのである。このとき、大栗峯右衛門という剛気の者が、城を明け渡すには忍びないとして二の丸に火を放った。村上城の落城であった。西軍は抵抗を受けず、村上を占領した。

戦場はそののち羽越国境へ移っていった。その後、村上藩家老鳥居三十郎は、抗戦した責任により切腹を命ぜられている。

村松城の落城――佐幕か勤王か

村松藩（三万石、藩主堀直賀《なおよし》）は、幕末、過激な勤王を唱える一派が家臣のなかに現れた。そのため、門閥は憂慮し、会津藩の指導を介入させ、慶応三年（一八六七）五月十九日、粛清が断行された。藩士岡村定之丞・下野勘平、稲垣覚之丞らが捕らえられ処刑された。村松七士事件である。以後、藩内は佐幕派の家老堀右衛門三郎らが実権を握った。

戊辰戦争が勃発して、越後にも戦火がおよんでくると、村松藩もその去就をあきらかにした。閏四月二十八日には、軍監笹岡豹五郎に一隊をつけ、藩領の見附に出張させ、警備を厳重にした。そして、すすんで奥羽越列藩同盟に加盟したのである。

しかし、戦争中、東軍に属し、長岡城下などに派兵したが、その対応、参戦態勢が甘かったため、同盟諸藩からつねに「裏切り」の嫌疑がかけられた。とくに長岡落城戦以後は、加茂軍議などで、各藩の代表に家老らが切り口上に追いつめられた。このため、家老田中勘解由《かげゆ》が自害をはかった。五月二十三日には、家老近藤貢が黒水村の郡方の宿舎で自害した。六月一日には赤坂峠の戦いで奮戦して東軍側に熱誠を示し、ようやく嫌疑をはらすことができた。ところが、戦局は次第に東軍側に不利となる。七月下旬には新潟港の陥落・長岡再落城によって、一気に東軍側の敗色が濃厚になった。八月一日には、東軍側の軍勢はなだれのように敗走を始めた。

村松藩主堀直賀も数百名の藩兵に守られて、米沢をめざして落ちてゆくことになった。城下は混乱し、慌ただしい別離がかわされた。

西軍側の侵攻は比較的早く、八月四日には村松城下に入り、村松城はあっけなく落城した。藩士のいない城下は無秩序であった。西軍兵は市街のあちこちに放火した。

そのころ、大庄屋梁取《やなどり》戸《と》五郎《ごろう》らが中心になって、村松藩の存続が画策された。また、勤王派藩士によって、弁解書が西軍の五泉会議所に提出された。そして、先代藩主夫人の仙寿院の奔走によって、九代藩主堀直央の末子貞次郎が擁立され、西軍参謀西園寺公望の裁可で村松藩の存続がみとめられたのは、八月十五日のことであった。のちに、堀右衛門三郎らの佐幕派家臣は処断された。

赤谷の戦い——隘路上の攻防

会津藩は、越後の戦いに強い懸念を抱いていた。そこで、七月下旬、町野源之助に力士隊・白虎隊などの混成部隊を指揮させ、会津から新潟へ向かう会津本街道の宿陣地、越後の赤谷に約三百余名の兵を派出させた。赤谷は越後の会津藩領の要衝であった。位置は加治川の上流にあり、隣の山内村以西は新発田藩領であった。その二村の街道上の境に、角石原の台地があった。赤谷村西側の入り口の左右の八方山や要害山《ようがいざん》に会津藩は陣地を構築し、大砲を山頂に引き上げて、新発田藩領方面から侵攻してくるはずであろう西軍に備えていたのである。

一方、西軍は新潟攻略戦が一段落すると、いっせいに会津方面へ向かって進撃を開始した。七月二十六日、新発田藩兵を先鋒に、薩摩・長州・芸州・加賀などの諸藩兵と御親兵、約千六百名、砲十門が進発した。その指揮は、長州藩の山田市之允（顕義）が執った。

途中、水原の手前の中之通《なかのどおり》付近で、会津藩の斥候と遭遇したが、これを追い払い、会津藩の水原陣屋に迫った。陣屋を警備する役人・兵は少なく、しかも老兵が多かった。そこで、役人たちは仕方なく、七月二十七日正午ごろ、陣屋に火を放ち、弾薬・糧食を放棄して退却した。西軍は水原町に入り、そこを指揮所とし、各地に派兵した。八月一日には赤坂・草水に陣地を築き、激しく抵抗する会津藩兵を駆逐した。退却を余儀なくされた会津藩兵の多くは、会津本街道をのぼり、赤谷・津川方面へ逃走したが、一部、五頭山などに籠もって抵抗する者もいた。

それら少数の会津藩兵の抵抗を撃破して赤谷村の手前、山内、小戸村に西軍が到着したのは、八月十三日のことであった。斥候兵の報告では街道をみおろす高地に、会津藩兵が陣地を構えているという。そこで、山間を迂回して背後を衝き、同時に街道を直進し攻撃する二面作戦がたてられた。

八月十四日午前二時、おりからの雷雨のなか、迂回隊が進発したのち、本隊は街道上を進撃した。本隊は先鋒に新発田藩二小隊と砲三門、安芸藩半隊、長州藩一小隊に砲二門の兵力であった。その本隊は、街道上の山間の隘路へ入っていったのである。

一方、間道を経て、会津藩兵陣地の背後に迫ろうとする迂回隊には、新発田・薩摩・長州藩の各一小隊に砲二門、それに越後の農兵隊が一隊付属した。ほかに予備の新発田藩二小隊、加賀藩一小隊、砲一門が山内村などに待機した。

本隊がちょうど角石原にさしかかったところ、西上の山から降りてきた会津藩兵に急襲された。その会津藩の一隊は、西軍の動静を察知し迂回してきた部隊であった。この作戦は偶然だが、両軍ともに右翼からの迂回で、両軍は山中で遭遇することはなかった。闇夜のなか雨が降りしきり、銃撃は効果がなく、たちまち白兵戦となった。西軍先鋒の新発田藩兵は斬り伏せられ、小隊長以下十余名の戦死者を出した。このため本隊は退却した。

一方、会津藩兵も街道上を直進し、進撃を開始していた。角石原で戦いが始まると応援に駆けつけ戦ったが、西軍の迂回隊による八方山攻撃の知らせを受け、たちまち浮き足立ってしまった。迂回隊は砲四門を山上に上げ、街道上の会津藩兵を攻撃した。このとき大砲をひきあげたのは、付近の徴用された農民であったが、そのなかで「松ヶ枝」という草相撲の大関は、一人で大砲を担いで山上に上げたという。

西軍本隊は退却後、山内村付近に集結、隊伍を整え、夜明けを待って反撃に転じた。早朝、視界がひらけてくると、山上にあった西軍の大砲が砲撃を開始した。隘路の街道上にいた会津藩兵は、砲撃により損害が続出。しかも後方に西軍の迂回隊が攻撃をし、退路を断たれる懸念が生じた。

会津藩隊長町野源之助は、総退却の命令を下した。一部の兵は、遮二無二敵中を突破して、赤谷の宿陣地に戻った。このとき、白虎隊士の佐々木新六郎が戦死した。町野源之助は、この戦闘を予測し、八月十一日に戦場になるであろう角石原付近の村々の農民に立ち退きを命じている。このため、農民には直接、死傷の被害はなかったが、会津藩兵は退却するにあたって、家々に火を放ち、津川方面へ逃走した。また、追撃する西軍も、残兵掃討と称し、街道上の諸村、山中の諸村に火を放ったため、炎々と煙が立ちのぼったという。西軍は赤谷を落とし、街道を伝って、綱木・新谷の諸村を占領し、その歩を会津へ進めた。

八十里越え——河井継之助の死

長岡城の陥落・新潟町の占領など、西軍の大攻勢は成功し、東軍側は敗北・総退却となった。

奥羽越列藩同盟軍の越後口の盟主格であった米沢藩は、本国の防衛力が稀薄になったこともあり、長岡が落城し、新潟が占領されると、大部分の兵はいちはやく本国へ帰還する決定をした。そして、八月一日には八十里越の起点でもある下田村吉ケ平に集結をして、山を越え、越後を去っていった。

これにならい、仙台・山形・庄内藩等も八十里越をした。会津・水戸・長岡藩兵は、海岸部などに展開していたので遅れ気味で、命からがら逃走した。とくに長岡藩兵は敗戦の混乱のなか、四散した隊や兵士たちをまとめるのに難渋し、しかも女性と子どもがそのあとを追ってきたから厄介であった。それでも下田村の葎谷《むぐらだに》と遅場《おそば》で退却を援護する堡塁をつくり、三日間、兵士・家族を待ち、八十里越をし、会津へ落ちていった。

長岡藩総督河井継之助は特製の担架に乗せられ、見附・文納・葎谷を経て、八月三日に吉ケ平に入った。その夜は、吉ケ平の庄屋屋敷に宿泊した。主人が吉ケ平の伝説を語ると、ときどき苦痛に顔をゆがめながらも静かに聞いていたという。その話が終わると河井は近臣の者に、八十里越をして会津へ落ちてはいかれないと語った。敗残の将がおめおめと越後を捨て、会津へ行かれようかというのである。

翌朝、付添に説得され、しぶしぶ承知した河井は、吉ケ平を出発する。途中、高熱のため、しばしば担架は山中にとどまざるをえなかった。そのため、その夜、山中で野宿する。八十里越の途中、越後のほうを振り返り、「八十里、腰抜け武士の越す峠」と詠んだ河井の心中はいかばかりであったろう。

河井継之助一行は、八月五日、会津藩領只見村に入り、六日から十一日までは、目明《めあか》し清吉宅に匿われた。十二日には会津塩沢の医師矢沢宗益宅に止宿した。長岡藩総督河井継之助は八月十五日夜、従僕松蔵を呼び、「我れ死なば、之を火せよ」と、みずからの死後の準備を命じている。翌十六日に昏睡となり、午後八時、矢沢宗益宅で波瀾にとんだ四十一歳の生涯を閉じた。

西軍の新潟太夫浜上陸と新発田藩の裏切り

西軍は、参謀山県狂介のたび重なる兵力の増援要請と、越後方面での不振の戦況を見て、ついに一大強力な増援をおこなうことにした。仁和寺宮嘉彰親王を越後口総督に、西園寺公望を大参謀に任命し、兵力に余裕のでてきた西軍は、海上より機動作戦を行い、長駆、東軍の背後に逆上陸し、一挙に戦局を挽回しようとしたのであった。

上陸軍の参謀は黒田了介、海上の指揮は山田市之允（顕義）がとった。この上陸作戦には、かねて挙動の怪しかった新発田藩が内応し、西軍を自領の太夫浜に導いたのであった。新発田藩のこの裏切りは痛かった。見事に新発田キツネにだまされたのである。少ない兵力で善戦健闘、かろうじて保たれていた東軍の守備陣は腹背に敵を受け、一挙に瓦解する（実は七月十二日に、新発田藩は西軍に密使を送っていたという）。

軍艦摂津・丁卯に守られた千別・万年・大鵬・錫懐の四隻の汽船には、千五百名の陸兵が満載されていた。七月二十四日夜半、佐渡小木港を出発した船団は、二十五日早朝、上陸地点の太夫浜に到着、午前七時ごろより直ちに上陸を開始した。

いったん、新発田城に入城するなどして休息した西軍は、ここで二手に分かれた。一隊は水原・五泉・村松と南下する。さらに一隊は海岸沿いに進撃し、一刻も早く港を手中に収めようとした。この上陸地点で庄内藩家老石原倉右衛門（八百石）に突然の不幸が襲った。倉右衛門はこの朝、新潟会議所を駕籠で出発、急ぎ庄内へ帰国する途中であった。西軍上陸中とは露知らず、松ケ崎にさしかかったところ、西軍の警戒兵三名に発見され、誰何《すいか》された。堂々と名乗ったが、驚いた西軍兵にその場で射殺され、持っていた重要な機密書類をも奪われてしまった。

新潟港をめざして進撃した西軍は、二十六日に信濃川左岸の沼垂に達した。守備していた米沢・仙台各一小隊は、ほとんど抵抗せず舟で対岸に脱出した。沼垂を占領した西軍は二十七、二十八日と信濃川をはさんで砲撃に終始し、攻撃には出なかった。敵情を探り渡河する舟を集めて準備をしていたのである。軍艦摂津と丁卯が海岸に近寄り砲撃したが、新潟の陸上砲台も反撃し、そのうちの一発が摂津に命中したという。

二十九日早朝（午前五時ごろ）、西軍は信濃川を渡河し、新潟市中へ侵攻を開始した。この地を守備していた東軍は、米沢兵四百名を主力に会津兵約四十名、仙台兵が三十名、庄内藩は数名の役人のみであった。西軍は河口付近の右翼隊と中央隊、そして上流の左翼隊と三方面に分かれて渡河を開始した。渡河中の敵に対し、東軍は射撃をしたが、それは少数の守備兵のみで、左翼隊はほとんど抵抗を受けずに渡河に成功した。

たちまち各所で激しい市街戦となったが、関屋から白山付近へ上陸した左翼隊の攻撃が鋭く、東軍は東西から挟撃され、退路を断たれる恐れがあり、戦いつつ徐々に西方へと脱出しようとした。主力の米沢軍は再度、関屋川原町で態勢を立て直そうとした。これは新潟港の重要性を認識し、他藩より執着力の強かった米沢藩最後の抵抗であった。時すでに遅く、三方面より肉薄して来た西軍に包囲されつつあり、近距離より激しい銃火を浴びて、米沢軍は混乱に陥った。

これまで新潟にとどまり、病と称して一歩も戦場へは出なかった、米沢藩越後総督色部長門は刀を抜いて督戦した。しかし、たちまち敵弾に胸を射抜かれて壮烈な戦死を遂げた。色部の首級は御用人浦戸儀左衛門が介錯して部下二人に持たせたが、敵が間近に迫り、近くの茄子畑へ埋めたという。そして二人は、色部の愛刀や形見を持って川に飛び込んでようやく脱出できたのである（二人の藩士は御手廻り金内志津磨・五十嵐源次郎であった）。

必死の戦いをしていた米沢兵も、大将が討ち死にするや戦いを止め、西軍の包囲網を突破して各個に脱出を図った（この戦いでの米沢兵は総督色部長門以下戦死者二十六、負傷者十七名という多数であった）。戦いは午前十時ごろには終了し、新潟港はあっけなく西軍の手中に帰したのである。西軍の戦死者は四名、負傷者は十三名。東軍は米沢が戦死者二十六名、負傷者十七名。仙台が負傷者二名。会津の戦死者負傷者は不明である。

新潟港を西軍に攻略され、背後に脅威を感じた東軍諸隊は引き揚げを開始した。今町・見附方面は八月一日朝から追いすがる西軍の攻撃を排除しつつ、長岡藩・会津藩を中心に栃尾から八十里越の険阻を越えて、会津若松へと落ちていった。同じく与板方面の東軍諸隊も一日朝より引き揚げを開始した。二日、三条へ到着し、軍議を開いたが、この地も守備に適さず、かつ、兵力も少ないのでこの地より北東へ八キロの加茂まで後退することに決定した。

この軍議に参加したのは、会津・庄内・桑名隊のみであった。北越列藩同盟軍の中心たる米沢藩は、千坂総督みずからが真っ先に戦場を放棄した。しかも、共に戦った同盟の諸藩には一言の挨拶すらもなく、八十里越から素早く本国へと引き揚げていった。これに続いて、仙台・村上・上ノ山・水戸兵ら諸藩の兵も続々と引き揚げた。

八月四日、加茂防衛の東軍諸隊は配置についた。会津二隊(佐藤織之進・山田陽次郎隊)、桑名二隊(神風隊・致人隊)、庄内一隊(中村七郎右衛門隊)の兵力はわずか五百人強であった(別に会津佐川官兵衛隊は村松方面の守備に分派した)。これに対し、攻め寄せる西軍は加茂方面に兵力を集中し、総兵力は四千名といわれた。その攻撃編制はおおむね次のようであった。

一　右翼隊・山側方面

御親兵四番隊、薩摩番兵二番隊、外城二番隊、長州干城二隊、新発田一小隊　他。

二　正面隊・本道方面

御親兵二番隊、薩摩七番隊、十三番隊、二番砲半隊。長州干城六番隊、振武四番隊、松代一隊（砲二門）、新発田三小隊　他。

三　左翼迂回隊

長州奇兵六番隊。

午後二時過ぎ、山沿いの支道と中央の本道を西軍は雲霞《うんか》のごとく押し寄せて来た。下保内《しもほない》（加茂南東二・五キロ）の前哨陣地を守備していた会津の佐藤隊は、西軍の猛攻を支えきれない。たちまち、浮き足だって山側の高台にある桑名隊の胸壁陣地へと逃げ込んでくる。

この福島の陣地には、桑名町田老之丞《ろうのしょう》率いる神風隊と致人隊の各半隊、約七十名が守備していた。桑名隊は北越の同盟軍中で最強といわれ、「第一桑名、第二は佐川（会津）、第三衝鋒隊」と巷間もてはやされた勇敢な部隊であり、事実、いまだかつて一度も敗退した覚えがないとの誇りと自負があった。砲兵の強力な掩護下に、肉薄してきた圧倒的兵力の西軍に対し、一歩も後退せず敢然として立ち向かった。「（敵兵は）相距ること百歩、散弾霰の如く、声天地を撼わす。我兵屈せず、敵機に乗じ勢盛にして進来る。我二隊防戦尤烈し。敵の陣する所は我先に討て樹木を払う、故に敵身を避る所なく、死傷頗る多し」（桑名藩士・中村瑛次『泣血録』）。

歴戦の桑名隊は地形を利用し、巧妙に戦い、決して退くことをしなかった。さらに、急を聞いた加茂本営の致人半隊も応援に駆けつける。このまま日没まで胸壁陣地を死守した。

西軍中でもっとも精強な薩長兵も、ついにそれ以上は突撃することができなかった。戦況を打開するため、右翼山側より迂回して加茂を襲わんする西軍の一隊があった。青海《おうみ》神社南側高地に陣を敷いて待ち受けていた神風半隊が、この西軍の頭上より一斉射撃して進撃を阻止した。しかし、圧倒的な兵力の西軍は、三方面より包囲しつつ徐々に東軍を圧迫した。しかし、やがて夜となり、桑名隊は殿軍となって、会津隊と共に引き揚げを開始した。

加茂に集結した桑名の神風・致人両隊は間道を黒水へと回り、この地を守備していた立見鑑三郎率いる雷神隊と合流し、多くの傷病者を助けつつ沼越峠を越えて津川へと脱出していった。会津兵は四日深夜、引き揚げを開始し、村松を避けて間道を高石へと抜け、翌日、津川へと後退した。同じく庄内兵も一足先に津川へ出て、会津から本国へと帰還の途についた。

かくて、慶応四年四月より五カ月間にわたって戦われた、戊辰戦争におけるもっとも熾烈かつ大規模な激戦の続いた「北越の戦い」は終了し、越後は平定されたのである。東軍側は会津が戦死者五名、負傷者三名。桑名が戦死者三名、負傷者三名。庄内は記録になし。西軍側は薩摩が戦死者三名、負傷者十三名。長州が戦死者二名、負傷者三名。新発田が戦死者三名、負傷者五名。その他は不明である。

第八章　東北の戦い

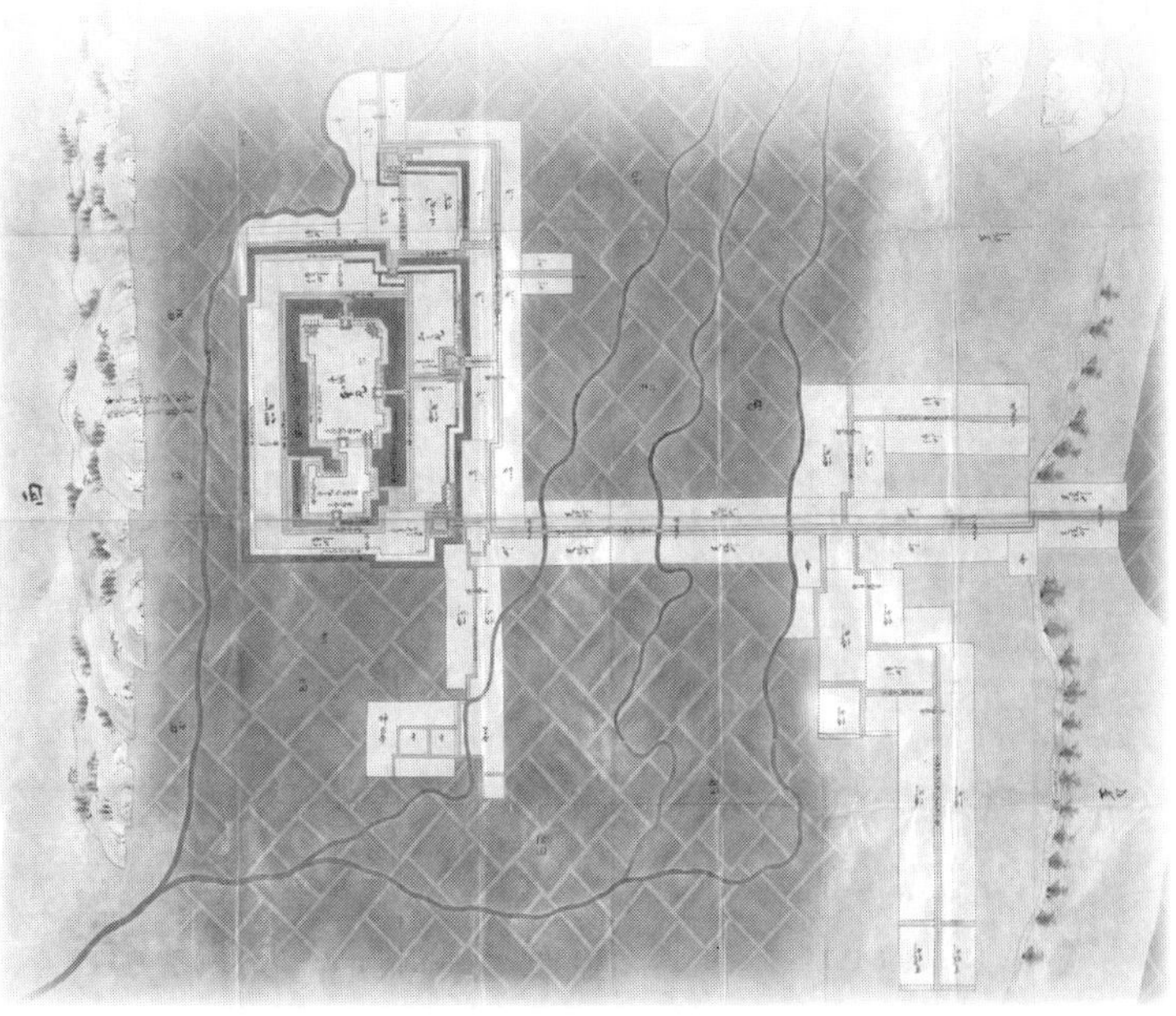

攻防の舞台となった出羽国新庄城の絵図　「正保城絵図」より　国立公文書館蔵

庄内征討命令下る——寒河江、柴橋事件

慶応四年(一八六八)二月九日、奥羽鎮撫総督府の人事が発表された。総督は沢為量《ためかず》、副総督は醍醐忠敬である。参謀には品川弥二郎(長州藩)と黒田了介(清隆・薩摩藩)が選ばれた。東征大総督からは、おそらく反政府的態度を示すであろう会津藩・庄内藩に対する処分方針として「会津は死謝、庄内は謹慎」と指示があった。ところが、編成に異論が生じて出発は延期され、新たに九条道孝を総督に任命し、沢と醍醐はそれぞれ副総督、参謀に格下げになった。さらに、参謀も世良修蔵(長州藩)、大山格之助(綱良・薩摩藩)の強硬派二人に替わった。ようやく京都を出発したのは、三月に入ってからである。

三月十一日、奥羽鎮撫総督一行は大坂から乗船し、海路、仙台をめざした。その兵力は薩摩藩百三人、長州藩一中隊、筑前藩百五十八人、仙台藩百人である。奥羽全体に対するには、いかにも少ない。現地に行って命令すれば、たやすく諸藩の協力が得られると見越していたのであろうか。また、先導役に天童藩主が命じられ、家老吉田大八が代行することになった。

三月十八日、一行は松島に到着、二十三日には仙台入りした。藩校養賢堂に総督府本営を置くや、ただちに仙台藩に会津征討を命じた。また、会津周辺の諸藩に応援出兵を要請した。討伐の早期決着を求める総督府は、しきりに出兵を急がせる。武力行使を望まない仙台藩、米沢藩などが盛んに和平工作を図るが、総督府の聞き入れるところではなかった。

こうしたおり、庄内藩が行動を起こした。三月二十九日、出羽村山郡の寒河江《さがえ》・柴橋に兵を送り両陣屋を接収、保管されていた米二万三千俵余りを、最上川舟運を利用して自領に移送し始めたのである。寒河江、柴橋は七万四千石の旧幕府領である。二月に徳川慶喜より庄内藩に、江戸市中取り締まりの慰労と預かりとしていた新徴組の扶持分として与えられていた。さきに総督府は、奥羽の旧幕府領の没収を布告していたが、陣屋の保管米は前年度の年貢米であるから、新政府には属さないというのが庄内藩の判断である。だが、総督府の目には強奪と映った。

庄内藩酒井家は、幕閣をつとめたこともある譜代の名家で、たしかに幕府に同情的ではあったが、それだけで反政府的とみなすには無理がある。なぜ、ことさら庄内藩を討たなければならないのか。奥羽諸藩には、大義名分の不明として、総督府への不信感をもたらした。一方で庄内藩は、総督府が会津藩に示す厳しい追及に、次第に態度を硬化させ、戦備を整え始めていた。総督府にとっては、この事件は庄内征討の格好の口実となった。三月三十日、総督府は、仙台藩と天童藩に出兵を命じ、さらに応援として薩摩、長州、筑前各藩兵を進出させることとした。

先導役の吉田大八は、天童に急ぎ走った。吉田が家老をつとめる天童藩は二万石の小藩だが、先祖は織田信長である。そのような家柄がかわれたのか、総督府の先導役を拝命する。理想家肌の少壮家老である吉田は、文字どおり「鎮め撫づる」という鎮撫が完遂されることを期待し、そのための努力は惜しまないつもりでいた。

吉田は柴橋陣屋の役人に面会し、総督府の意向を伝えた。四月三日には総督府の兵が到着するので、それまでに庄内藩兵を撤収させて、武力衝突を避ける考えであった。この交渉中、予定より一日早く総督府の兵が乗り込んできて、すぐにも攻撃に向かおうとし、吉田が懸命になだめなければならなかった。結局、庄内藩兵はさっさと自領に退去したので、総督府の兵が着いたときには陣屋はもぬけの殻だった。ともかくも、戦闘は回避された。

四月六日、総督府は正式に、秋田藩に庄内征討命令を発した。命令書には理由が添えられておらず、不安を感じた秋田藩では詳しい説明を求めた。総督府は、秋田藩に追加文書を出した。それには、前年十二月、庄内藩がおこなった薩摩藩邸の焼き討ちが討伐理由の一つにあげられていた。これが本意とすれば、私怨といわざるをえない。庄内藩は治安維持活動をしたにすぎないという見解が一般的であり、秋田藩をはじめ、奥羽諸藩を納得させるのは到底不可能であった。

総督府は一方で会津征討をせきたて続けており、いままた庄内藩を朝敵としたことで、両面作戦をとることになった。手持ちの兵は少なく、諸藩の協力がどの程度得られるかはわからないのに、無謀な企てである。強引な主戦主義は総督府のイメージを著しくそこね、見通しの甘さとともに、総督府を四面楚歌《しめんそか》の状況に追い込んでゆくのだった。

副総督、出羽出動――清川の戦い

庄内征討を決定した奥羽鎮撫総督府は、四月十四日、副総督沢為量、参謀大山格之助を出羽へ派遣した。吉田大八の先導で、薩摩・長州藩兵約二百三十名が従った。あわせて、秋田藩に使者を遣わして、出兵の督促と監視にあたらせることとした。一行は、十七日に山形を経て上山《かみのやま》に入り、閲兵式を挙行、二十日には天童に転じ、羽州街道を北進して新庄に向かった。また、沿道の山形藩、上山藩などにも出兵を命じた。

四月二十三日午後、一行は新庄に到着した。新庄藩士の出迎えを受け、錦旗を押し立てて城下に入る。総督府軍兵士の見慣れない軍装と粗野な風体は、新庄の町の人々をずいぶんと驚かせた。新庄は羽州街道上の宿場町を兼ね、近くには最上川舟運の河港をひかえる交通の要所である。対して庄内地方は一方を日本海、三方を険しい山々に囲まれ、守りやすく攻めにくい。ただ、最上川の流れ込む東側がひらけ、川舟が往来する。舟運を利用した物資の集散は、庄内藩の財政を大いに潤すが、反面ではその喉元を敵にさらすことになる。庄内藩としてもその辺を考慮し、東の境の清川に警戒の兵を出していた。清川は、志士清河八郎の出身地である。

副総督を迎えた新庄城下は、にわかに慌ただしくなった。休む間もなく庄内領進攻命令が発せられたからである。急きょ、食糧と人夫が集められ、川舟が手配された。最上川を下って清川を攻撃しようという作戦は妥当といえるが、それにしても性急である。庄内藩が着々と抗戦の準備を進めているという情報に、先手を打とうとしたものか、北方の秋田藩の動きを見込んでいたのか、その日の夕方

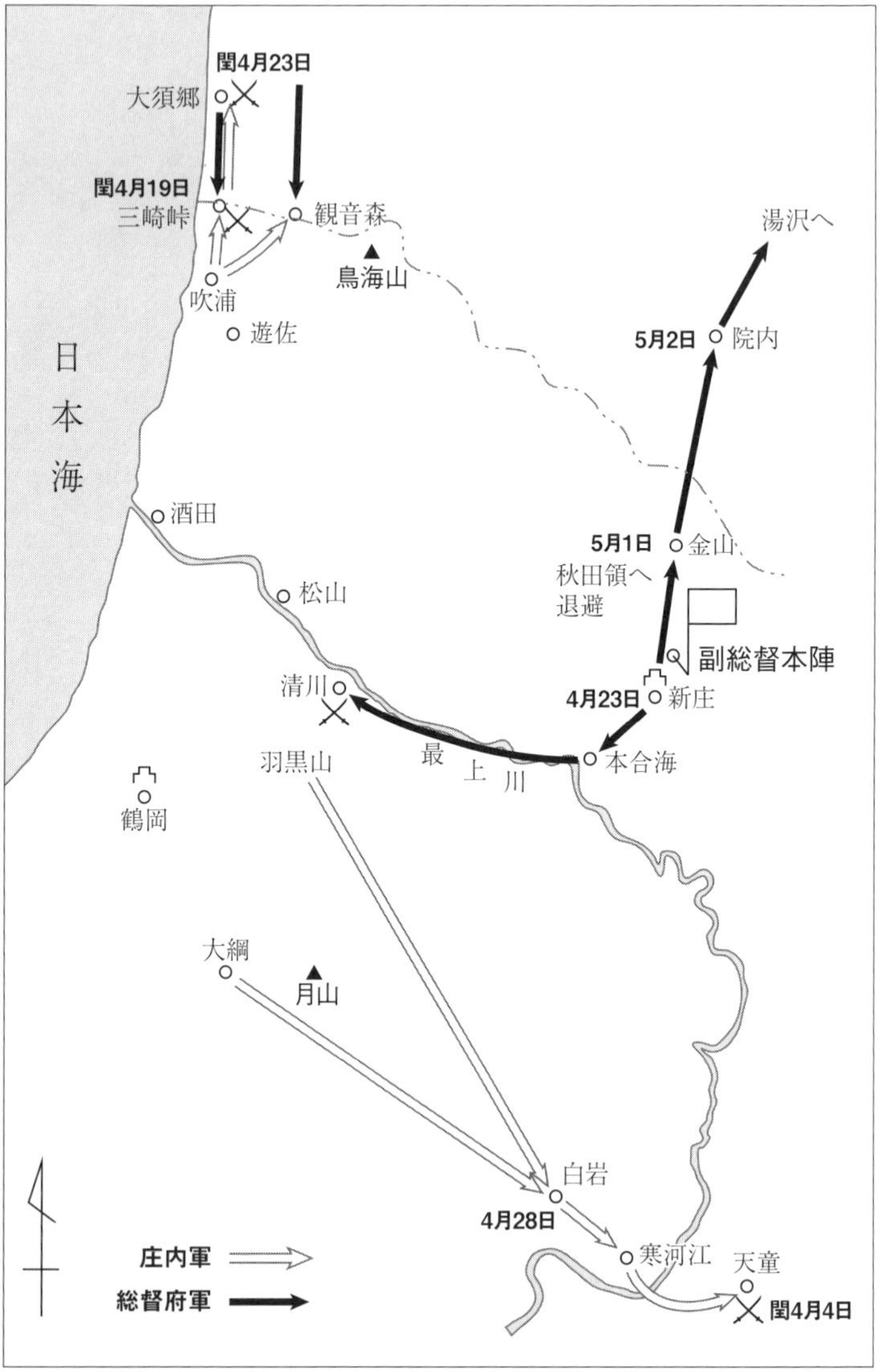

図 12　庄内戦初期進行略図（4 月～ 5 月）

には、薩長兵に道案内役の新庄藩兵を加えた総督府軍の討庄部隊二百名ほどが新庄を出発した。

総督府軍は夜中、最上川を下り、清川の手前の土湯で舟を下りた。さらに山道を進み、腹巻岩を占領したころ、夜が明けた。清川は最上川に立谷沢川が合流する三角点に位置する。腹巻岩は断崖で、立谷沢川越しに清川を見下ろせる。

この異変に気づいたのは、清川村の農婦であったという。庄内藩の資料によれば、早朝の仕事に出た農婦が、異様な姿の一団を目撃し、村に駆け戻って知らせたとある。当時、清川には庄内藩の正規兵と農兵、合わせて四百名余りが配備されていたが、情勢はまだ切迫していないとみたのか、それほど緊張はしていなかった。指揮官の家老松平甚三郎は、急いで兵をまとめ、立谷沢川の左岸に出て応戦しようとした。しかし、奇襲攻撃を受けたことで混乱が生じ、総督府軍に高所から撃ち下ろされるため、庄内軍に死傷者が続出した。

総督府軍の一隊は立谷沢川の上流の浅瀬を歩いて渡り、清川の南側の山を占領、発砲してきた。苦戦する庄内軍は御殿林と呼ばれる杉林に逃げ込み、立木を盾にして防戦しようとした。ところが、砲声が林のなかに反響して何倍にも聞こえ、パニックに陥る兵が出て、かえって逆効果となった。はじめのうち、戦況は圧倒的に総督府軍有利に展開したが、時間の経過により、冷静さを取り戻した庄内軍の反撃に効果が出始めた。庄内軍の主力装備は和銃で、洋銃中心の総督府軍に劣るが、兵数は二倍である。総督府軍にも死傷者が増え、疲労の色が表れた。

そうしたところへ、近隣の多数の農民たちが庄内軍に協力、旗や幕を持ち出して総督府軍の背後の山に登り、大声をあげて驚かせた。また、庄内軍の増援がおいおい到着したので、総督府軍はこれ以上の戦闘は不利と判断して撤退を開始、翌二十五日、新庄に帰還した。早朝から昼過ぎまで、実質的には半日の戦闘であったが、総督府軍は戦死者十二名、負傷者九名を出した。庄内軍の戦死者は十七名、負傷者は十四名であった。

この戦闘は、総督府軍から仕掛けたにもかかわらず、何も得るところがなく、庄内藩にいよいよ抗戦の意志を固めさせる結果となった。総督府軍の実力の一端を知った庄内藩は、兵制・装備を改め、道案内役をつとめた新庄藩も、初めて見る実戦に衝撃を受け、警戒を強めるようになる。総督府の意図が、いわゆる鎮撫とはほど遠いと知った庄内藩周辺の諸藩は、一様に緊張の度合いを増していった。

庄内軍、天童を攻略

総督府軍による清川の急襲は、かえって庄内藩の戦意を高揚せしめる結果となった。庄内藩は積極的な自衛権の行使に移る。すなわち、出羽村山郡への進出である。寒河江、柴橋を奪還するとともに、村山郡に点在する小藩群を牽制し、新庄の総督府軍に圧力をかけようという意図であった。

四月二十六日、大網（月山、湯殿山の参詣口）守備の酒井兵部隊が、山形と庄内藩の城下町である鶴岡を結ぶ最短道である六十里越街道から寒河江に出動した。二十八日には羽黒山守備の水野藤弥隊、ならびに清川応援に派遣されたあと、羽黒山まで来ていた酒井吉之丞隊が合流、寒河江北方の白岩に宿営した。さらに付近の農兵隊が参加したから、かなりの兵力の庄内軍が集結したことになる。

村山郡は諸大名の石高調整地として利用され、五万石以下の小さな藩と幕府領、諸藩の飛地が交錯している。庄内軍進出の報に、総督府軍は山形藩・天童藩、および松前藩・土浦藩・佐倉藩・館林藩の各飛地の陣屋に出兵を命じた。

鶴岡から六十里越街道を寒河江に出ると、天童・山形方面まで一面の平地が広がる。行く手をさえぎるものといえば、最上川と支流の中小の河川があるだけである。各藩の兵は最上川を防衛線として、その東岸に配備されることになった。彼らは、一見して寄せ集めの兵であることがわかる。人数も少なければ、装備や訓練などは山形藩は比較的よいとしても、ほかはこころもとない。飛地の陣屋兵はことに小人数のうえ、本藩の動向に配慮しなければならないこともあって、消極的になりがちであった。総督府軍としてもさすがに不安を感じたらしく、ほかのいくつかの藩に応援を命じたが、反応のあったのは亀田藩と八戸藩だけであった。

それでも強気の構えを崩さない総督府軍は、四月二十九日、庄内軍撃退を命令した。天童藩家老吉田大八はじめ、前線の指揮官たちは兵を展開させたものの、困惑しきっていた。このころ、どの藩も盛んにスパイを放って情報収集につとめているから、彼我の兵力の差はわかっている。山形藩にいたっては、独自に庄内軍と連絡をとり、武力衝突の回避を交渉していたほどである。相手からの攻撃に対する防御ならまだしも、攻勢に出るなど、とんでもないことだった。

庄内軍の先鋒隊は最上川西岸に進出、川を挟んで小規模な撃ち合いが発生し始めた。状況は緊迫の度合いを深める。吉田大八は総督府に増援の派遣を懇願し、到着までのあいだ、開戦を引き延ばそうとした。しかし、総督府の先制攻撃の意志は堅い。閏四月二日、軍議が開かれ、明三日を期して最上川を渡り、庄内軍を攻撃することに決まった。

一方、庄内軍本営では意見が二分していた。主将酒井兵部は、寒河江・柴橋の占領で目的は十分果たされたとして、さらなる進撃は認めなかった。だが、主戦派はそれだけではおさまらず、天童攻略を主張した。吉田大八が、総督府の走狗となって奥羽に戦乱を引き起こしたと考える者が少なくなかったせいでもあった。三日、庄内軍本隊は主戦派の意見に押されるように進軍を開始する。最上川東岸の諸藩連合軍は、三日進撃の予定が五日に延期になった。思うように足並みが揃わないのである。寄せ集めの部隊にありがちな弱点が、やはり露呈してしまった。

閏四月四日払暁、庄内軍は濃霧のなか最上川を舟で遡り、敵前上陸を敢行した。各地で戦闘が始まった。進撃の延期が、前線の緊張をいささか緩ませていたかもしれない。深い霧も手伝って、庄内軍の接近に気づくのが遅れた。突然の銃撃に各陣屋兵はたちまち浮き足立ち、多くはそれぞれの陣屋の方向へ逃走してしまった。

主力となるべき山形藩兵は、混乱のうちに多数の死傷者を出して自領に後退した。天童藩兵も同様、庄内軍に追い立てられるように敗走した。統制は完全に失われ、戦線を立て直すことさえできず、最上川の防衛線はあっさり突破された。

勢いにのった庄内軍は、天童めざして進む。危急の報に、天童藩主織田信学《のぶみち》とその家族は陣屋を出て、仙台領に逃れた。住民たちも避難を始めた。庄内軍の進撃は速かった。天童藩の陣屋は平地にあり、手狭で防衛拠点には向かない。陣屋は包囲され、留守部隊は奮戦するが、庄内軍の乱入を許してしまった。庄内軍は陣屋と天童の町に火をかけた。前線で指揮をしていた吉田大八が天童に戻ろうとしたときには、すでに町には火の手が上がっていた。吉田はいったん天童を去らざるをえなかった。夜明けとともに始まった戦闘は、昼過ぎに終わった。天童の陣屋、寺院三宇、民家二百三十三戸が焼き尽くされた。

庄内軍は天童から北に転じ、副総督の滞陣する新庄を攻撃しようとした。そこへ鶴岡より使者が到着、藩主の意志を伝えた。天童攻略は行き過ぎであったとして、ただちに領内に帰還を厳命してきたのである。庄内軍は六十里越街道へ移動を開始した。天童陥落の知らせに、新庄の総督府軍は南下を決意した。庄内軍はすでに引き揚げを進めているので、その追撃をおこなうかたちになった。仙台から到着した増援の筑前藩兵に山形藩兵・天童藩兵を加えて天童に入った。

閏四月十一日、六十里越街道の本道寺において、総督府軍は庄内軍後衛と交戦した。この戦闘を最後に、庄内軍はひとまず出羽村山郡から撤退した。庄内軍の退去を見て、総督府軍も兵を引いた。同じ日、仙台藩と米沢藩が中心となって、仙台領白石において奥羽諸藩の重臣会議が開かれた。のちに奥羽越列藩同盟に発展し、奥羽の情勢は抗戦の方向へと一転する。これにより、奥羽鎮撫総督府の先導役を拝命していた天童藩が苦境に立たされることになった。ここに一つの悲劇が生まれる。

天童藩首脳部は先導役の免除を願い出て、吉田大八を閉居させた。二万石の小藩としては、大勢に従うしかなかった。庄内藩はふたたび村山郡に兵を進め、天童藩に吉田大八の引き渡しを要求した。奥羽を混迷させた張本人として、吉田の首に賞金までかけた。吉田は、新庄の副総督の元に身を寄せよという勧めを断り、潜伏を続けていた。奥羽の情勢は、彼の望んだ方向とはかけ離れていき、いまは主君の立場さえ危うくなっていた。

閏四月二十九日、吉田大八は意を決し、自訴して出た。身柄は庄内藩には引き渡さず、山形藩が預かることになった。五月、正式に成立した列藩同盟に、天童藩も参加した。吉田大八の存在が、同盟内に軋轢を生むかもしれないことを恐れて、六月十七日、山形藩は吉田を天童藩に移した。駕籠には網がかけられていたという目撃談が伝わる。さながら罪人の護送のようであった。

同盟の意を受けた天童藩は、吉田大八には主君より死を賜うことに決した。せめて彼の名誉だけは守ろうという配慮だった。藩の苦衷を察した吉田は、翌日、天童の観月庵（現・妙法寺）の一室で、従容として切腹した。吉田大八、享年三十七歳。介錯人を制して自ら頸動脈を切った。噴き出た血は天井に達したという。その天井は、いまも保存されている。

秋田藩、庄内藩境に出兵

秋田藩は、早い時期から新政府に目をつけられていたらしい。一月十六日に、岩倉具視より征討応援の内勅が出されている。

秋田は国学者平田篤胤の出身地である。篤胤没後は娘婿の銕胤《かねたね》が学派を率いていた。朝廷に縁故をもち、秋田藩士のなかには門人も多い。秋田藩は尊王思想のお膝元と思われたらしい。また秋田藩は、もともと常陸の豪族佐竹氏が、関ケ原の戦後に徳川家康によって移されて成立した外様藩である。徳川氏に対する怨恨が当然あるだろうという憶測がなされたようでもある。

そうはいうものの、秋田藩には中央政界での活動歴は少なく、積年の財政難をかかえているため、すぐさま積極的な行動に出るわけにはいかなかった。とりあえず周辺諸藩に使者を送り、新政府への協力を呼びかけることにした。諸藩の反応はあまりはかばかしくなかった。事なかれ主義の蔓延もさることながら、征討の根拠が希薄すぎ、新政府の行動に対して疑念が生じていた。いかに朝命といえども、無批判に受け入れることはできなかったのである。

奥羽鎮撫総督一行が仙台入りし、四月六日、秋田藩の表敬使節に庄内征討命令が下された。会津はさておき、庄内を討てとはどうしたものか、とまどう秋田藩使節に総督府参謀は、庄内藩への私怨をあらわにした。使節の報告を聞いて、秋田藩主佐竹義堯《よしたか》は重役会議を開いた。協議の結果、ひとまず兵を庄内藩境まで出し、同時に庄内藩の問罪を総督府に要請することに決した。できるかぎり戦わずして事を収めたいのが本音である。

第一陣の六百余名が久保田（現・秋田市）城下を出発したのは四月十六日、総督府に使者を送り出したのが翌十七日である。ところが十八日、入れ違いに副総督からの使者が久保田に到着した。副総督の庄内征討進発にあわせ、秋田藩に出兵をうながすためである。

副総督の使者は、三日以内に進攻せよと厳命した。副総督率いる庄内征討部隊が、新庄に向かって進軍している。新庄を拠点にして、東から庄内領に攻め込む計画である。秋田藩には、時を同じくして北から攻勢をかけるように要求してきたのである。応対に出た執政戸村十太夫は、藩の事情を説明して婉曲に征討の延期を求めた。庄内藩の問罪がなされないうちは、兵は動かさないつもりでいる。問罪の結果、庄内藩が帰順すれば、事態は平和裏に解決するのである。

秋田藩の期待に反して、四月二十四日、庄内領清川でついに戦端が開かれた。問罪要請のために何度も重ねて派遣した使者は、皆むなしく帰藩した。これ以上の交渉は無理とみて、藩主義堯は、城下に待機させていた第二陣、第三陣に出動命令を出した。

閏四月七日、秋田藩は庄内藩に戦書を送った。その内容は、「出兵するつもりはなかったのだが、朝命であり、再三督促されたので、やむをえず貴藩に進攻する」という、弁解めいたものだった。庄内藩からは、十三日に返書が届いた。「貴藩の事情はわかったが、弊藩の罪状が不明のまま進攻されるとあらば、武門の習い、弓矢をもって相まみえよう」。決然たる態度であった。

宣戦布告はしたが、秋田藩はなおも動かない。このころ、仙台領白石において奥羽諸藩の重臣会議が開かれ、秋田藩からは戸村十太夫が参加している。会津藩救解が目的であるが、もし成功すれば、庄内藩も助かる可能性が出てくる。その結果に望みをつないでいた。しかし、新庄の副総督から次々に督促状が送られてくる。閏四月十八日、ついに進軍に踏み切った。このとき白石では、会津および庄内征討の兵をすべて引き揚げる決議をしている。総督府の支配から脱するという意思表示であった。だが、この知らせは秋田の前線にはまだ届かない。

さて、出羽の秋田藩領と庄内藩領のあいだには、海岸線に沿って亀田藩、本荘藩、仁賀保領、矢島領が並ぶ。亀田藩と本荘藩はそれぞれ二万石の小藩、仁賀保領と矢島領は旗本領である。総督府はこれらにも出兵を命じているが、今回、本荘藩と矢島領の兵が秋田藩兵と行動をともにすることになった。秋田藩兵の装備は、おおむね古色蒼然たるものであった。甲冑を身につけた者もあり、刀槍が主で和銃が少々、大砲といえば木製のものも混じっていたといわれる。戦国のころにタイムスリップしたような古めかしさである。

庄内征討部隊は、六隊に分かれて進撃する作戦をとり、十九日夜半から移動を開始した。庄内藩領と矢島領の境には、標高二千二百三十七メートルの鳥海山と、それに連なる山々が屏風のようにそびえている。この天険を越えて進撃するのであるから、事前の検討、準備にはもっと慎重を期すべきであった。各隊は打ち合わせどおり、庄内藩境に進んだ。ところが、地理に不案内で、道に迷うトラブルが続出した。合流地点に達することができない隊が出て、要所に進出しながら兵を戻してしまった。

さらに不幸な事件が起こった。同士討ちである。道を誤って味方と接触したのだが、夜間のため、それとわからなかったのである。混乱しながらも、合い言葉を発して相手を確かめようとした。先頭を進んでいた中山隆吉は、味方と知って合い言葉を返そうとした。だが、彼には平素より発音に障害があった。急いで返事をしなければとあせるほどに、言葉にならない。すっかり敵と思い込んだ寺内郡司は、槍を繰り出し中山を力いっぱい突いた。ようやく同士討ちと気づいたときには、中山は絶命していた。秋田藩のはじめての犠牲者であった。一方の庄内藩は、北方藩境にあらかじめ守備隊を配置し、陣地を構築していた。

庄内征討作戦は、当初の予定からだいぶはずれてしまっていた。征討部隊は二十日朝から各地で戦闘を開始したが、庄内軍の反撃にあい、たちまち苦戦に陥る。地形の不利や補給の不十分も加わって、もと来た道を退却してしまった。最初の戦闘がひとまず落ち着いた閏四月二十三日、庄内軍は藩境を越え、攻勢に転じた。急襲を受けた征討部隊は防戦につとめるが、やがて甲冑・食糧・兵器弾薬の類までも大量に遺棄して敗走した。

この日、寺内郡司が戦死した。槍をふるって敵中に飛び込んでいったという。覚悟のうえの壮絶な最期だった。翌二十四日、前線に休戦命令が達し、庄内征討部隊は撤収、庄内軍も兵を引いて、戦闘は終了した。五月、奥羽列藩同盟が正式に成立し、秋田藩はじめ、本荘藩、矢島領も参加した。しばらくのあいだ、出羽方面では戦火は鎮まることになる。

以上の戦いを、秋田側では「春の御陣」と呼ぶ。発端から終結まで、理不尽さと後味の悪さを感じさせる戦いであった。

列藩同盟成立、三卿奥羽を彷徨

閏四月二十九日、沢副総督一行は新庄を退去した。出羽村山郡には仙台藩、米沢藩等の兵が入り込んでいるため、羽州街道を北に逃れるよりほかになかった。

奥羽鎮撫総督一行が仙台入りし、会津藩、次いで庄内藩の征討を命じて以来、仙台藩と米沢藩が中心となって和平工作が進められてきた。仙米両藩は会津藩境まで出兵して、総督府の命令に従う様子をみせると同時に、その軍事力を示して会津藩と総督府の両方に圧力をかけ、会津藩の帰順、それに対する総督府の認可を勝ち取るという策をとっていた。兵は出すが、本気で武力を行使しようとするわけではない。また、繰り返し陳情をおこない、寛典の嘆願書を総督府に提出したが、それらはことごとく退けられた。

閏四月十一日、仙米両藩の主唱で、奥羽諸藩の重臣が仙台領白石に参集、会議が開かれた。どの藩も戦いを望んではいない。奥羽の諸藩が揃って和平を請願しようという決議がなされ、連名の嘆願書を提出することになった。この嘆願書は、はじめて直接に九条総督の手に渡った。だが、結果的にこれもまた却下された。それどころか、なおもたたみかけるように武力討伐を厳命された。

公家の九条道孝・沢為量・醍醐忠敬の三卿には、地位こそあれ、総督府の実権を握るのは世良修蔵・大山格之助の二人の参謀である。世良と大山が討伐を強要し、嘆願の聴許を妨げているとして、二人に対する怨嗟の声はとみに高まった。三卿と、世良と大山および薩長兵を分離し、後者を奥羽から排除しようという意見があらわれた。白石では、会庄両藩征討の兵を解散することに決め、閏四月十九日、総督府にその旨を届け出た。事実上の総督府の支配からの離脱であり、朝廷と直接交渉しようという方針の転換を示すものであった。

同日、世良から大山に宛てた密書が仙台藩の手に落ちた。そこに書かれた「奥羽皆敵」の文字に、激怒した仙台藩隊長瀬上主膳は世良を捕縛し、翌二十日、斬首した。総督府参謀である世良の処刑は、奥羽がその主体性を発揮し、新政府との全面対決をも含む態度を表明するものである。もはや後戻りはできない。白石の会議は平和解決のための協議機関から、一転して政治的、軍事的な諸藩連合へと変貌を遂げる。

五月、奥羽二十五藩による同盟が正式に成立した。のち越後六藩を加え、奥羽越列藩同盟と呼ばれる大同盟である。

さて、羽州街道を北進する沢副総督一行は、すんなり秋田藩領に入ることができた。久保田城下に達し、藩主と会見したが、期待に反して滞留は慇懃に断られた。やむなく津軽藩領へ行こうと、さらに北上して大館に着くが、津軽藩が藩境の峠を封鎖しているのを知り、五月二十七日、方向を転じて能代に向かった。このころになると一行は、長旅のため副総督、随行兵ともに相当に疲労していた。

能代は港町で、情報が入りやすく、いざとなれば船で脱出することもできる。ここで一行は、地元の富裕な商人や国学者のグループから、思いがけなく手厚いもてなしを受けた。加えて、秋田藩の有志から忠誠を誓う血誓書が届けられて、副総督一行はようやく安堵する。

一方、世良を失った九条総督と醍醐参謀は、仙台藩の厳重な監視下におかれることになった。外部と連絡すら満足にとれない。総督府は孤立し、機能は完全に停止した。沢副総督が秋田藩領に入ったと同じころ、あらたに参謀に任命された前山清一郎（佐賀藩）が、佐賀・小倉両藩兵を率いて、海路仙台に到着した。大総督府が差し向けた増援部隊である。前山は、二卿を取り返して仙台を脱出する策を講じた。そして、沢副総督と合流して帰京し、奥羽の事情を朝廷に報告するという理由を持ち出して、仙台藩首脳の説得に成功した。五月十八日、前山は二卿を擁して仙台を出発、南部藩領へ向かった。

九条総督の一行は、盛岡城下できわめて丁重に扱われたが、それはあくまで彼らの身分に対する儀礼である。一行を領内に入れたことで、同盟諸藩の目が注がれる。南部藩にとっては、ありがたくない客であった。

六月に入って、前山は秋田藩と受け入れの交渉をおこない、総督府の転陣を認めさせた。六月十三日、九条総督一行は盛岡を出発、七月一日、久保田に着いて藩校明徳館を本陣とした。能代にいた沢副総督も連絡を受けて移動を開始し、同じ日に久保田に到着した。三卿は、ほぼ三カ月半ぶりに合流した。涙ながらに再会を喜び合ったというから、三人の公卿たちにとっては、よほどつらく不安な旅であったのであろう。以後、総督府は久保田を策源地とし、秋田藩を動かして巻き返しを図ることとなる。

秋田藩、列藩同盟を離脱

三卿を迎えた秋田藩は、俄然、同盟諸藩の注目をあびることになった。三卿が合流した七月一日、仙台藩士志茂又左衛門を正使とする使節団もまた、久保田に到着した。秋田藩に、同盟に対する真意のほどを問うためである。

志茂は、三卿の引き渡しと薩長兵の排除を要求した。彼の背後には、同盟軍の仙台藩、米沢藩などの兵が新庄まで進出してきていた。秋田藩の返答次第では、開戦も辞さない構えである。兵力といえば、久保田城下には、もともとの総督府の随行兵に、前山参謀の引率してきた増援部隊、海路秋田に着いた佐賀藩隊を加えた約千五百名が集結することになった。かなりまとまった兵力といえる。総督府は、ふたたび強気の姿勢をみせて、さっそく秋田藩に庄内征討を命じた。

秋田藩は、これら二大勢力の圧迫を受けることになった。総督府を迎え入れたとはいっても、藩論はいまだ大きく揺らいでいた。藩主の側近には、同盟擁護の傾向が強かった。七月一日より二日にかけて、徹夜の重臣会議が開かれたが、藩の方針は定まらなかった。藩主佐竹義堯の意志は総督府支持であったが、即時出兵か、穏便に外交折衝で切り抜けるかで大いにもめた。評定奉行鈴木吉左衛門は、会議の紛糾を思いつめるあまり、自刃して果てたと伝わる。三日も会議が続く。総督府支持派と同盟擁護派の意見は平行線をたどり、双方の溝はいっこうに埋まらなかった。

総督府は焦っていた。藩論が決まらないかぎり、秋田藩は動かない。手持ちの兵力では、秋田藩一藩を威圧することはできても、同盟全体を相手にするにはとても足りない。同盟側も兵を出し、使節をよこして圧力をかけてきているいま、秋田藩が同盟擁護に回ったなら、いよいよ奥羽に居場所がなくなってしまうのである。総督府は、支持派の藩士らと接触、厳しい態度で奮起を求めた。

秋田藩内には、西洋砲術を学び、平田国学の影響を受けた若手藩士グループが存在した。さきに能代において、沢為量副総督に血誓書を呈したのも彼ら有志である。また、遊撃隊という戦闘部隊を結成して、春に庄内藩境で交戦した経験をもつ者も少なくない。彼らは重臣たちの優柔不断さに業を煮やし、庄内征討の先鋒を願い出て、三日夜、執政のひとり小野岡右衛門の元へ押しかけ、藩主への取り次ぎを迫った。

小野岡は彼らの熱意に押されて深夜登城、藩主を起こして決断をうながし、ついに出兵を許す文書を得た。翌四日朝、藩主佐竹義堯は、総督府に庄内征討の先鋒を申し出て、秋田藩の進路はここに決定した。

そのころ、若手藩士の一派には、血気にはやって、同盟擁護派の重臣を襲殺し、一気に藩論を決定づけようという不穏な計画が練られていた。それを聞いた総督府は内密に、仙台藩の使節を襲うように計画の変更を指示した。追いつめられた総督府にとっては逆転のチャンスであった。重臣を殺せば、かえって藩内に混乱を招く可能性のほうが大きい。総督府としては、秋田藩が一つにまとまって、速やかに従ってくれなければ困る。ここで仙台藩の使節を殺せば、それは事実上の宣戦布告となり、秋田藩は同盟諸藩を敵に回して、藩をあげて戦わざるをえなくなる。

戦力的にも、遊撃隊は士気こそ高いが人数が少なく、だいいち不正規兵である。藩の正規兵が総動員されてはじめて戦えるというものであり、そのうえ、周辺諸藩に与える影響が増す。秋田藩に続いて同盟から離脱する藩も出るであろう。何より即時開戦が総督府の望むところであった。だが、使節殺害は、たとえ戦時であっても道義に反するというのが常識である。さすがの過激な一派も、これには躊躇した。総督府は、「仙台藩使節は使者ではなく刺客である」と決めつけるなど、強引に彼らを説得し、襲殺へと向かわせた。

七月四日夜、秋田藩の有志およそ二十名が仙台藩の使節の旅宿を襲撃した。翌日にかけて、正使志茂又左衛門以下、副使、従者六人が斬殺され、五人が捕らえられ、志茂らの首は城下に晒された。ほかに、南部藩士が一人誤認されて斬られた。また、使節団の一員に新庄藩士がいたが、危害は加えられなかった。

惨劇はさらに続く。六日、志茂又左衛門の弟丁吉と従者が、兄に会いに来たところを捕縛されたのである。丁吉は志茂の家庭の用事を伝えに来ただけで、政治的な使者ではなかった。それにもかかわらず、さきの五人とともに処刑された。

秋田藩の同盟離脱のあとを受けて、近隣の亀田藩・本荘藩・矢島領も脱退を決めた。世良参謀殺害というテロリズムによって、成立を推進された奥羽越列藩同盟は、仙台藩使節襲殺という、やはりテロリズムによって崩壊した。

山道口総督府軍、新庄に進撃

奥羽越列藩同盟を脱退した秋田藩は、総督府軍と合流して兵を海道口と山道口の二手に分け、進撃を開始した。海道口は春の出兵のときと同じで、現在の国道七号線、山道口は国道一三号線沿いと考えるとわかりやすい。

秋田藩の反盟で、もっとも厳しい立場に立たされたのが新庄藩である。新庄藩は、その地理的条件から、副総督一行をはじめとして庄内藩など諸藩兵の進駐を受けた。同盟に参加を迫られたときは、周囲を囲まれた小藩ゆえに断れないことを副総督に言いわけし、副総督を去らせたことを同盟に責められたときは、秋田に行くとは聞いていなかったと弁解している。庄内藩の後背地にあたる新庄藩は、状況によってはいつ戦場になってもおかしくない。新庄藩は、領地を保つため、いわば外交の綱渡りをしてきたのである。六万八千石の小藩のこととて力足らず、目の前の問題に対処するだけで精一杯であった。

清川の戦闘以来、危機意識のいよいよ高まった新庄藩は、兵制を実戦向きに編成し直し、庄内藩に謝罪して洋式銃購入の仲介を依頼、入手に成功した。秋田藩牽制のために仙台・米沢・山形・上山の諸藩兵が進駐してくると、新庄藩も動員を余儀なくされた。秋田藩反盟・総督府軍接近の情報に、新庄藩は動揺した。領地は間違いなく戦場になる。問題は、総督府軍と同盟軍のどちらにつくかであった。

新庄藩は、ひそかに総督府軍と接触した。総督府軍の進攻直前のことである。呼び出されたとも、すすんで本陣に出頭したともいわれる。新庄藩主戸沢正実の生母は、薩摩藩主島津重豪の娘という縁があり、藩主の内心では母の実家と戦いたくない気持ちがはたらいたかもしれない。総督府軍としても、新庄藩の去就が気がかりであったであろう。スムーズな新庄確保が、庄内征討の鍵となるからである。仙台藩の使節を襲った際、新庄藩士を逃がしたのも、深慮あってのことと思われる。ともかくも、新庄藩は開戦を目前にして、その向背を決定した。

七月十日、総督府軍は秋田領横堀より三手に分かれ、進軍を開始した。十一日未明には、各地で戦端が開かれた。総督府軍は、旧式装備の秋田藩兵をはるか後方におき、薩摩・長州・佐賀・小倉の各藩隊の精鋭部隊を先行させた。すでに新庄藩の前線各隊には、総督府軍に協力するよう指示がゆきわたっていた。

総督府軍の進撃はスピーディーだった。同盟軍は不意を突かれたかたちとなって、敗走する部隊が相次いだ。総督府軍は装備が優秀なうえ、訓練がよくできていた。新庄藩兵が持ち場を離れ、また総督府軍と一緒になって反対に攻撃してきたことが、混乱に拍車をかけた。

仙台藩隊長梁川播磨と、監察五十嵐岱助は乱戦のなか、討ち死にした。白刃をふるって戦ったが、もはやこれまでとたがいに刺し違えたとも伝えられる。二人の首はのちに秋田に送られ、志茂又左衛門らと同じ場所に梟首された。上山藩隊では、指揮官山村求馬が戦死した。山村の従者は主人の首を切り取って陣羽織に包み、戦場を離れたが、上山に帰って主家に首を渡すまで、山中を迂回するなど非常な苦労をしなければならなかった。

同盟軍の諸藩隊は、ほとんどバラバラの状態で潰走した。あとには火器・弾薬・食糧・軍旗にいたるまで、大量に遺棄されていた。新庄城では、藩主の戸沢正実が戦況報告を待っていた。前線から戻った隊長が登城し、総督府軍に対しては発砲しなかった旨を述べたところ、正実は「それはよかった」と言った。

この日一日の戦闘で、同盟軍の損害は、判明しているだけで仙台藩が戦死者三十七名、負傷者九名と壊滅的打撃を受け、山形藩が戦死者三名、負傷者三名、上山藩は戦死者一名を出した。対する総督府軍側は薩摩藩が戦死者一名、長州藩が戦死者一名、負傷者二名、小倉藩が戦死者一名、負傷者四名である。総督府軍の完勝であった。

同盟軍の反攻——新庄城開城

緒戦を圧勝して勢いにのる総督府軍は、七月十二日、新庄に入った。一方、庄内藩の一番・二番大隊が新庄に接近していた。この部隊は、同盟の要請により白河口へ応援に向かう途中であったが、総督府軍の新庄領進攻を知って急きょ兵を返したのである。十二日の午後には、酒井吉之丞率いる二番大隊が新庄の南、舟形に到着した。

庄内軍の動きを察知した総督府軍は、先んじて攻撃をかけるべく、十三日早朝から南下を始めた。先鋒には新庄藩兵が命じられた。新庄藩の真意と実力を確かめるためらしい。後続の薩摩・長州藩兵などの行軍は、新庄藩隊からだいぶ遅れていた。

羽州街道を進んだ新庄藩隊は、舟形の北を流れる小国川に達し、対岸に庄内軍を認めると発砲を開始した。庄内軍も応射する。新庄藩隊を十分引きつけたところで、庄内軍の右翼の一隊が小国川の上流を渡り、新庄藩陣地の背後の山地に回った。思いがけない方向からの敵の出現に新庄藩隊は算を乱し、その後方にいた薩摩藩隊は、味方が来たと思い旗をふって合図を送ったが、かえってきたのは激しい銃撃だった。庄内軍は、山上から街道にいる総督府軍を撃ち下ろし、総督府軍は浮き足立った。

小国川対岸の庄内軍を指揮する酒井吉之丞は、頃合いをみて全軍に渡河攻撃を命じた。これが決定

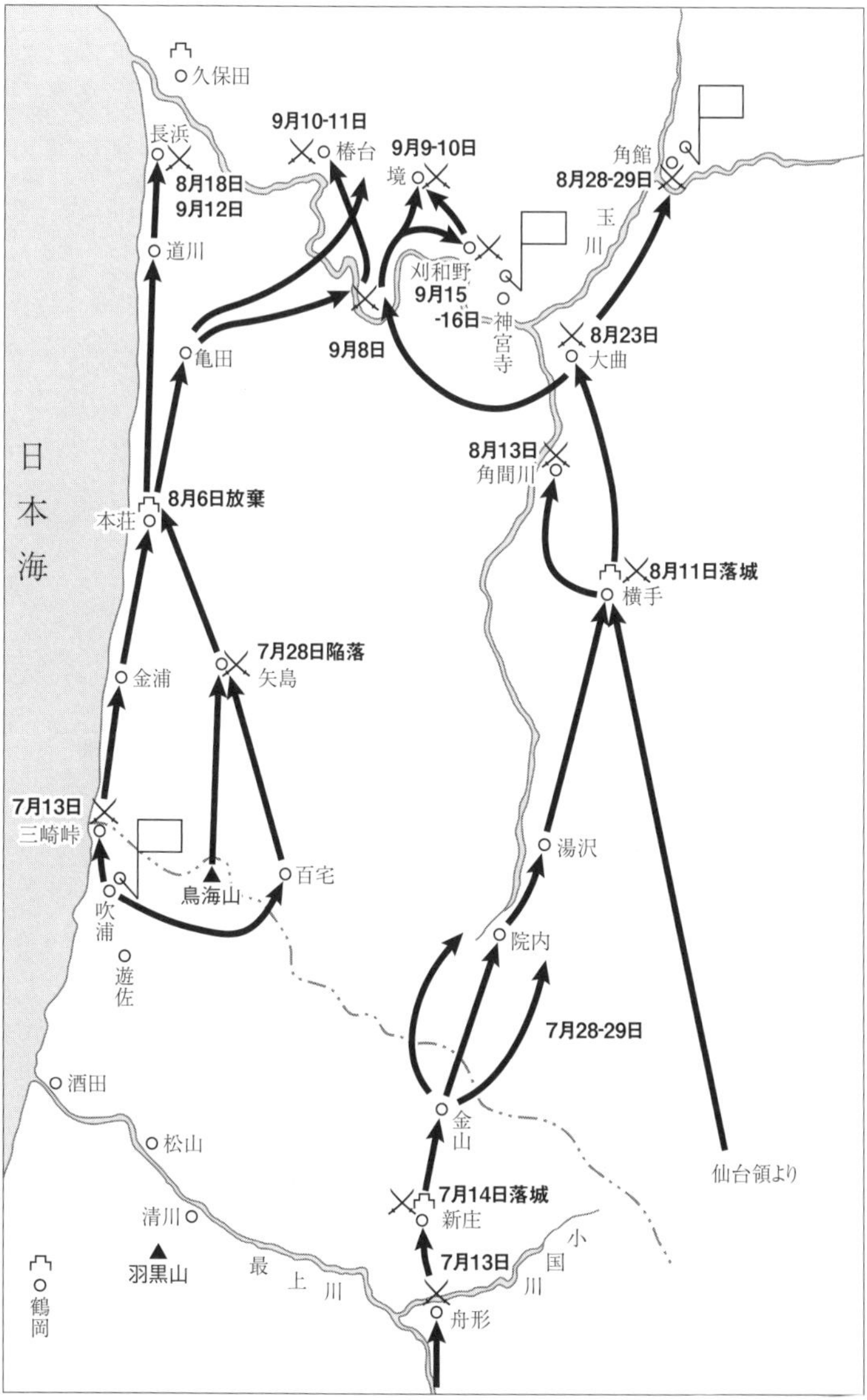

図13　同盟軍進行略図（7月～9月）

的な打撃となり、総督府軍は総退却し、新庄手前の鳥越まで引いて陣地を構え、庄内軍を迎え撃つこととした。庄内軍は、ほかの同盟諸藩兵とはあきらかに一線を画していた。春以来の実戦経験があり、装備が格段にすぐれていた。優秀な装備の背景には、酒田の豪商地主、本間家の莫大な資金援助があったのだが、それにもまして士気が高かった。

この日の夕方、庄内軍の一番大隊が舟形に合流、総督府軍に立ち直る暇《いとま》を与えず新庄を攻略することに決した。翌十四日朝、羽州街道を北上した庄内軍一番大隊は、鳥越で総督府軍の反撃を受けた。一番大隊は応戦するが死傷者が続出、やむなく後退した。この間に、二番大隊は新庄の南西に回った。この方面は新庄藩兵が防御していたが、難なく敗走させた。付近の集落を焼き払いつつ前進する。

総督府軍は佐賀および小倉藩隊を移動させ、防戦にあたらせた。白兵戦が展開され、敵味方が随所に入り乱れての激戦となった。新庄藩兵が佐賀藩隊を攻撃するという事件も起こり、裏切りかといわれて、のちに物議をかもした。一説によると、新庄藩士のなかに総督府軍に与するをよしとしない一派がいたためといわれるが、混乱状態での誤射だったとしても不思議ではないほどの乱戦であった。

城に危険が迫り、新庄藩兵は懸命に抵抗した。庄内軍小隊長服部正蔵は、身を潜めていた新庄藩兵に胸を撃たれて戦死した。薩摩藩隊が猛攻を加えてきたこととあわせて、庄内軍に動揺が起こった。庄内軍二番大隊長酒井吉之丞は、抜刀して前線兵士を叱咤激励した。庄内軍は総督府軍の防御を破って城下に突入、町の各所に放火した。新庄藩主戸沢正実は、城の外へ出馬していた。新庄城は小規模な平城で、籠城戦には向いていない。城を決戦場にすることは無謀にひとしかった。

総督府軍はほとんどが退却し、城下は炎上しつつあった。正実の身辺にまで敵弾が飛来するにおよんで、退去もやむなしと決断し、北をさして逃れていった。城に達した庄内軍は、「開城」と書かれた札を目にした。城内にはわずかな新庄藩兵が残っていたが、その一人、林順太郎は庄内藩兵の撃った弾丸にあたり、刀を抜いて自らの喉を突くと、堀に飛び込んで死んだ。

本丸には人の気配はなく、武器や弾薬類が残されたままになっていた。建物のなかには、食器、衣類等が散らばっていた。慌ただしく城を捨てていった様子がうかがえる。奥殿の式台には一人の老人が切腹、すでに絶命していた。奥番人尾形与左衛門、八十一歳である。その姿は作法にかなっていささかの乱れもなく、庄内軍の人々に感銘を与えた。

新庄の陥落は午後遅くである。総督府軍は秋田方面へ敗走、新庄藩主と一族は、敵襲を恐れて明かりすらひかえ、深夜、藩境の峠を越えた。藩士の家族は縁故をたどって近在の農家に身を寄せるか、あるいは藩主のあとを追って秋田領に立ち退いていった。逃れた新庄藩兵は、以後も総督府軍の一員として秋田領内を転戦することになる。

新庄の町は戦火で大部分を焼失、住まいと財産をなくした住民たちは苦しい生活を送らなければならなかった。

海道口総督府軍、三崎峠に敗北

秋田市から国道七号線を南下すると、西側、ところどころで松林越しに日本海が見える。この方面については、海道口と呼ぶこととする。

七月六日、佐賀・筑前藩兵と秋田藩の精鋭部隊がまず進発した。荒川久太郎率いる遊撃隊と、佐藤日向を隊長とする有志隊の二百名余である。隊名の示すとおり、幕末維新期に数多くあらわれた諸隊の一種である。もともと正規兵でない彼らが先鋒となるのは、ひとえに士気が高く、装備・訓練の洋式化が比較的進んでいるからである。

正規兵のほうは、春の戦いが教訓となったとみえて、さすがに甲冑はやめ、地味で動きやすい身なりになった。しかし、装備は春のころとほとんど変化がない。秋田藩が洋式銃と弾薬を入手できたのは、ずっとあとのことである。要するに、西南諸藩兵の足をさほど引っぱらないのは遊撃隊・有志隊だけだった。秋田藩は、彼らを先頭に立てることでかろうじて面目を保った。

七日、海道口の総督府軍は、亀田領に入った。実質的な指揮官は、監軍山本登雲介・同上田雄一（ともに長州藩）である。両名は、いきなり「亀田藩は総督府に敵対行動をとっている」と決めつけた。驚いた亀田藩は総督府軍本陣に出頭し、そのような事実はないことを説明したが、そこで先鋒出兵を命じられた。「嫌疑は戦場で晴らせ」という意味である。亀田藩は一中隊をさし出したが、これまで、藩主を上洛させたうえ新庄まで兵を送るなど、総督府の意向には協力的だっただけに、両監軍の高圧的な態度に強い不快感をもった。総督府軍はこのほかに本荘藩兵を加え、矢島領・仁賀保領にも兵を出させた。

七月十日、本荘に集結した総督府軍は軍議を開き、一隊を海岸沿いの街道を三崎峠へ、二手に分けた部隊を鳥海山中腹の観音森占領に向かわせることに決した。翌日より移動を開始、十三日夜明けとともに攻撃に移る計画である。三崎峠は鳥海山の噴火による熔岩流が日本海に流れ込んだところで、岩肌も荒々しい難路である。また、観音森は鳥海山の西側に位置し、三崎峠方面を俯瞰できる高地である。この藩境の要衝に、庄内藩は警戒の兵を配備していた。

七月十三日早朝、亀田藩兵を先鋒とする総督府軍が、街道を三崎峠へと進んだ。途中、小砂川で庄内軍の守備隊を発見、銃撃戦が始まった。佐賀藩の大砲隊が側面から砲撃を加えたので、庄内軍は兵を下げ、地形的に守りやすい三崎峠まで後退した。総督府軍の追撃は遅く、庄内軍は増援を受けることができた。やがて日没となり、総督府軍は小砂川に兵を帰した。観音森へ向かった総督府軍の二隊は、少数の庄内軍監視兵と遭遇しただけで、占領に成功した。

翌十四日、総督府軍はふたたび攻撃に出たが、三崎峠の守備は固く、戦果なしで小砂川に退いた。観音森では小競り合いがあったのみで、滞陣を続けた。十五日はほとんど戦闘はなく、両軍はそのまま対峙した。

十六日払暁、総督府軍は遊撃隊・有志隊・佐賀藩一小隊を間道を行かせ、三崎峠を迂回して背後の女鹿を襲わせた。三崎峠に拠る庄内軍を孤立させ、前後から攻撃する作戦である。女鹿付近の庄内軍守備隊は、不意を突かれて敗走した。総督府軍は女鹿を焼き、さらに南へ進出したが、庄内軍が態勢を立て直して防戦につとめたため、総督府軍の進撃は頓挫してしまった。

街道を三崎峠へ向かった総督府軍は、庄内軍の激しい抵抗にあった。峠の東側に佐賀藩隊を回し、また、女鹿から反転した佐賀藩一小隊をもって包囲攻撃をおこなったが、なお、三崎峠を抜くことはできなかった。総督府監軍山本登雲介は、たまりかねて全軍に小砂川へ退却を命じた。観音森占領部隊も、せっかくの要地を捨てて後退した。作戦はまったく無駄に終わった。

十六日の総督府軍の戦死者に、有志隊の豊間源之進がいた。彼は熱烈な勤王家で、沢副総督へ提出した血誓書に名を連ね、仙台藩使節襲殺にも参加した男である。この日も率先して戦っていたが、銃弾に倒れ、止めを刺そうとした庄内藩兵を制して自刃した。彼の墓は、激戦地三崎峠にひっそりと建っている。

新徴組、鳥海山を越え矢島を奇襲

七月二十日、庄内藩主酒井忠篤《ただずみ》が、海道口の戦況視察と督励にやって来た。藩主を迎えた会議で、庄内軍の海道口反攻計画が決定された。海道口は、久保田・鶴岡間の最短ルートである。いかに鳥海山という天険があるとはいえ、今回の総督府軍の進攻に危険性を再認識した庄内藩は、三番大隊・四番大隊の編成をおこない、作戦担当地域を区分した。

三番大隊を率いるのは酒井兵部、天童攻略にも参加し、実戦経験がある。この大隊は街道を北上して攻勢に出ることになった。水野藤弥を隊長とする四番大隊は、総督府軍の防備が割合に手薄とみられる鳥海山東側から矢島領を襲い、街道を進む三番大隊を掩護する計画である。この大隊には、新徴組と新整組が配属されている。ともに江戸市中取り締まりの任にあたった精強な浪士集団で、庄内藩と一緒に江戸から引き揚げてきていた。四番大隊は、三番大隊に先立って行動を起こすことになった。

矢島には、旧幕府交代寄合生駒親敬が陣屋をおいている。やや内陸に位置し、場合によっては山道口と海道口を結ぶ補給基地となりえた。四番大隊は兵を二手に分けて、矢島攻略に向かうこととした。庄内領升田から鳥海山の東側の鍋倉峠を越え、百宅を過ぎて矢島へ通じる本道には、総督府軍も防備を厳重にしているが、鳥海山の山頂から下る山道ならば、それほど警戒していないと考えられたためである。本道に総督府軍を引きつけ、その間に山道を進んだ支隊が矢島を急襲する作戦である。

しかし、鳥海山は標高二千メートル以上、過去に何度も噴火を繰り返した火山だけあって、非常に峻険である。七月といえども太陽暦では九月の中旬にあたり、高地では冷気が増す。悪路で大量の補給物資を送ることが難しいため、食糧、弾薬は各自が持っていけるだけの量で作戦を遂行しなければならない。行軍は困難が予想された。この厳しい任務に、新徴組三小隊が選ばれた。

七月二十七日、四番大隊の主力は進軍を開始、この日は鍋倉峠で露営した。一方、新徴組は細い山道をたどって鳥海山山頂の大物忌《おおものいみ》神社に到達した。急な坂と深い藪が彼らを悩ませた。そのうえ寒風が吹きさらし、霧雨も降ってきて、行軍はかなりつらいものになった。

夜、ふもとの矢島領の村々では、鳥海山を不安げに見上げていた。山頂付近に赤いものがちらついている。鳥海山が噴火したのではないかと思ったのである。実は、新徴組が暖をとるために焚いた火だったわけだが、元来は信仰、畏敬の対象である鳥海山の山頂を、兵が越えてくるとは誰ひとり想像もしていなかった。

翌二十八日払暁、新徴組は山道を下り始めた。途中、少数の総督府軍の守備兵に遭遇したが、守備兵は驚いて逃げ去るばかりで、ほとんど抵抗は受けなかった。新徴組は、逃げる総督府兵を追いかけて矢島に接近、攻撃を開始した。総督府軍は大部分が百宅方面、あるいは三崎峠の応援に出払っていて、矢島には秋田藩兵と矢島領兵がいくらか残っているのみだった。矢島領兵は新徴組の予期せぬ攻撃にうろたえたが、陣屋を守るため果敢に戦った。だが、新徴組は戦闘に慣れており、白兵戦におよんでは無類の強さを誇った。

秋田藩兵は早々に蹴散らされ、矢島の町は進入した新徴組によって火を放たれて、各所で炎上し始めた。領主生駒親敬は陣屋を自焼し、残兵をまとめて一族とともに立ち退いていった。

庄内軍四番大隊の主力は、同じく二十八日払暁、鍋倉峠を出発、百宅へ向かった。予想外に地形が悪く時間がかかったが、総督府軍の監視兵を追い立てながら進撃した。この方面には総督府軍が防御の兵をおいていて、頑強に抗戦した。庄内軍は新整組を総督府軍陣地の側面に展開し、激しい銃撃を加えた。総督府軍はたまらず陣地を捨てて後退した。庄内軍は追撃しながら北上、鳥海山越えの支隊に合図するため、百宅の民家を一軒焼いた。さらに進んだところ、矢島の方向に火の手が見え、奇襲の成功を知った。

矢島の陥落により、総督府軍は重要拠点の喪失という失態をさらし、庄内軍はその作戦能力の高さを見せつけることになった。

海道口総督府軍、本荘を放棄——亀田藩の離反

三崎峠を攻略できず、そのうえ矢島を失った総督府軍の動きは、急に慎重になった。前線の将兵はよく戦っているのだが、肝心の総督府軍上層部が消極的なのである。

八月一日、庄内軍三番大隊はかねての計画にしたがって、街道を北上、中野沢とその北東の小滝において総督府軍と戦闘状態に入った。総督府軍の構築陣地は堅固で、増援の佐賀藩兵の新式後装銃が威力を発揮して、庄内軍は攻めあぐねた。一時は総督府軍が攻勢に転じるかと思われたが、どうしたわけか、戦闘を中止して金浦まで撤退してしまった。庄内軍のほうは余力がなかったらしく、追撃はしなかった。金浦に退いた総督府軍は、翌二日には本荘に後退した。金浦と本荘のあいだには、生駒氏の分家ならびに旧幕府旗本の仁賀保氏の陣屋が存在したが、これらには執着することなく放棄した。

矢島を占領した庄内軍四番大隊は、補給が続かないため、なかなか動けずにいた。当初の計画にあった三番大隊との連携が十分にできない状態となり、庄内軍の行動はやや停滞気味になっていた。一方、総督府軍には強力な増援部隊が派遣されてきた。七月二十八日、海路、久保田にやってきた佐賀藩隊のうち、約二百名が四日夕方、本荘に到着したのである。気をよくした総督府軍は、翌日さっそく、反攻に出ることとした。

八月五日早朝より、総督府軍は南下を開始した。芹田・三森付近において庄内軍の先遣部隊と遭遇、白雪川を挟んで激しい戦闘となった。新着の佐賀藩隊は七連発銃を装備し、かつその砲も格段に優秀であった。庄内軍は大いに脅威を感じ、一時退却を余儀なくされた。しかし、庄内軍に支藩出羽松山藩隊ほかの応援が加わり、勢いを盛り返すようになった。やがて日没が迫り、総督府軍は攻撃をあきらめて、本荘に引き揚げた。

また、本荘の南東、矢島寄りの吉沢周辺においても激戦が展開された。遊撃隊・有志隊など秋田藩の主力部隊が投入され、先鋒には弘前藩二小隊が命じられた。弘前藩は、秋田藩のあとに続いて奥羽越列藩同盟を離脱、兵を差し出してきたのであった。総督府は、あらたに傘下に入った藩の忠誠を確かめるため、先鋒をさせてみるという手をしばしば使った。

銃撃戦は日没まで続き、総督府軍は刀槍の名手を選抜した突撃隊を庄内軍陣地に向け、斬り込みをかけさせた。驚いた庄内軍はいったん兵を下げ、付近の民家に火をつけると、炎に照らされる突撃隊を銃撃した。彼我に死傷者が続出し、総督府軍は戦闘をやめて後退した。庄内軍の三番大隊と四番大隊とのあいだが離れていたこの時期、総督府軍にとっては形勢挽回のチャンスであったといえるが、結局、今一歩で戦果をあげるにはいたらなかった。この戦闘で弘前藩は隊長を失い、撤収してしまった。

この日の夜、総督府軍は全軍の本荘撤退を決定した。理由は、亀田藩の離反である。本荘の後方にあたる亀田藩の動きによっては、前後に敵を受けることになるからである。亀田藩は八月四日、矢島の庄内軍陣営に使者を送り、恭順の意向を伝えていた。亀田藩はこれまで、総督府の命令に忠実に従い、先鋒をいいつけられてからは、つねに第一線で戦ってきた。しかし、亀田藩に対する総督府軍上層部の態度は冷酷だった。亀田藩の資料によれば、軍議の席上、亀田藩隊長神谷男也が、監軍山本登雲介に打擲されるという屈辱的な事件さえ起きている。

総督府軍は実際のところ、連戦連敗、作戦指導はすっかり弱腰になって、どうかするとすぐに後退してしまう。亀田藩の総督府に対する不信・不安は募った。亀田藩領が庄内軍に攻め込まれるのは、時間の問題に思われた。

庄内軍側では、亀田藩の申し入れに、無条件降伏を要求した。藩主岩城隆邦の身柄を鶴岡に移すこと、以後は庄内軍の一員として出兵することが求められた。亀田藩は、総督府側につき従って領地を蹂躙されるよりはと、庄内藩と行動をともにするほうを選んだ。八月九日、隆邦はわずかな家臣を連れて所領を離れた。総督府軍は本荘を捨て、長浜に退いた。長浜から久保田までは十キロ足らずしかない。

本荘藩主六郷政鑑は、あくまで籠城を主張した。一戦も交えずに城を去ることは、彼には耐え難かった。だが、総督府の厳命に、やむなく政鑑は家族をともなって久保田へ立ち退いた。本荘城には火が放たれた。庄内軍三番大隊は本荘に入ったが通過し、四番大隊は立ち寄ることもなく、八月十四日、両大隊は亀田に合流した。

山道口総督府軍の後退――横手城落城

新庄陥落後、総督府軍は秋田領院内に後退し、同盟軍は新庄の北、金山とその近辺に滞陣した。両軍とも兵力の充実をはかる必要があった。同盟軍が秋田領に進攻するには、主寝坂峠・雄勝峠の天険を越えなければならない。兵力の少ない総督府軍は、峠の難関を利用して防御の効果を上げるべく、陣地の構築にとりかかった。

七月二十五日、同盟軍が行動を開始した。山地に兵を展開させて、総督府軍の陣地を包囲するように攻撃する。総督府軍は雄勝峠へ退いた。同盟軍は翌二十六日を偵察にあて、二十八日より進軍を開始した。雄勝峠には、総督府軍が堅固な陣地を築いている。攻略は容易ではないとみた同盟軍は、兵を分け、中央隊を雄勝峠の正面に向けて総督府軍の注意を引きつけ、その間に東側と西側の部隊にそれぞれ間道を進撃させた。総督府軍は激戦の末、中央と西側の同盟軍の進攻を阻止することはできた。しかし、東側は突破されてしまった。東側の部隊の主力は、庄内軍一番大隊である。

翌二十九日、前進を続ける庄内軍一番大隊に対し、総督府軍は雄勝峠とその周辺に配置していた兵を呼び返して、反撃に出た。さしもの一番大隊の快進撃も頓挫するかとみえた。ところが、午後になって総督府軍は突然、戦闘を中止し、退却を始めた。仙台藩の増援部隊が接近しつつあるという情報が流れたからといわれる。実際の仙台軍の到着は、もう少しあとである。雄勝峠を越えると、羽州街道上、秋田領への入り口の関門にあたる院内があり、大山若狭が守将として居住、その北の湯沢には佐竹氏の分家が城代として治めていた。

八月一日、同盟軍は院内に進撃、大山若狭は後方を遮断されることを懸念し、居館に火を放って湯沢へ退去した。このころ、仙台藩の増援部隊が次々に到着し、そのなかには、世良修蔵捕殺の指令を出した瀬上主膳を隊長とする一大隊もあった。だが、仙台軍は概して動きが鈍く、庄内軍と足並みを揃えることが容易にできなかった。

五日、庄内軍は先行して湯沢に入った。総督府軍は湯沢での戦闘を避け、早々にまだ少年の城代佐竹三郎を逃がし、全軍横手方面へ撤退を完了させていた。かくして、同盟軍は秋田領南端を確保した。七日、久保田の総督府より、沢為量副総督が山道口総司令官として横手に着任した。また、長崎振遠隊約四百名が到着した。それでも、同盟軍と比較するとだいぶ少ない。

八日、南下を試みた総督府軍は同盟軍と交戦した。戦闘に不慣れで装備のよくない仙台軍を撃退するなど、一部において勝利を得るものの、庄内軍には苦戦し、攻撃は断念して横手に引き揚げた。九日、総督府軍は横手も捨て、神宮寺まで後退、雄物川と玉川を防衛線とすることに決定した。

総督府軍は兵を下げて戦線を整理しなければならなくなった。海道口では本荘を放棄し、亀田藩が離反している。また、南部藩が秋田進攻を決したため、背後にあらたな戦線が形成される危険が生じたのである。総督府軍の最大の悩みは兵力不足である。増援部隊は逐次到着することになってはいるが、西南諸藩兵は海路はるばる来なくてはならない。いつ着くのか、後続があるのかどうかはあまりあてにできなかった。他戦線の戦況によっては、途中で兵を引き抜かれる可能性もあった。後退を繰り返す総督府軍は、強力な同盟軍に圧迫されてどうしても弱気になり、少ない兵力を広く薄く配置して、敵に分断、各個撃破されることを何より恐れた。反撃には、ある程度まとまった兵力が必要だった。

横手城本丸跡　秋田県横手市

十日、総督府軍は横手撤退を開始した。だが、ひとり横手城代戸村大学はこれを拒んだ。彼の父、戸村十太夫は藩命を受けて奥羽越列藩同盟に調印した。同盟を離脱したいまは、調印の責任を負って蟄居に処されている。大学は、代々、横手城を預かってきた戸村家の嫡子である。迫りくる敵と一戦もせず、城を明け渡すことは、彼のプライドを著しく傷つけたに相違ない。父の処分への抗議、総督府の作戦指導への不満など、複雑な思いが彼をして籠城を決意させた。

総督府軍には籠城戦をおこなう余裕はない。大学の気持ちはわからなくはないが、戦略上、横手の突出を許すわけにはいかない。総督府軍諸将は撤退を勧めたが、大学の意志は堅かった。総督府軍は去り、横手城は孤立無援の状態となった。大学は籠城の準備を始めた。食糧を運び込み、畳をはがして立て並べ、胸壁をつくる。城に残る者は二百名に満たない。大砲はなく、五十挺ほどあるきりの小銃は大部分が火縄銃だった。

八月十一日朝、同盟軍約三千が横手に集結した。戸村大学籠城の情報を得ていた庄内軍一番大隊長松平甚三郎、二番大隊長酒井吉之丞は書状を持たせた使者を送り、投降を勧告した。これまでの城や陣屋はみな、ろくろく抵抗することもなく放棄されていた。籠城の意志を見せたのは横手城が初めてだった。どう見ても勝ち目のない籠城戦をあえて選んだ大学の心情に、二人の大隊長は大いに感ずるところがあったようである。

大学は返書も出さず、黙して投降は拒絶した。午後まで待っても城からの返答はなく、同盟軍はついに総攻撃を開始した。横手城は、ふもとを川が流れる小高い山を利用した要害である。同盟軍が城をめざして進むと、城地に架かる橋の中央が切り落とされていた。板を架け渡して城門へ迫る。そこかしこで銃撃戦が始まった。

籠城兵は、同盟軍をたじろがせるほどの善戦を見せた。しかし、しょせんは寡兵、たちまち攻め立てられ、城内の建物は炎に包まれた。大学は死を決したが、家臣に諫められた。退路を求めて城の搦手に向かい、仙台藩兵の隊列に突入、白刃を振るいながら駆け抜け、かろうじて脱出に成功した。籠城兵の戦死者は二十三名、負傷してのちに死亡したのが二名である。そのうち最年長者が六十六歳、最年少者が十五歳、二組の父子が討ち死にした。

落城の翌日、城内に入った庄内軍は、遺棄されている籠城兵の亡骸を集め、戸村氏の菩提寺龍昌院に丁重に葬った。籠城兵の勇戦に感動して、武士道精神をもつて戦死者の霊に報いたのであった。

山道口総督府軍、角間川に大敗

横手を攻略した同盟軍は、さらに北をめざして進軍する。庄内軍一番大隊と仙台藩隊は羽州街道を進み、二番大隊、仙台藩隊の一部、一関藩隊などは羽州街道の西側を行くこととなった。一方、総督府軍は神宮寺に本営を設置し、一部の兵は南方の大曲、角間川に駐屯していた。

庄内軍二番大隊を主力とする部隊は、八月十三日をもって角間川の襲撃を決した。先鋒には仙台・一関両藩隊が志願した。この二藩軍は、装備が貧弱で近代戦に慣れていないため、庄内軍と比較すると、もろさが目につく。日頃の弱兵の汚名を返上しようとしたのである。庄内軍は、やはりサポートが必要になるだろうと思っていた。角間川は、雄物川舟運の要地として町がひらけていた。ここには介川敬之進率いる秋田藩隊、佐賀・小倉・新庄の各藩一小隊ずつがとどまって、陣地を築いている。ほかに秋田藩の茂木秀之助隊百五十名、矢島領の兵半小隊がいた。

八月十三日早朝、角間川西南端の秋田藩茂木隊と、同盟軍先鋒仙台藩隊とのあいだに戦端が開かれた。秋田藩隊と仙台藩隊の装備はほぼ同じレベルだが、陣地に拠っているだけ秋田藩隊に分がある。やがて介川隊が側面に回って射撃を始め、仙台藩隊をじわじわと圧迫した。仙台藩の隊長柴田中務は、藩の名誉回復のため懸命に大声を張り上げ、部下を励まし続けた。昼近く、総督府軍諸藩隊は兵を展開して、仙台藩隊を包み込むように攻撃を加えたので、仙台藩隊は耐え切れなくなって退却した。総督府軍は逃げる敵兵を深追いはしなかった。

午前の戦闘は、総督府軍の勝利といってもよかった。しかし、午後になって形勢は逆転した。庄内軍が仙台藩隊を支えつつ、一関藩隊などを合わせた大兵力で反撃してきたのである。午前中いっぱいかかった戦闘に、総督府軍は、かなり疲れていた。仙台藩隊を撃退して、ほっと一息ついていたかもしれない。そこに激しく撃ち込まれたので、総督府軍は驚き慌てた。急いで応戦するが、今度は反対に包囲されてしまった。救援要請の伝令を走らせ、それを受けて大曲の総督府軍諸隊が動き出したが、途中で同盟軍の別の部隊に阻止されるなどして、到着した隊はごく少数だった。

苦境に陥った総督府軍は、後方の雄物川を渡って退却しようとした。雄物川の渡し場には、川舟を何艘か繋いだ仮の橋が架けてあった。この不安定な舟橋に、敗走する総督府軍と戦火を避ける多くの地元民が殺到した。同盟軍の急追に、狭い渡し場の混乱ははなはだしく、揺れる舟橋から転落する者が続出した。舟を縛った綱が切れると仮の橋はあっというまにひっくりかえった。溺死者が多数出た。泳いで渡ろうとする者、浅瀬を選んで対岸へと急ぐ者は、同盟軍に次々に狙撃された。川面は鮮血に染まった。

この日一日の戦闘で、総督府軍は隊長介川敬之進を含む五十三名の戦死者を数えた。七月の開戦以来、最大の損害である。徴用された人夫や避難する地元民で、この惨劇に巻き込まれた人々の数は入っていない。犠牲者はおそらく、もっと多いことであろう。

海道口総督府軍、長浜を死守

本荘を放棄し、亀田藩に離反された総督府軍は、長浜とその周辺に後退し、防衛線を引いた。長浜から久保田までは距離にしてわずか十キロ足らず、ここから先は、絶対に下がれない。下がったところで、後ろには雄物川があるので、川に追い落とされてしまう。雄物川を渡れば、久保田城下は目の前である。何としても、ここで持久しなければならなかった。

八月九日、南部藩が同盟側として参戦、秋田領北方に進攻した。第三の戦線が形成され、総督府軍は兵力をそちらにもふり向ける必要が生じた。山道口では横手を撤退し、角間川で大敗している。八月上旬から中旬にかけて、総督府軍は厳しい状況におかれていた。西南諸藩兵による増援部隊は漸次到着し、着くはしから前線に投入されているが、慢性的な兵力不足は解消されない。兵はいくらあっても足りなかった。

海道口の指揮をとることになったのは、鍋島上総（茂昌・佐賀藩）である。彼の率いる部隊は、戦闘員が全員後装銃を携行し、強力かつ長射程のアームストロング砲を備えていた。佐賀藩は、軍制の近代化が早かっただけあって装備・訓練ともに優れ、どこの戦線においても精強さを発揮していた。新屋に本営をおいた鍋島上総は、佐賀藩隊を主力に秋田藩隊を加え、もっとも危険な長浜とその周辺部に配置した。また、山道口の総督府軍とのあいだに無人地帯をつくらないように、中間の雄物川右岸に兵を出した。同盟軍に割り込まれないための措置である。この方面は雄物川が天然の障壁になるので、戦力の劣る秋田藩隊をあてることにした。

庄内軍三番大隊と四番大隊は亀田に合流、今後の作戦方針を協議した。三番大隊は従来どおり街道に沿って進軍し、四番大隊は方向を転じて、雄物川右岸の総督府軍を攻撃することに決定した。これにより、四番大隊は山道口の同盟軍と連携が成立、戦いは雄物川をめぐって展開されることになる。

八月十八日、庄内軍は長浜の手前、羽川を攻撃した。羽川には秋田藩の支藩、秋田新田藩兵が守っており、しばらく応戦したが、長浜に後退した。長浜の佐賀藩兵・秋田藩遊撃隊・有志隊等は、羽川の砲声を聞いてただちに戦闘態勢に入った。追撃してくる庄内軍を迎え撃つ。

庄内軍はここで思いもよらない事態に直面した。これまで連戦連勝の攻撃パターンであった、側面に回り込む戦法が通用しないのである。総督府軍は庄内軍の行動を予測して、陣地を用意していた。

そのうえ佐賀藩兵の後装銃が、庄内軍を阻む。総督府軍は続々と応援を繰り出し、庄内軍のお株を奪う包囲攻撃を見せた。庄内軍はついに退却、総督府軍はこれを追って羽川を奪還した。

この日はとくに、日本海の沖合いから艦砲射撃が加えられた。砲撃したのは、増援部隊を輸送してきた薩摩藩軍艦春日丸である。海上からの攻撃に庄内軍は驚き、動揺した。海道口庄内軍にとって、初めての敗戦であった。総督府軍がこれまでとは異なり、一筋縄ではいかない相手になったことを思い知らされ、以後、庄内軍は慎重になり、動きが緩慢になった。

総督府軍は、十八日の庄内軍撃退に自信をつけ、艦砲射撃の効果に期待して攻勢に出ることとした。二十九日、総督府軍は長浜を出発、勝手付近において庄内軍と交戦状態に入った。庄内軍は艦砲射撃を警戒して、海岸近くに多くの兵を集中させすぎるのを避け、山側からも進撃する計画を立てていたが、準備に時間がかかって攻勢がとれないうちに総督府軍と戦うことになった。庄内軍は三番大隊が主となり、四番大隊と共同作戦をとろうとしない点にも問題があった。

庄内軍の抵抗は激しく、戦闘は膠着状態になった。春日丸は盛んに砲撃したが、陸上と海上の連絡がうまくいかなかったのか、艦砲射撃と同調して攻撃するにいたらず、期待した効果は得られなかった。やがて日没となったので、双方とも兵を引いた。この後しばらくのあいだ、海道口の庄内軍に目立った動きは見られなくなる。総督府軍の持久作戦が功を奏したのである。

九月に入り、庄内軍三番大隊長酒井兵部、四番大隊長水野藤弥が解任された。攻勢の失敗、停滞の責任をとらされたもののようである。

山道口総督府軍、反攻に失敗

開戦以来、破竹の進撃を続ける同盟軍は、八月中旬までに現在の秋田県の南三分の一を席巻した。総督府軍は、雄物川と東から流れ込む玉川を防衛線として合流点の神宮寺に本営をおいた。この二本の川のいずれかを渡らないかぎり、同盟軍は久保田に攻め込むことはできない。総督府軍は重要渡河地点を選んで兵を配置し、雄物川左岸の渡河地点にのぞむ神宮寺岳には大砲を上げ、本営との連絡用に舟橋を架けた。

戦線は、秋田県を東西に横断するほどの長さになった。東は角館から南部藩との藩境近くまで、西は南楢岡まで、海道口の担当地域の東端と接するほどであった。同盟軍は突破口を模索、攻撃を仕掛けるが、小規模な戦闘に終わり、さしたる戦果は上げられなかった。

八月二十三日、じっと対峙を続けていた総督府軍が動き始めた。増援部隊が続々と前線に到着し、同盟軍との兵力差が次第に縮まってきたからである。とくに新着の薩摩藩五小隊は、西郷隆盛が鹿児島に戻ってじきじきに集め、編成した隊といわれ、すこぶる戦意が旺盛だった。総督府軍としては、いかに持久戦をしなくてはならないといえども、あまりに動かないでいるのも将兵の緊張が緩み、士気の低下をまねく。強力な援軍を得て、総督府軍は山道口全戦線において総反撃を開始した。

雄物川および玉川を渡って出撃した総督府軍は、各地で同盟軍諸隊と交戦した。しかし、広い戦線に兵を薄く分散させすぎたせいか、どうにも決め手を欠いた。同盟軍もよく戦い、たがいに一進一退、勝敗が決まらないまま日没を迎えた。薩摩藩隊は、大曲奪還をめざして進軍、花館で庄内軍一番大隊と激突した。容易に決着はつかず、日没によりいったん戦闘を中断した。

その夜、庄内軍は少数の攻撃隊を選抜し、薩摩藩隊の宿営地を襲わせた。突然の夜襲に薩摩藩隊は混乱に陥り、反撃するどころではなく、大量の兵器弾薬を遺棄して潰走した。隊長島津新八郎は、同盟軍の捕虜となった。島津新八郎は、島津家一門の出身である。彼は豪放な性格であったと伝えられるが、はじめての戦地での警戒心が足りていなかった。夜襲を受けるとは、思ってもみなかったようである。大曲の庄内軍本営に引き立てられた島津は、虜囚の身を潔しとしなかった。みずからの愛刀で処刑されることを強く希望し、毅然とした態度で斬首された。享年二十九歳。彼の死を悼む碑が、大仙市内に建っている。

勇猛を自負した薩摩藩隊が、惨憺たる敗北を喫したことにより、総督府軍の攻撃意欲は著しく減退した。全軍、もとの雄物川・玉川の防衛線まで退却し、ふたたび持久戦の方針をとることとなった。

同盟軍、角館攻略ならず

角館は、清楚な武家屋敷をいまに保ち、静かな城下町のたたずまいをもって「みちのくの小京都」

と称され、よく知られている。久保田の東方、玉川と檜木内川の合流する角館は、南部藩への押さえとして佐竹氏の分家が配されていた。角館に住んでいた武士たちも、本家の危急に際して戦場に向かったのである。

さて、八月も末となり、総督府軍は玉川・雄物川の強固な防衛線に拠り、次第に戦闘態勢を整えつつあった。角館も重要拠点の一つである。八月二十五日、同盟軍は軍議を開き、今後の作戦について検討した。その結果、南楢岡の庄内軍二番大隊は大曲へ移動し、一番大隊が玉川を渡って神宮寺を攻撃する案に決定した。もし神宮寺攻撃ができない場合は、角館に向かうことになった。

このころ、北越方面・平潟方面の同盟軍は危機に陥り、会津ではこの二日前、白虎隊の悲劇が起きていた。そのため、「秋田領進攻を中止して帰国、自藩の防衛にあたるべきである」という意見も出されたが、却下された。ただ、秋田方面の同盟軍のみが強気の攻勢を続けていた。

攻撃期日は二十七日に決まり、庄内軍は移動を開始した。一番大隊は予定の渡河地点に達したが、夜が明けて川を渡る様子が敵に知られてしまうため断念、角館攻撃に切り換えることとした。目標を角館に転じたのには、実はもう一つ理由があった。南部藩に藩境の国見峠を越え、角館に向かう意図があるという情報を得たのである。盛岡から秋田領に通じる最短ルートによる進攻である。協同作戦に期待がかけられた。

二十八日早朝、仙台軍と合流した庄内軍は玉川左岸に進んだ。先鋒は仙台軍がとくに希望してつとめることになった。この日は秋晴れのよい天気であった。仙台軍は玉川上流の白岩に向かい、庄内軍は鶯野から角館方面をのぞむ。川に面して総督府軍の陣地が築かれており、庄内軍を認めると攻撃を開始した。角館防衛の総督府軍は、秋田藩兵のほか、長州・小倉・大村の各藩隊である。ことに大村藩隊はアームストロング砲を持ち、装備がよかった。防御陣地は十四カ所、やや東寄り、山裾を玉川が流れる大威徳山（標高百八十メートル）には砲台がつくられて、河原に攻め寄せる敵を撃ち下ろせるようになっていた。

同盟軍は、角館と大曲を結ぶ街道上の押切を中心に、攻撃を展開した。そのとき、大村藩の一隊が逆に玉川を渡り、奇襲を仕掛けてきた。襲われた庄内軍は一時混乱し、死傷者が出た。大村藩隊は庄内軍の反撃の気配を察するや、すばやく対岸に撤収した。なかなか戦況が進展しないまま午後になり、仙台軍から強行渡河の意見が出た。庄内軍が困難を指摘したので、この案は採用されなかった。夜を迎えて戦闘をいったん中止し、それぞれ宿営地に戻った。

翌二十九日、同盟軍は引き続き角館攻略にかかる。神宮寺の総督府軍本営からは、平戸・新庄藩隊が派遣され、これらは徹夜で行軍、応援に駆けつけた。玉川を挟んで、激戦が続く。渡河地点は総督府軍に制圧されて、どうしても接近できなかった。総督府軍の防御陣地が、効果的に配置されていたおかげである。

南部藩は、結局、戦場に姿を現さなかった。藩境の峠を越えて進入したまではよかったが、総督府軍の警戒部隊に行く手を阻まれ、戦意を喪失してもと来た道を帰ってしまったのである。以後、南部藩は二度とこの方面に出兵することはなかった。

玉川の渡河は不可能と判断した同盟軍は、角館攻略を断念、作戦の失敗を認めざるをえなかった。総督府軍は、角館を守りきり、完全な勝利を手にしたといってもよかった。角館はそれからも戦火にかかることはなく、武家屋敷は昔日のままの姿を見せている。この町のいくつかの寺院には総督府軍兵士の墓碑が建ち、激戦をしのばせる。武家屋敷を訪れる人々は多いが、町を守った兵士たちを訪ねる人は少ない。

庄内軍、雄物川渡河に成功

九月初頭においては、山道口、海道口ともに目立った動きは見られなかった。総督府軍は持久を続け、同盟軍の電撃的進攻は、ここにきてすっかり停滞してしまっていた。

山道口の同盟軍が、渡河攻撃の実行を決めあぐねていた九月五日、海道口の庄内軍四番大隊から、雄物川渡河を決行したいので、協力を要請する旨の連絡が入った。四番大隊はすでに川舟を確保して、準備を進めていた。渡河が成功すれば、神宮寺の総督府本営と久保田のあいだの連絡を断ち、背後に回って包囲攻撃ができる。

山道口の庄内軍二番大隊長酒井吉之丞は、この申し出を喜んだ。一番大隊に、大曲方面からの支援を頼み、七日、四番大隊と合流すべく西へ移動を開始した。二番大隊の行軍は、山中の難路に悩まされ、遅々として進まなかった。

攻撃予定の八日朝、二番大隊と出会えなかった四番大隊は、雄物川左岸の清水木より、単独での渡河を決行した。この付近は雄物川が南に大きく蛇行して、突出部となっている。総督府軍は、秋田藩兵がおもに警備していた。横手で勇戦した戸村大学の指揮する部隊も加わっていた。四番大隊の攻撃は突出部の西側側面を衝き、秋田藩隊は敵の動きに気づかず急襲を受けて、たちまち苦戦に陥った。

耐えきれずに退却を始めた秋田藩隊のなかには、戸村大学の指揮する隊もあった。ところが、三方を川に囲まれた地形が災いして、後退の方向が北に限られる。うかうかしていると、袋の口を締められたようになって、全滅しかねない。横からの庄内軍の銃撃の下をかいくぐって、懸命に北へ走り、多大な損害を出しながら脱出した。秋田藩番頭梅津千代吉は銃弾に斃れ、部下たちは隊長の首を敵に奪われまいとして次々に遺体に取りつくが、そのたびに狙い撃ちされた。

予定を大幅に遅れて進軍してきた二番大隊は、雄物川の向こうで火の手が上がるのに気づき、四番大隊の前進を知った。二番大隊も勇んで渡河、戦闘に参加した。庄内軍は、この日、雄物川の突出部を占領して足がかりを確保し、渡河作戦は見事な成功を収めた。

両軍の激突、刈和野・糠塚山の攻防

雄物川の防衛線が破られた知らせは、神宮寺の総督府軍本営を震え上がらせた。久保田城下とのあいだに、楔を打ち込まれたのである。渡河に成功した庄内軍二番大隊は、南に転じて神宮寺を背後からうかがい、四番大隊は北進して久保田をめざす。総督府軍は急いで対策を協議し、兵力を配分し直して庄内軍を迎え撃つこととした。

九月十日、庄内軍二番大隊は、雄物川を回り込むように移動を開始した。目標は神宮寺の北西、刈和野である。二番大隊は上淀川で総督府軍と交戦、これを敗走させて羽州街道に出た。街道を南下して峰吉川に達し、守備にあたっていた総督府軍の島原藩隊を追い払った。島原藩は徳川家の譜代で、藩主松平忠和は徳川慶喜の実弟である。そのせいか戦意に乏しく、庄内軍に投降する者が出た。戊辰戦争全体を通して見ても、珍しいことである。峰吉川を占領した二番大隊は、捕虜にした島原藩兵を使って刈和野に放火させ、刈和野防衛の総督府軍に夜襲をかけようと計画したが、これはうまくいかなかった。この夜、神宮寺本営の沢為量副総督は、角館に退去した。身辺に危険が迫ったことと、護衛の兵を前線にふり向けるための措置であった。

翌十一日、庄内軍二番大隊に一関藩隊・山形藩隊が加わり、刈和野へ進撃した。総督府軍は刈和野北方の太平山山腹に拠って同盟軍を攻撃した。同盟軍は一時後退し、あらためて兵を分けて太平山を攻め、総督府軍を敗走させ、勢いをかって刈和野を占領した。神宮寺に退却した総督府軍は、十二日、この地を捨てて全軍角館へ後退してしまった。神宮寺岳は、重要拠点として確保しておきながら、戦わずして放棄することになった。

沢副総督はこの様子に怒り、「自分が後退したのは、諸兵に後顧の憂いなく戦ってもらいたいがためであった。それが総退却とはなにごとか」と、激しい口調で叱責した。総督府軍諸隊長は、ただ恐縮するしかなかった。大いに反省した諸隊長は、連名の血誓書を作成して勇戦を誓った。

総督府軍は、庄内軍四番大隊への対抗策として、戸島付近の丘陵地帯に兵力を結集した。戸島から久保田城下まではわずか十五キロほど、しかもこの先は平地がひらけ、拠るべき地物がない。ここが最終防衛線であった。総督府軍は、秋田藩の支藩、秋田新田藩二万石の陣屋のある椿台の丘に砲台を築き、塹壕を掘って決戦に備えた。それまで和銃で戦っていた秋田藩隊・新庄藩隊の一部には、待望の新式銃が配布され、士気が高揚した。

椿台の重要性は庄内軍もよく理解していた。四番大隊長は水野藤弥から松宮源太夫に交代していたが、椿台前面の糠塚山に注目してこれを占領、増援として、酒田守備にあたっていた亀ケ崎隊十四小隊を呼び、兵を展開した。椿台を突破して、一気に久保田を攻略するつもりである。

十日、庄内軍は椿台攻撃に取りかかった。しかし、総督府軍の抵抗は激しく、勝敗は決まらず日没となり、庄内軍は兵を下げて宿営した。総督府軍は、庄内軍の夜襲のないのをさいわい、夜を徹して椿台の陣地を強化した。

明けて十一日、総督府軍は庄内軍に先んじて陣地を出て、いっせいに攻勢をかけた。出端をくじかれた庄内軍は、受け身に回らざるをえなくなった。総督府軍は薩摩藩隊を中心に、庄内軍に猛攻を加えた。糠塚山にとりつき、果敢に攻め登る。新しい銃を与えられて勇躍した新庄藩隊は、めざましい戦いぶりを見せた。正午ごろ、ついに庄内軍を追い落とし、糠塚山を占領した。

庄内軍は峰続きの台地に移って抗戦した。総督府軍はなおも攻撃の手を緩めない。庄内軍は日没とともに雄物川を渡って総退却した。庄内軍の完敗だった。また、海道口の庄内軍三番大隊は、鶴岡に召還された酒井兵部に代わって水野弥兵衛が指揮を執ることになり、十二日、長浜をふたたび攻撃した。前日の糠塚山戦の四番大隊には協力せず、この日、行動を起こした点は、理解に苦しむ。

海道口の総督府軍は、椿台方面に増援を送り出したあとだったので苦戦したが、よく陣地を支えた。機を見て白兵戦を敢行すると、たじろいだ庄内軍はこれをきっかけに後退、総督府軍が勝利を収めた。椿台と長浜で庄内軍は大敗を喫し、この方面では以後、戦闘はおこなわれなかった。常勝の庄内軍を破ったことで、総督府軍の士気は確実に上がった。

庄内軍一番、二番大隊を主力とする同盟軍は刈和野を奪い、依然として攻勢の機会を狙っていたが、その自信にはかげりが見え始めていた。

山道口同盟軍、最後の一戦

九月十四日、庄内軍一番大隊長松平甚三郎、二番大隊長酒井吉之丞は、峰吉川において今後の方針を話し合った。米沢藩・仙台藩が降伏を決め、会津藩は果敢に籠城を続けているが孤立無援、落城は時間の問題だった。この日、ともに戦ってきた上山藩隊が、帰国を願い出て戦場を去った。椿台・海道口は敗退し、北方に攻め込んだ南部藩が、総督府軍の反攻にあって押し返されていた。同盟軍にとって、希望的要素はほとんど見当たらなかった。

庄内軍には、まだ本国からの帰還命令は届いていない。しかし、庄内藩は南境に敵を受け、九月十一日には関川の防衛が破られて危機が迫っていた。すぐに本国に戻り、守りを固めなければならない。庄内軍の両大隊長は、撤退を決めた。だが、ただ兵を引くのでは敵に追撃される恐れがあった。逆に、攻勢に出て敵に深いダメージを与えれば、戦力回復にかかる時間の分、自軍はより遠くへ離脱できる。最後の一戦に、実力を遺憾なく示そうということになり、海道口にも通達した。

一方、秋田藩主佐竹義堯は、山道口の各隊長に親書を送り、奮起を求めた。山道口の同盟軍がいまだ重要拠点を保持し続けていることは、大きな脅威だったからである。総督府軍は、あらたな攻勢のために動き出した。

九月十五日朝、庄内軍一番大隊は刈和野を出発、境方面に出撃した。糠塚山戦に参加した亀ケ崎隊を呼びよせ、上淀川で合流する手はずになっていた。亀ケ崎隊は一番大隊と出会うより先に、境付近に進出してきた総督府軍と遭遇、戦闘が始まった。砲声を聞いて亀ケ崎隊の後続の出羽松山藩隊、一番大隊から二小隊が駆けつけ、総督府軍を包囲した。やがて角館および戸島方面から総督府軍の増援が到着すると、包囲と逆包囲が交錯し、至近距離での乱戦となった。白兵突撃がおこなわれ、夜に入って総督府軍は庄内軍を境から撃退した。

一番大隊が移動したあと、補給物資が集積してある刈和野の守備に、一関藩隊が入った。本念寺を本陣とした一関藩隊は、南の神宮寺に仙台藩隊、北の峰吉川には庄内軍二番大隊がいるので、心配はないと考え、とりたてて見張りの兵も立てないでいた。いつになくゆったりした気分でいた一関藩隊を、突然、銃弾が襲った。角館方面からの総督府軍大村藩、平戸藩隊による潜行、急襲であった。まったく警戒を欠いていた一関藩隊は、一時、恐慌状態に陥った。民家の塀や土蔵などを盾にして、なんとか態勢を立て直し、応戦しようとする。必死に刀槍をふるい、急迫する敵の前に立ちふさがる者もいた。死傷者が続出した。一関藩隊は雄物川まで下がり、防戦した。夕方、峰吉川から庄内軍二番大隊の救援が到着したが、暗くなり、両軍対持したまま夜を明かした。

翌朝、戦闘が再開された。刈和野を奪われれば大量の補給物資を失うことになる庄内軍・一関藩隊は、ここを退くわけにはいかなかった。庄内軍二番大隊長酒井吉之丞は、全軍に総突撃を命じた。総督府軍はその気魄に押され、ついに退却した。不意を突かれた一関藩隊は戦死者三十二名、負傷者二十二名を出した。戦闘部隊としては潰滅的といってもいい数である。刈和野の本念寺には、一関藩戦死者と、総督府軍の戦死者が、いまは静かに眠っている。

この激戦で、一人の少年が銃弾に斃れた。大村藩鼓手浜田謹吾、十五歳であった。彼は周囲の反対を押し切って従軍を志願した。藩は熱意に負けて、浜田少年を鼓手として出征部隊の一員に加えた。大村藩隊は汽船で日本海を北上、八月十一日、秋田領船川港に着いた。久保田で総督府から菊章旗をわたされ、ただちに角館に出動を命じられた。凛々しいなかにも、まだあどけなさの残る少年鼓手は、角館の町の人々の目を引いた。宿舎となったのは裕福な商家であったが、ここで浜田少年は温かく迎えられた。

九月十四日、大村藩隊は角館を出発、刈和野へ向かった。十七日、角館に戻ってきた大村藩隊の列に、浜田少年の姿はなかった。彼は遺体となって、馬の背に載せられ運ばれてきたのだった。少年の遺体を清めたとき、衣服の襟から布片が見つかった。そこには和歌が一首書かれてあった。

二葉より手くれ水くれ待つ花は／君が為にぞ咲けやこの時

少年の母の、思いを込めた歌だった。この歌を刻んだ碑と少年の像が、のちに記念として建てられている。

同盟軍の総退却

境、刈和野の攻勢を最後に、同盟軍は潮が引くように撤退していく。九月十六日夜、刈和野の庄内軍二番大隊は、不要になった補給物資を焼き捨てた。食糧は数日分を各人に持たせた。一番大隊が到着、合流するのを待って出発、神宮寺に着いたところで夜が明けた。神宮寺には仙台藩隊がいて、角館再攻撃の準備をしていた。本国からの連絡はまだ届いていなかったが、庄内軍から事情を聞いて、急きょ撤退することになった。正式な帰還命令は、十八日に横手で受けた。

総督府軍は境、刈和野の戦闘のあとも、同盟軍の再攻勢を警戒して付近にとどまっていたが、激戦の疲労があったのか、積極的な偵察などはしていなかった。地元住民の通報で、はじめて総督府軍は同盟軍の退却を知った。急いで追撃態勢を整え、同盟軍の駐屯していた土地へ向かった。斥候を出して様子をうかがいながら行く。峰吉川・刈和野・神宮寺と、いずれも同盟軍の遺棄した補給物資が散乱しているばかりで、一兵の姿も見当たらなかった。総督府軍は雄物川を渡って大曲まで進み、同盟軍がもはや遠くへ去ったことを確認した。

庄内軍は、新庄方面がすでに敵に制圧されているという噂を聞いて院内を避け、横手から西方へ抜ける道を選び、山道をたどって本国へ帰還した。仙台藩・一関藩隊は横手の南、増田からそれぞれ自領の方向へ撤退していった。

総督府軍の高木悦蔵（小倉藩）は、少数の部隊を率いてゲリラ的な活動をおこなっていたが、彼の部隊が追撃戦の主役となった。高木隊に狙われたのは、仙台藩隊と一関藩隊である。仙台藩隊は、角館南方で高木隊の夜襲を受けた。一関藩隊は、帰還命令受領こそ仙台藩隊より早かったが、途中、高木隊に追いつかれ、戦死者十五名を出しながら帰藩した。

庄内軍三番・四番大隊・亀ケ崎隊・出羽松山藩隊は、それぞれ長浜、糠塚山の戦いのあと、総督府軍と対峙を続けていたが、山道口の一番、二番大隊から通達を受けて撤退を開始した。総督府軍の追撃はなく、九月二十日過ぎには庄内領に入った。庄内軍と行動をともにしていた亀田藩は、ふたたび厳しい選択を迫られた。庄内軍が引き揚げたあと、ただちに総督府軍が進出してくることは間違いなく、亀田藩はその報復を恐れた。それならば、藩主のいる庄内へ行こうという声があがった。庄内軍は亀田藩の進退の自由を認めたが、その心情を察して同行を許した。

九月十九日朝より、亀田藩士とその家族は、老人・乳幼児・病人までも含めたほぼ全員が、わずかな荷物を背に城下を立ち去った。入れ違いに亀田城下に乗り込んできたのは、秋田藩隊であった。秋田藩兵のなかには、無人の住居に侵入して、家財を持ち去る者もいたという。

翌二十日、空になった城に火が放たれた。趨勢が決まり、抵抗する者のいなくなった城を焼き払う必要はもはやないはずだが、懲罰の意味があったのであろうか。庄内領に入った亀田藩の一行は、庄内藩の手厚い庇護を受けた。まもなく亀田藩は庄内藩に従って降伏することになる。

この年、旧暦の九月末は、新暦では十一月初めにあたる。奥羽に初冬の寒風の吹くなかでの退却行であった。

南部藩士・楢山佐渡、鹿角に出陣

南部藩（盛岡二〇万石）はこの時期にあっても、いまだ藩論が統一されておらず、その去就を決めかねていた。事実、七月三日の盛岡城内で開かれた重臣会議でも勤王恭順か、同盟抗戦か激論の末に決定もせず、翌日より桜庭愛橘《さくらにわあいきつ》率いる二小隊を沢内まで派遣している。

南部藩家老楢山佐渡隆吉は藩主南部利剛《としみち》の従弟にあたり、強硬な佐幕派であり果断な性格であった。慶応四年（一八六八）三月より京都に在って各藩の重臣と応接し、状況の把握につとめていた。そして、佐渡自身は薩長を中心とする新政府の横暴振りをはなはだ遺憾とするに至った。また、佐渡が奥羽列藩同盟を守り秋田討伐を決意する背景には、岩倉具視との会談があったと伝えられる。

『防長回天史』によれば、「楢山佐渡の京都に在るや岩倉卿は薩長の専横を憂い、之を抑制するには奥羽同盟の力を以ってするともこれ反て時宜に適せりとなし、秘かに其の意を佐渡にもらす。佐渡はこの趣旨を以て藩論を決したり」とあり、さらにこれは単なる噂であると否定している。しかし、権謀術数家の岩倉にしてみれば、薩長主導の新政府に危惧を持ち、純朴な佐渡を手玉にとり奥羽列藩の力を結集させて、薩長と戦わせようとしたことは十分に考えられる。

このような密談がなければ、戊辰戦争終盤の八月に入ってから、突如南部軍が参戦する理由が見つからない。しかし、佐渡に同行していた用人目時《めとき》隆之進は強く反対し、脱藩して長州藩邸に駆け込んだ。同じく目付中島源蔵は腹をかき切って憤死した。が、佐渡の決断は動かなかった。六月四日、佐渡は帰国の途につき、途中、仙台藩の家老但木《たじき》土佐に会い同盟を確認し、七月十六日に盛岡に到着した。翌日城内に重役を集めるや、ただちに奥羽列藩の盟約を守り秋田佐竹藩討伐の宣言をした。そして戦備を急ぎ、次の三方面軍を編制したのである。鹿角口を主力方面とし、雫石口を第二正面とする。さらに津軽藩の押えとして野辺地に軍事局を設けた。

二十七日（新暦九月十三日）、総督将となった楢山佐渡は総参謀向井蔵人、本番頭桜庭祐橘《ゆうきつ》と兵を率いて秋田との藩境鹿角郡花輪（現鹿角市）に出陣した。花輪の北十キロの毛馬内《けまない》に軍事局を置き、秋田攻めの作戦を協議し戦闘準備を進めた。その作戦とは、「まず比内平野の中心大館城を占領し、米代川沿いに日本海へ出て能代港を押え、さらに津軽藩を北へ封じ込めようとするもの」であった。そして慶応四年八月九日、次の四道から南部軍は進撃を開始した。主力は佐渡を司令官とする十二所口である。

一、十二所口（中軍）首将　楢山佐渡
発機隊（鉄砲）三小隊、昭武（剣槍）、鳥蛇（鉄砲同心）各一小隊
先鋒・花輪一番隊（大砲方、太刀武者、農兵）
計　五五〇名

二、別所口（中軍別手）首将　石亀佐司馬《さじま》
先鋒・花輪二番隊（鉄砲二隊、武者、農兵各一隊）、地儀隊（剣槍）一小隊
計二〇〇名

三、葛原《くずはら》口（前衛）首将　向井蔵人

同　桜庭祐橋

大砲隊、鳥蛇　発機　昭武各一小隊

天象隊（上士）マタギ　農兵各一小隊

計　六〇〇名

四、新沢口（前衛別手）首将　足沢内記《たりざわたいき》

鳥蛇　発機　地儀　各一小隊

毛馬内給人之小隊（農兵二、マタギ一）

計　二〇〇名

八月八日、秋田藩領十二所館に軍使を送り、宣戦布告の戦書を手渡した。守将茂木《もてぎ》筑後は秋田表へ報告し、返事をもらう時間が欲しいと申し入れたが、南部側はその必要はなしと拒否した。そして間髪を入れず、花輪からそれぞれ大館城にむかって秋田領内に進攻を開始した。佐渡の中軍は十日には十二所館を攻めた。茂木筑後と本藩より応援に来た須田政之助（軍事取締）以下総勢二三〇名は、はじめは三哲山（三九三メートル）によって防戦したが、旧式火縄銃では抗することができない。

戦闘わずか三時間、正午頃には十二所館に火を放って退却に移った。南部軍は十二所館を無血占領するとともに、ただちに火を消してここを本営とする。茂木と須田は大館西方六キロの岩瀬村まで後退し、大館城（守将佐竹大和）に急を知らせた。

南部軍、大館城を攻略

八月十日、扇田（大館南方六キロ）まで進撃した楢山佐渡率いる南部軍は、扇田神明社境内に本部を置いて野陣を張った。

十二所より逃げ去った茂木・須田隊は、大館の佐竹大和隊の応援を得て十二日にいったん反撃に出た。米代川をはさんだ本道・支道で大激戦となったが、兵力に勝れた南部軍の攻勢を突破できずに再び敗れ、その夜のうちに元の早口に引上げた。これを『扇田合戦』という。一方、新沢口を進んだ南部軍（足沢内記）は九日夜、鬼ケ城・立石に大館勢を打ち破って十一日には大館城まで四キロの間近に迫った。急を聞いた佐竹大和は、みずから城兵を率い反撃に出た。十二日朝、三方より攻撃して南部軍を撃退し、さらに鬼ケ城を取り返した。

新沢口の敗報を聞いた楢山佐渡は後略を絶たれることを憂慮し、いったん自軍を土深井・沢尻まで引き上げた。この南部軍の退去は、秋田軍（大館側）にとり、浮足立った自軍の戦備を整え、援軍を待つ間を稼ぐに役立った。事実、このとき津軽兵八〇名と桧山鎮将多賀谷長門が兵二〇〇名を率いて大館に駆けつけていた。十八日、南部軍は本道・葛原・新沢口の三方向より、再び進撃を開始した。そして二十日、佐渡本隊は扇田に到達し、いよいよ秋田軍の牙城大館の攻略にむかった。

翌二十一日、南部軍の副将向井蔵人は米代川を渡って対岸の山館を奪取し、さらに柄沢・山王台まで進撃した。この地で楢山・向井・桜庭の三将合議の上、明日大館城を攻めることを約束したが、向井・桜庭は余勢をかってその日のうちに城下間近の山王台まで進撃しようとした。城将佐竹大和は城外山館まで出陣して督戦していたが、戦況不利となり、後退して山王台に布陣し防戦しようとした。「籠城か城外決戦か」の大議論もあったが、大館城は守るに適せぬ平城であり、城将大和の決断で城外の山王台――柄沢に守備陣を敷いてそのまま夜となった。

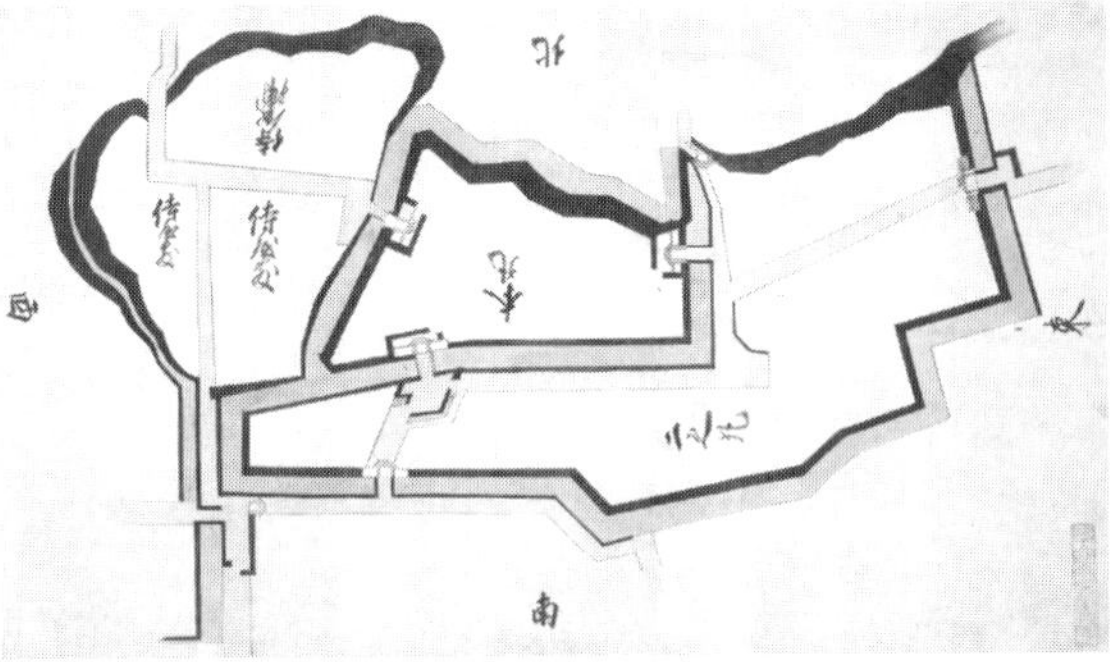

近世の城絵図に描かれた大館城　国立国会図書館蔵

そして、翌二十二日（新暦十月七日）の明け六つ（午前六時頃）、一発の砲声が轟いた。いよいよ南部軍は池内・餌釣《えづり》・柄沢の三方面より砲撃を加え、佐竹勢に死傷者が続出し浮足立ったところへ向井・桜庭勢が激しく肉薄した。たちまち佐竹勢は総崩れとなり、文字どおり遺走したのは六ツ半（午前七時）で、わずか一時間余の戦闘であった。南部勢はそのまま市中より城内へと突進していった。『鹿角口戦争実記』によれば、「大砲隊にて城門打破り、敵棚之内より頻《しきり》に発砲、味方よりも厳敷打候処、敵穴門より逃去候につき、直ちに城乗取候事」とある。この戦いでたちまち市中は火災を起こし、折からの烈風に延焼してわずか二時間余で三千戸の民家が焼失、焼け残ったのは二九戸のみであった。

佐竹大和は、大館城を南部軍に渡すことをよしとせず自焼した。そして、手勢と共に山田を経て綴子《つづれこ》（大館西方十三キロ）に脱出した。『秋田藩戊辰戦記』には、「大和、部下を率いて必死奮戦すと雖も、孤軍支うるに能わず、是日辰刻（午前九時頃）遂に大館城を自焼し綴子村に退く」とある。秋田佐竹軍の戦死者二一名、手負四一名。一方、南部軍の戦死者はわずかに砲士一名、手負二名のみであった。

両軍の兵力はほぼ同等であったにもかかわらず、損害は大差となったが、この主因は兵器の優劣の差にあったといわれる。すなわち、佐竹軍の装備は五梃のゲベール銃のほかは、旧式の火縄銃であったというから驚くが、南部軍のほうも同様の装備ながら一日の長があった。だが、わずか一週間後には新式銃装備の佐賀藩兵の応援により、南部軍はこれ以後不利な戦況を強いられることになる。

南部軍、川口に退陣する

大館城を陥とした南部軍は、米代川にそった羽州街道を（現国道七号線）能代港めざして進撃し、二十五日坊沢、二十六日今泉へと達した。が、この進撃速度はあまりにも遅かったのである。

秋田総督府は背後からせまり来る南部軍に脅威を感じ、直ちに対策を講じた。新政府軍下参謀大山格之助は、仙北方面で戦闘中の参謀添役田村乾太左衛門（肥前佐賀藩）を急ぎ呼び戻し、南部軍迎撃の総隊長に任命した。田村は部下九十名と、同じく肥前小城藩隊長田尻宮内に兵五百名を率いて先発を命じた。二十七日には田村自身も佐竹本陣米代川水運の要地、二ツ井の荷上場に着任した。ここに新式装備の鍋島藩を中心とした、佐竹との強力な連合軍が誕生し、反攻に転じたのである。総兵力は一千四百名という。

八月二十八日（新暦十月十三日）、南部軍首将楢山佐渡は綴子の本営で軍議をおこなった。二日ほど前から敵の抵抗は強力となり、進撃することはできず、各隊長を集めて対策を講じていた。が、結論の出ぬまま翌二十九日朝をむかえた。この日は朝から四咫《しせき》を弁ぜぬ濃霧であった。明け六ツ（午前六時）、前山に布陣していた佐渡の選抜隊（約二百名）に敵佐賀藩の持つ新式長射程の大砲弾が落下した。反撃したいが濃霧で敵状はまったく不明であり、南部軍の大砲も射ち返してはみたが敵に届いていない。やむなく南部軍は、選抜隊をはじめとして後退を開始する。佐竹佐賀連合軍は二手に分かれて忍び寄っており、危険を感じた南部軍主力は動揺し後退する。あわてた大砲隊は砲二門を捨て退却した。

結局、彼我の兵器の優劣が勝敗を分けた。形勢はこの日を境に逆転したのである。南部軍はその日のうちに、前山・今泉・坊沢・綴子をあっさり放棄して川口（大館西方四キロ）まで戻り、態勢を立て直すことになった。が、この時点では佐渡をはじめ南部軍の志気は劣えていない。翌日には川口村西方二キロ、比内平野への入口ともいうべき岩瀬に佐渡みずから出陣し、防衛陣を敷いた。

南部軍、大館に敗走

川口村へ引き揚げた南部軍に対し、西軍（佐竹・佐賀軍）は一日休んだ翌九月二日（新暦十月十七日）、激しい追撃に移った。綴子の本営を午前二時に発して、羽州街道とその左右の間道にも兵を割き、三方より川口にむかって進撃を開始した。一方、南部軍は楢山佐渡みずから全軍を率いて午前四時、川口の本営を発した。本道を西へむかって進み、西軍を要撃しようとした。

両軍は岩瀬（大館西方六キロ）付近で突然遭遇し、たちまち激しい戦闘となった。『南部利恭家記』には、「川口より岩瀬まで進軍之所、右手松山へ敵待居、小砲打出候」とある。南部軍は不意を突かれ、かつ地形も西軍に有利であったが、歴戦の佐渡は動せず果敢に反撃に出た。右翼松山へは地儀隊を、左翼へも一隊を迂回させた。昼頃まで一進一退の激しい銃撃戦が続いたが、兵力兵器に優れた西軍に圧迫され、南部軍は苦戦となり、徐々に後退していった。

昼時に板沢（米代川左岸）で休息中の桜庭祐橘隊と天象隊の一部は、右翼を密かに迂回して忍びよって来た西軍の一隊（茂木隊と小城隊）に奇襲され、十一名の戦死者を出して敗走した。この戦死者のなかに、熊谷助右衛門（四十一才）という老兵がいた。助右衛門は祐橘の御家人で、逃げられぬと知るや敵中に突入し、二人を斬り倒して討ち死にした。懐中に『時勢論』と称する勤王論文を持っており、また、彼の妻は敵側佐竹大和の組下の身内（石田政司の姉）であった。この戦いでの哀れを誘う話である。

勢いに乗じて追撃して来た西軍に対し、南部軍の煙山・井上隊が待ち伏せし、突如横合いから打って出た。この奇襲に西軍（主力は佐竹軍）は散乱し、大砲三門のほかに武器弾薬多数を捨てて逃げ去った。佐渡の見事な作戦勝ちで一矢を報いたのであった。向井蔵人隊は大館城内へ入り、佐渡は本隊とともに城外の神明堂に宿陣した。追撃して来た西軍も、夕方兵をまとめて餅田《もちだ》・川口に宿陣して態勢をととのえた。

南部軍、大館城より撤退する

大館城に引き上げた南部軍は、九月四日、雨が上がるとともに城外西の餅田まで出押し攻勢に出た。激しい攻防戦が終日続いたが、そのまま夜になり戦いは止んだ。

翌五日朝は冷え込みが厳しく、戦野は真白な霜におおわれていた。この日も一進一退の戦況であったが、西軍側には大館城奪回に燃える意気込みと、さらに津軽二小隊の応援も加わり、徐々に南部軍を圧迫しつつあった。南部側には兵力、兵器・弾薬の補給が続かず、疲労の色が隠せなかった。「敵兵（西軍）日々に多人数に相成り、味方兵士追々労れ、外に応援の兵も之無く、葛原口へも敵相廻り、新沢口一方空き居候事。玉薬もはや明日の合戦には、一挺へ十七発ばかり外に之無、当惑之次第」と、南部側の記録『秋田藩討入之日記』は述べている。

その夜、大館城内で首将楢山佐渡をはじめとする南部軍幹部による軍議がおこなわれたが、諸将いずれも沈痛の色はかくすべくもなかった。それは、大館後方の要衝扇田が西軍に奪回された（九月三日）との報告があり、このままでは退路を断たれる恐れが出てきたのである。そこでやむなく、大館城を放棄し、兵を退いて国境で防戦することに決定した。そして、五日夜更けから翌六日払暁にかけて、残された雪沢口から総退却をおこなった。折からの冷雨の中を闇にまぎれて南部軍は、西軍にまったく察知されることもなく静かに大館城を立ち去った。

翌九月六日（新暦十月二十一日）、佐渡本隊は松山（毛馬内南西五キロ）へ宿陣、桜庭祐橘は自館へ入り、向井蔵人は自隊を率いて瀬田石（毛馬内南西五百メートル）に宿陣した。一方、南部軍が総退却したとは知らなかった西軍は、六日早朝より大館城を総攻撃する予定で部隊を配置し準備を進めていたが、物見の報告ではすでに城は無人であるとのことで、すかさず西軍諸隊は無血入城を果たした。南部軍に見事な肩すかしをくらったのである。

この戦いで、西軍の戦死者六名、負傷者十四名。南部軍の戦死者は三名、負傷者は十四名であった。

南部軍、鹿角に敗走する

一部の守兵を本道十二所口と間道雪沢口に残し、六日に自藩盛岡領内に撤退した南部軍であったが、その後も十二所の奪回を試みて、たびたび反撃に出た。

戦況は南部軍に利あらず、兵力差も拡大し、さらに武器弾薬の補給も思うにまかせなかった。南部側の記録『鹿角口戦争実記』に、「尚仕送りの弾薬も之有筈の処、相達申さずに付、夫々探索致候処、仕送りの途中敵兵に奪取られ候由、之に依り今日の砲戦如何に六ケ敷、迚も目当之無」と、補給物質が途中で敵に奪われ、前線に届いていないという苦しい状況を述べている。

七日、扇田を発した西軍本隊は葛原街道を東進し、十二所口（大滝）付近で、この地を守備する南部軍と激戦になった。午後になって戦況不利との報により、佐渡みずから手兵を率いて応援にかけつけたが、味方はすでに三哲山に一部を置いて引き上げたあとであった。佐渡も、この夜は前線に近い沢尻（十二所北東二・五キロ）に宿陣した。その後、西軍も進撃しようとするが、三哲山の南部軍の砲撃に狙い射ちされるので、さすがの闘将田村乾太左衛門も強攻できずに攻めあぐみ、そのまま小競り合いのみで十五日まで対峙した。

一方、間道雪沢口は十二日に西軍の進攻が始まった。まず、威力偵察ともいうべき行動である。が、新沢・水沢付近で南部守備軍の必死の抵抗にあって進撃は頓座した。南部藩士岩泉達之の『新沢口従軍紀行』によれば、「十二日大霜晴天、水沢口大敗引上げ日暮れ峠野陣、氷降り大風雨」とある。

十五日に南部軍はなお闘志衰えず、十二所の再攻略に出陣した。佐渡も一隊を率いて沢尻から出撃した。本道を中心に米代川右手の葛原口、左岸別所口と三道同時に進撃した。西軍も茂木筑後の十二所軍を先鋒とし、佐賀・佐竹・津軽軍らの優勢な兵力でこれを迎撃した。

激しい銃砲戦で一進一退、戦いは夕方まで続いたが、南部軍は攻勢をとれず、折から降り出した冷雨の中をもとの沢尻へと引き上げ、さらにそのまま対峙を続けた。このときの様子を記す史料には、「十五日、十三日よりの戦い昼夜止まず、又、今日も夜に及べり。此日佐渡殿大いに十二所に戦えり」（毛馬内の士、内藤調一『出陣日記』）とある。そして、三日後の九月十九日（新暦十一月三日）の夜に戦勢は動いた。西軍参謀田村乾太左衛門は諸将を集めて軍議を開き、ここ数日間の膠着した戦況を打開するべく、夜襲による強行作戦を提案した。

一方、その頃南部軍の楢山佐渡も翌二十日を期して再度十二所を奪回するべく最後の決戦を準備した。士気を鼓舞するため、その夜大酒宴を開いたが、それを沢尻村の肝煎《きもいり》惣助に見つけられた。惣助は直ちに十二所の陸将茂木筑後に通報した。筑後はすぐ本陣に報告するとともに、先に夜襲を決行することにした。佐賀藩兵の応援を受けて密かに出撃した。沢尻の村落に放火し、いきなり佐渡本陣を襲撃したのである。

寝込みを襲われた南部軍は、ほとんど抵抗せず、多数の武器弾薬を捨てて敗走した。そのまま藩境を越えて自領の土深井まで後退した。「沢尻村宿陣の賊魁楢山佐渡を始め、余りの周章狼狽の敗走と相見え、一発だに（銃声）聞えず」（茂木隊岡本大作記）と、半日違いで機先を制せられた南部軍の完敗である。『鹿角口戦争実記』によれば、「沢尻の楢山佐渡宿陣へ敵より夜討入り、小荷駄隣家より出火、本陣両隣向屋敷よりも出火。人馬大いに動揺の処へ、敵山之手より発砲烈敷打入、且つ益大火に相成（中略）一先ず人数引纏め土深井へ引揚げる」とある。

六日、大館城を撤収してから連戦連敗、さすがの佐渡も打つ手がないが、これはすでに時の勢いの差であろう。

楢山佐渡、新政府軍に休戦を請う

九月二十日朝、佐渡本陣へ悲報が届いた。藩公南部利剛《としひさ》よりの奉書であった。「米沢・仙台すでに降伏し、奥羽列藩すべて降伏謝罪に決した。従がって此方も右に準じ申出含みの事」。

佐渡はこの書状を見ると、向井蔵人、桜庭祐橘らと協議の上、直ちに秋田側に休戦（降伏ではない）の申し入れをおこなった。二十日午後、参謀沢出善平と三名の佐竹藩の捕虜にこれを持たせたという。その文面は、「今般、京都より重臣三戸式部帰国、朝廷の御内命の儀もこれあり候に付、進軍相控え下さるべく、委細は追って御応接におよぶべく候条、この段取あえず御意を得置き候」というものであった。この書状を受け取った秋田側は半信半疑であったが、南部軍が自領に立ち去って十数日、この間攻めあぐんでいたのが実状で、内心は喜んだ。

しかし、その真意を把握するため、佐竹大和・須田政三郎の両名は次の内容の返書をしたためた。「このたびはもともと貴藩より当藩に侵攻したもので、一方的な進攻見合せには容認できない。が、朝廷よりの御内命とあるにつき、兵隊を藩境から引上げの上あらためて貴藩と応接したい」。

これに対し、向井蔵人は即日その申し入れを了解し、二十二日、藩境の袈裟掛で会見することを約した。当日、南部側二名、秋田側二名の使者が会い、互いに申し出を聞いて引き退がった。

さらに二十五日、十二所において、南部藩使者三戸式部が秋田藩本陣へ出向き、総督府参謀前山精一郎（佐賀藩）・佐竹大和・田村乾太左衛門らと会見し、降伏謝罪状を提出した。三戸式部に応接した前山精一郎は、「実効を相立謝罪するに非ざれば采納しがたし」とこれを却下した。そして新たに次の三条件を提示した。

①藩主利囲みずから軍門に下り謝罪降伏すること。

②主謀者楢山佐渡を禁錮して差し出すこと。

③軍資金七万両を申しつけること。

厳しい三条件をつきつけたが、三戸は十月三日までの猶予を取り付けると、急ぎ盛岡へと帰った。

津軽藩兵、野辺地に南部軍を襲撃

南部領上北郡の野辺地《のへじ》は陸奥湾の最深部に位置し、藩の軍事的要地のみでなく、西廻り貿易の良港であった。この港を守るため、南部藩は大砲を備えた台場を築いて防備していた。

この平穏な港町に突然砲声が轟いたのは、慶応四年（一八六八）九月十日のことであった。肥前佐賀藩士中牟田倉之助が指揮する、秋田軍艦春陽丸が、突然同港内に侵入し砲撃したのである。久保田軍事局の命令であったというが、事実は津軽藩の煮え切らぬ態度に立腹した、中牟田の独断専行であったという。この砲撃に対し、南部側も台場から反撃し、名砲術長桜井忠太夫の発射した砲弾が、三発命中した。このため春陽丸は約六〇発の砲撃後、蒼皇として野辺地港から立ち去った。この台場の設計者が、南部藩士新渡戸伝・十次郎（稲造の父）親子であった。

ところがその後、休戦の動きがあった二十三日、突如、津軽藩兵が大小砲を射ち侵入した。この地を守備していた南部藩兵も応戦し、双方に多数の死傷者が出たのである。二十日、盛岡から駆けつけた早馬によって、この地を守備していた総督栃内与兵衛は休戦を知らされ、翌二十一日、とりあえずその旨を津軽側に通告しておいた。

二十三日八ツ半（午前三時過）、藩境馬門《まかど》村の方角に突然砲声が聞こえ火炎があがった。小湊にあった総督参謀木村繁四郎、銃隊隊長須藤勝五郎に率いられた津軽藩兵百八十名が、大砲二隊とともに三方向から侵入してきたのである。馬門村を守備していたのは、南部藩遊座猪兵衛率いる七戸憤迅隊の約六〇名。遊座は津軽兵が万一侵入して来ても発砲を禁じられていたため、兵をまとめて野辺地方向に引き上げた。津軽勢はこれに気を良くして、気勢を上げて全村（一寺六十四戸）に放火し、大砲を射ちながら進んできた。野辺地代官所にあった総督栃内与兵衛は六小隊を持っていたにもかかわらず、まったく応戦せずにさらに後退してしまった。

津軽兵は勢いに乗り、大橋を渡って代官所へ二百メートルの距離までせまってきた。このとき、急を聞いて駆けつけて来た憤迅隊隊長安宅《やすみ》正路《まさみち》は猛然と反撃に出た。海岸寄りに布陣した憤迅隊は津軽兵の横合いから一斉射撃を開始、これを皮切りに風雲・鳥蛇・発機隊も射撃する。さらに、御台場を守る桜井忠太夫指揮の大砲も援護射撃するべく火を吹いた。

調子に乗って深入りしすぎた津軽兵は、おりから夜明けの陽光をまともに受けて平地に全身をさらし、南部側の集中攻撃をまともに浴びることになった。たちまち津軽兵は、中隊長小島左近（司令士）、小隊長谷口永吉が戦死、多数の死傷者を出して遺走した。津軽兵の戦死者二十六名、重軽傷者二十三名（内三名後死亡）。これに対し、南部側は戦死者五名、負傷者七名。津軽側の大敗北であった。

しかし、問題は南部側が休戦降伏後の二十三日になってから、なぜ津軽側が侵攻したのかである。『津軽承叙家記』によれば、「九月二十三日暁、宗藩隊長木村繁四郎付属にて、馬門に於て一戦し、夫より野辺地へ繰込み、吶喊を相図《ママ》に進発の約束にて、夜戦を期し候処、程無く天明に相成り、忽ち砲声 夥敷《おびただしく》響候故、即時兵を進め暫時砲戦に及ぶと雖、双方既に繰引に相成候に付、共に引揚げ申し候」と、他人事のような素気ない記述であり、負けたともいっていない。津軽側はその後、「近衛家より圧力がかかるので止むをえなかった」などと弁明している。が、本音はこの北方の藩境でも進撃したという既成事実を作り、新政府への忠義だてをしておきたかったのであろう。

同じような事件は二十五日にも起きている。この日未明、津軽街道の藩境濁川村（大館北東二〇キロ）へ、津軽兵約二百名が攻め込んだ。大小砲を射ちながら、番所や民家数軒に放火した。南部側はこの地を守備していた北監物の農兵隊が防戦し、やがて津軽兵は引き上げていった。これも既成事実と、さらに報復的な行動であったと考えられる。それまでも津軽・南部両藩における相互の不信感は強かったのであるが、この事件により、明治・大正の後までもさらに反目が続くことになる。

さらに、この二つの事件後に、南部藩に対し降伏の意志表示をしながら、なおも錦旗に対して発砲した――との理由で、西軍参謀田村乾太左衛門から強く詰問されている。「勝てば官軍　敗ければ賊軍」とは、まさにこのことであろう。

盛岡城降伏、開城する

九月二十五日より二十六日の会談で、前山精一郎に降伏歎願を却下された南部使者三戸式部は、三日の間に当初へ参陣の上返答せよとの前山の強い通達に対し、「盛岡表迄の往復はこの地（十二所）より六十里もあり、三日では到底無理である。十月三日迄待たれたし」と抗弁し、急ぎ盛岡へ帰り、藩主利剛に復命した。そして、直ちに降伏謝罪使節団を次のように編成した。

利剛の嫡子彦太郎（十四才）を代理とし、後見に分家の南部美作守が同行する。禁錮された楢山佐渡には三戸式部が付きそい、ほかに戸来楽眠、目付島川瀬織、小姓太田小一郎が従った。一行は十二所へと急行、十月三日には到着した。『茂木家文書』には、「南部彦太郎殿、首魁楢山佐渡網乗物ニテ同道」とある。十二所に到着した一行に対し、前山参謀は秋田の九条道孝総督に直々に歎願するようにといい、一行は久保田城下へと急いだ。

十月五日、一行は久保田に着いたが、総督一行はすでに仙台に向かって出発した後であった。それを追って降伏使節の一行は、戦火に荒れた刈和野路を急いで七日に横手に到着、九条総督に追いつき降伏謝罪歎願書を手渡した。しかし、総督に代わって沢為量副総督が受理した。これは、南部藩主利剛が病気理由に出頭しなかったことで参謀たちの心証を害したためといわれている。嫡子とはいえ彦太郎は十四才の若年で、しかも無位無官である。形式を尊ぶ彼らは、これを不遜と受けとったのである。九条総督は利剛の反復と錦旗に対する発砲を責め、容易に許そうとはしなかった。彦太郎はその翌日も無腰で、寒風吹き荒ぶ総督府門前で平伏し、許可の降りるのを待ち続けた。

十日になってようやく歎願書を受け入れ、軍資金七万両を用意して盛岡城を明け渡し、以後の処分は朝裁を待つべしと命じた。実は横手に降伏使が到着した七日には、大館城主佐竹大和に対し、「一先ず盛岡城へ繰り込み、機械残らず相収め候上は、兵隊軍列厳粛に引揚げる可き事」の通達文を発している。すなわち、九条総督は形式にはこだわったがその本心は、戦いが終結した以上、一刻も早く事態の紛糾を避け、収拾したいと考えていたと思われる。

総督府問罪使一行は十月六日に盛岡に入り、まずすべての武装を解除した。大砲百八十六門、和洋小銃六六三八挺、弾丸一万九一八発と記録されている。九日、諸道の西軍が続々と盛岡城下に集り、市内の各寺院に分宿した。そして十日、正式に開城となった。

奥羽列藩同盟を固守し、庄内藩とともに最後まで戦った盛岡藩の戦死者は百五十名、負傷者は二百三十名であった。楢山佐渡は横手から帰るやそのまま禁錮となり、政敵の東中務が蟄居を解かれて筆頭家老となり政務に当たった。

十一月九日、総督府督察使藤川能登が新庄藩兵百五十名その他を率いて盛岡へ到着、翌日、次の令書を読み上げた。

南部利剛
南部彦太郎

右父子の者、東京へ御用召出仰せ出され候間、昼夜兼行早々に罷り出ず可き事。但し、正義勤王の家来拾五人ずつ召連候の儀許され候事。

十一月　総督府　印

さらに「奸徒重罪の者」三名、楢山佐渡・佐々木直作・江幡五郎は東京へと送られた。軍務局からさらに芝の金地院で謹慎を続けた。翌明治二年五月二日、東京を発った楢山佐渡は、六月七日に盛岡へ到着し、そのまま北山の報恩寺へと入った。そして、藩主に代わり藩の責任を一身に背負い、六月二十三日に切腹刎首となった。享年三十九才。その辞世は、「花は咲く　柳はもゆる春の夜に　うつらぬものは　武士の道」であった。

寒河江の戦い、庄内桑名兵最後の戦闘

越後口から会津へと進んで来た西軍総督黒田了介（清隆）は、残る庄内藩攻略を最後の目標としていた。その兵力は薩摩二番遊撃隊、十番隊、外城三番、番兵二番隊、兵具方二番、兵具三番隊の計六隊。これに二番砲隊の右半隊と砲三門、加治木大砲隊左半隊と砲三門の兵数千百六十人が付属した。さらに先鋒は、米沢藩主上杉茂憲《もちのり》みずから兵九百を率いて加わり、上山藩兵、新庄兵、尾州一小隊も参加し総勢二千五百の大兵力であった。黒田率いるこの西軍は、九月十八日に米沢城下を出発して、十九日夜、山形城下へ着陣した。そして、山形街道を北上し寒河江を経て、最上川沿いに庄内鶴岡城をめざして進撃していた。

一方、この寒河江の地には、庄内藩中村七郎右衛門の率いる四小隊と、長駆北越から会津へと転戦して来た立見鑑三郎率いる桑名藩兵（雷神・致人・神風隊）が宿陣していた。このうち、庄内二小隊と桑名神風隊は左沢《あてらざわ》方面の守備に分派され、残ったのは庄内二小隊と桑名雷神・致人のあわせてわずか四小隊、実数は三百名強であった。庄内中村隊と桑名隊は北越でも協同で戦ってきた気心の知れた仲であり、東軍諸隊中もっとも精強である。しかし、この寡勢で翌二十日朝、西軍二千五百の嵐のような猛攻にまともにさらされることになる（新暦十一月四日）。あいにくこの日は払暁より乳色の濃霧が街を覆い、まったく四咫を弁じない状態であった。さらに桑名隊にとっての不幸は、この土地は初めてであり、西も東もわからない状態だったことである。

朝食準備中の午前六時頃、南の方角で銃声が聞こえた。桑名隊は身軽な浅井金五郎を斥候に出し、金五郎は馬にまたがって街道を南に駆けた。突如、濃霧の中から現われた敵の大軍と遭遇した。馬首をめぐらす間もなく、一斉射撃を浴びて、人馬もろとも水田に転落した。立見鑑三郎は直ちに街の南を流れる沼川に沿った竹林中に防衛陣を敷き、たちまち至近距離での激しい銃撃戦となった。だが、圧倒的な敵の新式銃の猛射に桑名隊は死傷者続出、支えきれずに霧の中に浮かぶ長岡山（標高百六十五メートル）に後退した。その間、市街地で薩摩兵との凄惨な白刃戦が各所で交わされた。一方、庄内隊の中村七郎右衛門は地理を熟知しており、市街での防戦不利と見るや、いち早く長岡山に後退しており、この地で桑名隊とともに防衛陣を張った。

午前十時過ぎ、霧が晴れ視界良好となるとともに、西軍は猛攻を開始した。南からは米沢軍、北と東からは薩摩軍が大砲の掩護下に攻撃した。庄内・桑名隊はまず米沢軍を山から追い落とし、次に薩摩軍と戦かったが衆寡敵せず、ここでも死傷者が続出した。立見鑑三郎が殿軍を引き受け、敵の追撃を防ぐ間に、味方は八鍬《やくわ》を経て白岩（長岡山西北方五キロ）へと後退した。

寒河江川の急流にかかる白岩橋を焼き落として西軍の追撃を防ぎ、夕方まで川をはさんで銃撃戦を続けた。弾丸がなくなり石礫を投げて抵抗したという。ここで、西軍の黒田了介も攻めあぐんだようだ。自軍にも疲害が出ていったん退いたが、この間に兵をまとめた庄内桑名隊は、夜暗にまぎれて白岩から北へ銅山越の悪路をとって脱出していった。

この戦での両軍の死傷者は、桑名が戦死者十九名（唐津藩士白水良次郎を含む）、負傷者十一名。庄内は戦死者四名、負傷者七名。西軍は薩摩が戦死者十名、負傷者数名、米沢が戦死者なしで負傷者四名。ほかは不明である。十倍近い圧倒的な兵力の西軍に奇襲されたにもかかわらず、庄内桑名隊は善戦健闘して一矢を報いたというべきであろう。

実は九月十六日には、庄内藩も降伏恭順が決定しており、各戦場への通達が届いていなかったことから、この寒河江の戦いはまったく無益な一戦だったといえる。市内の陽春院には桑名藩士十八名と唐津藩士一名の墓があり、遺品と遺骨も大切に保存されている。

鶴岡城、降伏・開城する

米沢、仙台ら東北の雄藩が相次いで降伏恭順し、この方面に集中した西軍の大反攻により、椿台・刈和野の戦に敗れた庄内軍は苦境に立たされ、ようやく事態のただならぬことを認めた。九月十六日、各隊長参集して軍議の上、庄内本国への後退を決定した。

一方、鶴岡城内でもこの日軍議がおこなわれ、藩主酒井忠篤《ただずみ》はついに降伏恭順の意志を決した。直ちに兵を撤退すべく軍使を派遣したが、この命令が各方面に周知徹底されず、先の寒河江をはじめ、辺境においては降状開城後の二十七日まで戦が続くことになる。

秋田の新政府軍総督府は二十二日に総進撃の命を出し、庄内軍の抵抗が収まった各方面から鶴岡城下に迫っていき、西郷吉之助（隆盛）とともに総督黒田了介・参謀舟越洋之助らは二十六日に鶴岡城下に入った。藩主酒井忠篤はただちに城を出て、禅龍寺に入って謹慎、黒田了介は藩校致道館を宿所とした。

翌二十七日（新暦十一月十一日）、鶴岡城は正式に降伏開城となり、城内の武器弾薬をすべて新政府軍に引き渡し、総督黒田はこれを受理した。これらはすべて、新発田の本営に輸送されたという。鶴岡に入った西軍総数は全国三十六藩、一万五千人余であったが、開城後は一泊あるいは二泊してただちに出立した。庄内藩士は自宅に閉じこもり謹慎したが、用があれば両刀を帯びたまま自由に外出し、城下の商家も平日と同じく商いを許されたという。寒河江から後退し、清川にあった桑名藩士約二百名は城下を避けて、西方五キロの大山で謹慎した。

このとき黒田は、庄内藩主忠篤を隣国に預けて謹慎させることとし、また、兵をすぐ引き上げるべきではないと強硬に主張した。しかし、西郷吉之助は「武士が一度兜を脱いで降伏した以上、その心配はない。もし、謀反すればまた来て討てばよい」と、降伏の処分は極めて寛大であった。

【執筆者一覧】（五十音順）

石山順子（いしやま・じゅんこ）　一九六一年生。元羽州戊辰戦争研究会幹事。著作に、『土方歳三・孤立無援の戦士』（共著、新人物往来社）、「秋田口戊辰戦争の特性について」（『あきた１８６８』第七号）がある。

伊東成郎（いとう・せいろう）　別掲。

稲川明雄（いながわ・あきお）　一九四四年生。現在、河井継之助記念館館長。著作に、『長岡城燃ゆ』（恒文社）、『越後戊辰戦争と加茂軍議』（新潟日報事業社）などがある。

菊地　明（きくち・あきら）　別掲。

郡　義武（こおり・よしたけ）　一九四〇年生。元大日精化工業株式会社勤務。著作に、『桑名藩戊辰戦記』（新人物往来社）、『台南空戦闘日誌』（潮書房光人社）などがある。

山村竜也（やまむら・たつや）　一九六一年生。歴史作家。著作に、『幕末武士の京都グルメ日記』（幻冬舎）、『世界一よくわかる新選組』（祥伝社）などがある。

【執筆分担一覧】

第一章　鳥羽・伏見の戦い　菊地　明
第二章　箱根の戦い　山村竜也
第三章　南関東の戦い　山村竜也（「古屋佐久左衛門、信州鎮撫を命じられる」～「古屋軍、梁田の戦いに敗走する」）／伊東成郎（「彰義隊結成」～「高谷村、延命寺襲撃――小籠のなかの戦争」）
第四章　北関東の戦い　伊東成郎
第五章　日光口の戦い　伊東成郎（「日光の混乱」～「野口村小戦――幻と消えた日光大戦」）／山村竜也（「榎本武揚率いる旧幕府海軍、品川沖を出航する」～「水戸藩諸生党、水戸城攻略に失敗する」）
第六章　飯山の戦い　菊地　明
第七章　北越の戦い　稲川明雄（「三国峠の戦い――会津藩、農兵を徴募し三国峠で戦う」～「八十里越え――河井継之助の死」）／郡　義武（「西軍の新潟太夫浜上陸と新発田藩の裏切り」～「加茂防衛戦――北越最後の戦い」）
第八章　東北の戦い　石山順子（「庄内征討命令下る――寒河江、柴橋事件」～「同盟軍の総退却」）／郡義武（「南部藩士・楢山佐渡、鹿角に出陣」～「鶴岡城、降伏・開城する」）

【編者略歴】

菊地　明（きくち・あきら）

1951年、東京都生まれ。日本大学芸術学部卒。

著書に、『幕末証言「史談会速記録」を読む』（洋泉社）、『新選組　粛清の組織論』（文藝春秋）、『新選組謎とき88話』（PHP研究所）、『「幕末」に殺された女たち』（筑摩書房）などがある。

伊東成郎（いとう・せいろう）

1957年、東京都生まれ。明治大学文学部卒。

著書に、『新選組と刀』（河出書房新社）、『新選組最新夜話』（同）、『幕末維新秘史』（新潮社）、『新選組は京都で何をしていたか』（KTC中央出版）などがある。

改訂新版《かいていしんぱん》　戊辰戦争全史《ぼしんせんそうぜんし》　上《じょう》

二〇一八年三月八日　初版初刷発行

編　者　菊地　明
　　　　伊東成郎

発行者　伊藤光祥

発行所　戎光祥出版株式会社
東京都千代田区麹町一－七
相互半蔵門ビル八階
電　話　〇三－五二七五－三三六一㈹
ＦＡＸ　〇三－五二七五－三三六五

企画・編集　株式会社イズシエ・コーポレーション

印刷・製本　モリモト印刷株式会社

装　丁　堀　立明

http://www.ebisukosyo.co.jp
info@ebisukosyo.co.jp

ISBN978-4-86403-282-7